Timaeus

蒂迈欧篇

[古希腊] 柏拉图 著

谢文郁 译

东方出版中心

图书在版编目（CIP）数据

蒂迈欧篇 /（古希腊）柏拉图著；谢文郁译.
—上海：东方出版中心，2021.9（2025.3重印）
ISBN 978-7-5473-1876-8

Ⅰ.①蒂… Ⅱ.①柏… ②谢… Ⅲ.①柏拉图
（Platon 前427-前347）-哲学思想 Ⅳ.①B502.232

中国版本图书馆CIP数据核字（2021）第157732号

蒂迈欧篇

著　　者　[古希腊]柏拉图
译　　者　谢文郁
责任编辑　陈哲泓
装帧设计　陈绿竞

出版发行　东方出版中心
地　　址　上海市仙霞路345号
邮政编码　200336
电　　话　021-62417400
印 刷 者　上海万卷印刷股份有限公司

开　　本　890mm×1240mm　1/32
印　　张　11.5
字　　数　203千字
版　　次　2021年9月第1版
印　　次　2025年3月第2次印刷
定　　价　45.00元

谨以此书缅怀并纪念

王太庆先生

目录

修订版说明

2003年，我出版了柏拉图《蒂迈欧篇》的翻译和注释。这一晃就过去了近20年。那份译作原是1988年的工作。当时，我在北京大学做硕士论文，为了更好地理解柏拉图的这部著作，我就试着从英文翻译成中文，开始时用康福特的英译本，在翻译过程中发现有些理解上的困惑，于是又找了几个英译本，对照着理解和翻译。2002年我最后定稿时，所依据的仍然是英译本。我对希腊文的学习一直没有下够功夫，在整理译稿时基本上无法依据那一点点希腊文知识。因此，2003年译本的出版确实有点仓促和粗糙。

严格说来，从1988年算起直到如今，那个译本属于30多年前的作品。它出版后，作为中国学界的第一个《蒂迈欧篇》汉译本，我倒是收到从读者那里来的一些不错的反馈。这些反馈给了我一些安慰。但说实在的，我心中还是感觉对不住读者，因而也就期望着有更好的译本能尽快问世并取代它，不管谁做都行。我自己在接下来的 20 年的学术生涯中，主要精力和时间都放在宗教哲学领域。起初，我倾心于《约翰福音》的翻译和注释。2012 年，我的《道路与真理》一书出版了。此后，我的主要研究兴趣仍然在新约上，而关于《蒂迈欧篇》的书稿也就再没动过心思了。期间，有同事，也有出版社的人，希望我修订《蒂迈欧篇》的译文。对此，我虽然偶尔会心动一下，但总是受到别的研究和写作计划的阻拦，修订译本的冲动因而一再被压抑。

这些年来，因为研究新约的缘故，我的希腊文知识有了一点点积累。我发现，新约中的许多重要概念都和柏拉图的文字有关。为了建立两者之间在思想史上的联系，我在语言上穿梭于新约和柏拉图著作这两种文本之间，追溯其中的概念相关性。这大大加深了我对相关文本的理解，同时拓宽了我对希腊思想史发展的视野。具体来说，从新约视角出发，我在阅读柏拉图著作时有了不少新的理解。我们知道，《蒂迈欧篇》在早期基督教思想界受到广泛重视，激发了很多讨论，留下了不少文献。《蒂迈欧篇》的一些关键词在这些文献中都有深入讨论。在这种思想史阅读视角中，我对《蒂迈欧篇》的文字有了一些新的处理手段。基于此，我突然感受到了修订《蒂迈欧篇》译文的内在冲动。顺便一提，这个冲动也和陈哲泓先生（上海市东方出版中心的编辑）相关。感谢哲泓先生的鼓励！特别地，他在编辑过程中对我的注释有许多认真评论，从而让我能从更多角度处理一些注释问题。

由于我的研究领域偏重于宗教哲学，尽管仍然关注古希腊哲学研究，但阅读角度已经转向——读者在阅读这个修订译本时也许会感受到。我认为，这个阅读视角可以让我们更为原始而深入地理解《蒂迈欧篇》。比如，我在一篇文章（参阅附录 4）中批评了当代西语学界对柏拉图思想的理解盲点，认为他们无视“天恩”概念在柏拉图思想中的关键地位。在我看来，这种无视便是缺乏宗教哲学视角所致的。我希望国内学界能够不受这类盲点的限制。

在这次修订中，我参照了希腊文原文，对一些关键名词斟酌重译。我使用的希腊文原文是伯尼特的编辑本：*Platonis Opera*（John Burnet，Oxford University Press，1903）。这个编辑本可以在美国塔夫茨大学（Tufts University）主持的珀尔修斯数字图书馆（Perseus Digital Library）上找到（http://www.perseus.tufts.edu/hopper/）。

在修订译文时，我也参考了兰姆（W.R.M. Lamb）的英译：*Plato in Twelve Volumes*, Vol. 9（Cambridge, MA, Harvard University Press; London, William Heinemann Ltd. 1925）。这次修订译文的过程，让我对英译本的不足有了更多认识，深感古典研究进入原始文字的必要性。当然，翻译是一种阐释。我的这个译本也是以阐释的形式呈现给读者的。

我在修订时还进一步补充了一些重要名词和概念的分析和讨论。加上原来的注释，这个译本的阐释成分就更重了。当然，我的目的是要帮助读者进入文本。我的注释运用了宗教哲学的方法，并且在思想史视角中进行。而且，在原来的两个附录基础上，我增加了两篇近年来的研究论文作为附录 3 和附录 4。《蒂迈欧篇》是柏拉图的晚期作品。我认为，柏拉图的思想在他的整个写作过程中，就其核心关注来说并没有改变，但在如何回应并寻求结论这些方面，他的思想视角和观念体系是在不断变化的。在这个基本观察的基础上，我希望通过这四篇论文大概地展示柏拉图思想的全貌。

在附录 5 中，我提供了一篇译文《〈蒂迈欧篇〉形成了一个文本共同体吗？》。这篇文章相当细致地呈现了《蒂迈欧篇》在 5 世纪以前的阅读史的一个侧面。从 2 世纪开始，基督徒思想家在护教时使用了《蒂迈欧篇》，并从基督教的角度进行阐释。这件事激发了一些世俗学者的相当强烈的反应。这篇文章的重点是追踪这个世俗学者读者群。在它的描述中，这批学者面对基督徒思想家对《蒂迈欧篇》的“歪曲”和“误解”，形成了一个文本共同体，努力提供一种世俗的“正确”阐释。正是在这个大语境中，为了让双方争论有一个共同基础，特别地，为了让拉丁语读者也有机会参与讨论，在已有的西塞罗《蒂迈欧篇》拉丁译本（节译）的基础上，大约在 4 世纪，一位名叫卡西底乌（Calcidius，生卒年不详）的基督徒学者也提供了一个拉丁文译本（还是节译本）。这场争论持续了数百年。虽然胜败无法定论，但这段思想史因此增添了丰富的内容。附录 5 中的文章叙述的是这场争论的一个侧面。它没有涉及基督教思想家的文献，如奥古斯丁关于《蒂迈欧篇》的讨论，也没有展开普罗克洛对《蒂迈欧篇》的全面阐释，等等。即使如此，我们通过这篇文章仍然能够在一定程度上感受到这场围绕着《蒂迈欧篇》的争论的激烈程度和思想深度。

读者在阅读中也许会发现，我的译文缺乏西语的语调，是相当纯粹的汉语。有人甚至因此怀疑它的可靠性。过去三十几年来，国内学界在介绍西方思想时付出了巨大努力，因而译著盛行。有人甚至宣告，非译著不读。除去那些蹩脚译文，这些努力还是留下一些尚可阅读的译著的。不过，这些译著在文字上有意无意地迎合西语句法和语法，造就了一种不中不洋的汉语。很多青年读者喜欢阅读译著。于是，当他们成为年轻学者而作文时，就深深打上了西语化的烙印。我不想在这里对这种汉语发展倾向进行分析和评论。我只是想指出，在翻译这个问题上，我深受王太庆先生的影响。在他看来，译文必须汉语化。

王太庆先生的翻译原则是，译者首先需要对原文进行理解，然后才去寻找合适的汉语表达。西语和汉语之间的语法和句法，就语言结构来说，基本上是无法吻合的。因此，译者必须打破原文的语言结构，然后在汉语结构中重构。也就是说，翻译是一种写作。

在翻译这件事上，我个人有一点深刻感受。因为学术交流的需要，我的一些中英文著作需要中译英和英译中。当我把自己的英文著作译成汉语时，如果直接翻译，给出的中文就显得十分粗朴。如果想比较充分地表达自己的思想，最好是重写。反过来，把中文文章译成英文时，也是如此。正是在这个感受中，我深深体会到了王太庆先生的翻译原则的内在力量。

这种翻译理念是否会损害译文的可靠性呢？——我想，这里的关键在于如何理解可靠性。译文在什么意义上可以视作原始文本呢？原始文本是在译者的理解中呈现的；这要求译者有足够的语言能力。然而，译者对原始文本的理解是在对文本的尊重情感基础上进行的。一个不尊重文本的读者，他可以随意理解文本。翻译是这样的过程：在尊重情感中阅读和理解原始文本，并在此基础上进行语言构造，进而进行翻译。对原始文本的尊重情感的程度轻重直接影响译者对文本的理解深度。尊重情感越重，就越有动力深入理解文本，从而越有动力追求语言重构的准确性。可以说，译者的语言能力水平和译者对原始文本的尊重程度，决定了一种译文在什么程度上可以被视作原始文本。

这份译文究竟在哪个程度上可以视作《蒂迈欧篇》的原始文本,读者可以根据上述两个因素自行判断。于我而言,我还是希望有更好的译本问世。

谢文郁

2021 年 4 月 25 日

济南

靳希平序（2003年版）

文郁兄是我国著名西方哲学翻译家王太庆先生的高足，在北大学习期间就对柏拉图情有独钟。留校后教西方哲学史，一个学期结束了，柏拉图还没有讲完；一时间，校内冒出了不少青年柏拉图主义者！此事在北大哲学系传为佳话。

在美国读书、研究、教书多年后，文郁兄将他最有心得的柏拉图《蒂迈欧篇》的研究整理出来，献给西方哲学，特别是古希腊哲学的同好，这对国内形成中的“回归希腊”小气候真是一件幸事。希望有更多的朋友通过文郁兄的慧眼，得见柏拉图这篇在西方影响最广、也最艰深的对话的全豹，进而自己去探查古希腊精神堂奥。

靳希平

2003年4月18日

于圆明园西骚子营

译者序（2003年版）

1988年4月我把我的硕士论文定稿时，感觉像是在柏拉图研究上又打下了一个“堡垒”。虽然论文本身不过2万多字，但把《蒂迈欧篇》的全文翻译和注释评论加起来，全部手稿近二十万字。但是，当时中国学术界在追求时尚，什么萨特热、弗洛伊德热、尼采热、文化热，等等。在年轻一代读者和学者中，大家对当代西方思潮追得很紧，对于古典研究感兴趣的人不多。因此，当我完稿并通过答辩后，甚至连修改发表的冲动都没有，因为觉得发了也没人读。我所敬仰的王太庆先生向我建议过把论文作不大的结构调整以适应出版，我竟然也不予重视。当时在想，按当时中国学术界的架势，十年二十年内大概也不会有什么人会来读此类文章的，更谈不上找到同行研究者来切磋学问了。于是，手稿和毕业论文就这样跟了我十五年。

2002年暑假时回国走访了几所大学，发现柏拉图著作和思想在吸引一批读者。我一直认为，像柏拉图《蒂迈欧篇》这样在西方思想史上影响如此深远的著作，如果我们想了解西方文化的话，那是必读的著作。对一般读者来说，有了中文译本，柏拉图《蒂迈欧篇》中的思想就可以在中文语境中被阅读、思考、谈论和吸收了。而对于学者来说，我们也十分需要在中文语境中对此作深入的研究和探讨。因此，把这个十五年前的译注加以整理出版，我想，真的是一件值得做的事。说到这里，我要感谢孙向晨教授在这件事上的鼓励推动，以及渠敬东先生的大力支持。

我是在广州中山大学读本科时被李佩玖老师带进柏拉图迷宫的。我的学士论文是关于柏拉图《智者篇》。李老师对我说，做古典研究像打“堡垒”似的，你得一本书一本书地攻，这样你的学问才扎实。这番话现在还是我的做学问方法。当时，我想，对于柏拉图这块地盘我要怎样攻“堡垒”呢？柏拉图中早期的一些著作读起来挺顺（初生牛犊的感觉），觉得没有什么好攻的。于是，我找到了陈康先生的译著《柏拉图巴曼尼得斯篇》，1944 年商务印书馆出版，是竖排的，字很小。我一边读一边想，这才是哲学，这才是学问。读完后心想，关于《巴门尼德篇》我是没什么好攻了，因为该说的好像都让陈康说完了。但是，陈康在他的注释里不断提到《智者篇》。我于是找到了严群译的《泰阿泰德　智术之师》。[①] 读完一遍后，我就做了决定:

① 商务印书馆，1963 年。

攻《智者篇》。李老师说，这是很难的一本著作。《智者篇》的中文译文全文不过就几十页纸。我也不知我究竟翻了多少遍，反正我用过的那本书的纸张差不多已经让我翻烂了。于是，我的学士论文以“柏拉图《智者篇》研究初步”为题发表在《外国哲学》第五辑（1984年）。[①]发表时很高兴，发表后才发现，原来这是没什么人读的东西。然而，从此我就在柏拉图迷宫中打转了。

于是我在北京大学做硕士论文时就攻《蒂迈欧篇》，并且有了我们现在读到的这本书。[②]

在读柏拉图的这篇对话之前，读者也许有兴趣知道一些关于它的历史背景。柏拉图出生于公元前427年。这篇对话是柏拉图的晚期作品，写作时间约前360年。如果我们同意柏拉图在前387年建立学园这一说法，那么，此时柏拉图在学园中从事研究讲学写作已有17年之久了。因为柏拉图在学园门前铭言“不懂数学莫进此门”，这17年对于《蒂迈欧篇》的写作来说至关重要。《蒂迈欧篇》中有很多数学讨论，为了让一般读者能够读懂，柏拉图通常把

---

① 此文略加修改后收入本书作为附录1，题为“《智者篇》和柏拉图理型论的发展”。

② 我的三个学位都和柏拉图有关。学士论文是关于《智者篇》，硕士论文是关于《蒂迈欧篇》，博士论文是关于西方思想史的自由概念，其中，柏拉图的自由概念是全部讨论的出发点之一。参见 *The Concept of Freedom: The Platonic-Augustinian-Lutheran-Kierkegaardian Tradition* (University Press of America, 2002)。

数学论证省略，不过总是补上这样的话，论证起来太难或太长；如果谁能够提供论证把我们驳倒，那他就是我们的英雄，等等。不难感觉到，柏拉图在说这些话的背后付出了多少时间精力来讨论纯数学问题。这些纯数学讨论支持着他的一个信念：要理解宇宙就要理解数学。历史表明，这个信念深深影响了欧几里得几何学的建立，哥白尼和开普勒的太阳中心说的提出和确立，伽利略的数学—实验科学研究，以及海森堡的量子力学设想，等等。

柏拉图在完成《蒂迈欧篇》的写作后，我们注意到，柏拉图学园的主导研究方向就被规定了，即纯数学研究。[①] 亚里士多德对《蒂迈欧篇》以数学来解释物理现象的方法极为不满，原因大概是他的数学功底不够好，或者他的内心对数学有某种抵触。同样还是这个原因，虽然他的学识和领悟力在柏拉图的学生中可以说是独一无二的，但他还是未能在柏拉图去世后争得园长的地位；从而不得不离开

① 著名柏拉图研究专家泰勒（A.E. Taylor，著有《柏拉图〈蒂迈欧篇〉注释》［*A Commentary on Plato's Timaeus*］, Oxford, 1928）认为，柏拉图在这篇对话中所表达的思想是“嫁接恩培多克勒的生物学和毕达哥拉斯的数学”，由于柏拉图在行文中不断提到所给出的解释是相似解释，因此，这个嫁接不是柏拉图自己真正所主张的思想。参阅第 18—19 页。康福特指出，这样一种说法是不可能被接受的。原因在于，从这篇对话问世以后，无论是柏拉图主义者还是新柏拉图主义者，都以它为自己思想的主要依据。参阅他的译注《柏拉图的宇宙论》（F.M. Cornford, *Plato's Cosmology*, Indianapolis: Bobbs-Merrill, 1975）中的前言。我认为，康福特的观点是可以接受的。

学园，另立门户。针对《蒂迈欧篇》以数学解物理现象的做法，亚里士多德写了《论天体》《论动物的组成》《论生灭》《物理学》等，对几何化理型和载体这两个中心概念进行了不太准确的分析批判。① 他进而从“四性质说”出发，重新解释物理世界。有意思的是，当亚里士多德的新解释提出来之后，人们似乎认为这是更好的解释，以至于在相当长的时间（直到文艺复兴）内，《蒂迈欧篇》的数学物理学和生物学无法和亚里士多德的物理学和生物学竞争。② 但是，柏拉图学园内的纯数学研究从来就没有停止过。③

最早对柏拉图《蒂迈欧篇》进行全面注解的，从我们

---

① 我在本书的附录 2 中对这个问题有具体讨论。

② 当然，这种所谓的比高低是说不清楚的。然而，不难发现，中世纪的炼金术建立在亚里士多德的性质物理学基础上；12、13 世纪时的自然神学走的基本上也是亚里士多德的思路。柏拉图的《蒂迈欧篇》被重视乃是文艺复兴时的事了。

③ 指出这一点并不难。我们知道，欧几里得（公元前 325—前 265 年）的几何学在西方文明史中是最值得一提的成就。虽然他出生并生活在埃及的亚历山大里亚港，但他的数学学习和研究都和柏拉图学园的人有关。准确地说，他在数学研究上是一个地道的柏拉图主义者，即作纯数学研究。参阅普罗克洛的《论欧几里得〈几何原本〉的第一卷》（*Proclus: A Commentary on the First Book of Euclid's Elements*, intro. Glenn R. Morrow, and trans. Ian Mueller, Princeton University Press, 1992, pp.56ff.）普罗克洛在这里列举了一连串对欧几里得有直接影响的柏拉图学园人物，认为欧几里得属于柏拉图学园的人，即使他没有在学园中做正式学生。

拥有的材料看，是普罗克洛（Proclus，公元411—485年）。[①] 他在出任柏拉图学园园长期间出版他的《蒂迈欧篇》注释本。[②] 值得注意的是，这时的语境有了很大的变化，最显著的是基督教在各方面都开始进入主流社会。为了提高柏拉图的地位，他在其注释本中的第一部分用了大量的篇幅讨论祷告问题，认为柏拉图是非常重视祷告的。同时，他在提到柏拉图的"天恩"概念时，有意向基督教的恩典概念靠拢。这种做法的结果是，柏拉图关于几何化理型和载体问题的讨论就被淡化了，尽管普罗克洛的注释还是面面俱到。

柏拉图《蒂迈欧篇》在中世纪时有两个拉丁译文（节译）。一个是西塞罗（Cicero，公元前106—前43年）的译本。我们知道，西塞罗的修辞很好。但是，他的译文现在看来

---

① 在普罗克洛之前，人们对《蒂迈欧篇》的研读从未停止过。特别是中期柏拉图学园派，比如，普罗塔克（Plutarch，约公元50—125年）就以"柏拉图问题"为题对《蒂迈欧篇》的一些疑难进行解释。参阅 *Plutarch's Morals*, trans. William Goodwin（Boston: Little, Brown & Co., 1870-8）。关于中期柏拉图学园派的讨论，参阅 J. Dillon, *The Middle Platonists*（Cornell University Press, 1977）。普罗克洛还提到其他一些《蒂迈欧篇》注解者，如克拉恩特（Crantor，公元前4世纪）、扬布里柯（Iamblichus，公元4世纪）以及他的老师西利阿努（Syrianus）等。但这些注释已经失传。

② 可参阅普罗克洛：《普罗克洛的柏拉图〈蒂迈欧篇〉》（*The Commentaries of Proclus on the Timaeus of Plato—1820: A Treasury of Pythagoric and Platonic Physiology*, trans. Thomas Taylor, Kessinger Publishing Company, 1997）。关于普罗克洛的详细资料，也可以登访以下网站：www.goddess-athena.org/Encyclopedia/Friends/Proclus/。

加入太多自己的东西。也许是这个原因，他的译本很快就被另一个译本取代了，在中世纪的拉丁思想界没有什么影响。[①] 另一个译文出现在公元 4 或 5 世纪，是一个名叫卡西底乌（Calcidius，生卒年不详）的人译的。卡西底乌只译了三分之一，并做了大量的注释。也就说，当时人们能够了解的柏拉图无非是关于神用数来造灵魂方面的论述；至于柏拉图的几何化理型思想和人体生物学都对他们来说都是陌生的。[②] 从 12 世纪开始，人们开始陆续翻译柏拉图著作，世纪末时就已经出现《蒂迈欧篇》的拉丁全译本。在 14、15 世纪时，已经有人把《蒂迈欧篇》当作物理学

---

① 西塞罗译本的书名是 *De mundo*。Carlos Levy 认为，西塞罗的翻译其实是要表达自己的思想。参阅他的论文“*On Cicero's Use of the Timaeus*”，发表在 2000 年 3 月 30 日至 4 月 1 日在美国圣母大学举办的“柏拉图《蒂迈欧篇》的遗产”国际学术讨论会上。西塞罗的译本在整个中世纪并无流传。只是在 15 世纪末时才发现他的本子并开始有人读。参阅“柏拉图在中世纪”收在 J. Strayer 主编的《中世纪词典》第四卷（*Dictionary of the Middle Ages*, New York 1987），第 694—704 页。

② 关于这个人的生平，除了他和这个译文挂钩外，我们一无所知。有人认为他是一个基督徒。这只是我们在读他的注释时的一种感觉而已。这种感觉常常是错的。比如，如果普罗克洛没有公开宣称他是柏拉图主义者，人们也认为他可能是基督徒；因为他的注释吸收了很多基督教的想法。卡西底乌的译文在中世纪相当流行，共有 180 个抄本流传了下来。他的译文译到了 53C，即载体的混沌状态出现。从 47E 到 53C，柏拉图谈到了载体概念问题和理型的基本结构。然而，由于柏拉图大量的关于物体几何结构的讨论被省略了，所以读者会觉得事物的几何结构问题在柏拉图宇宙论中并不是那么重要的。这当然是一种误导。

来读了。[①]

德国宗教改革家马丁·路德（Martin Luther，1483—1546 年）发起的宗教改革运动，对欧洲学术分布的影响也是根本性的。路德是第一个用本国文字，即德文来翻译《圣经》的人。这样做的结果是推动了各国学术界使用本国文字。于是开始出现各国文字的柏拉图著作翻译工作；而德国人在这方面也是走在前面的。我这里就不追溯各国文字的《蒂迈欧篇》翻译了。英文学术界对《蒂迈欧篇》的研究和翻译起步略晚，但进入 20 世纪以来，其步伐突飞猛进，从 60 年代起，从翻译和研究的角度看，已不亚于任何其他语种。这些年来不断有新的英译本出来，以强调可读性为主要指标。[②] 我主要是依靠英译本进行翻译。所用的译本有四种，列举如下：

· 康福特（Cornford, F.M.），*Plato's Cosmology,*

---

① 柏拉图著作的拉丁文翻译在 15 世纪全面展开。在 15 世纪初时只有几本不太完整的译本，到世纪末时，人们已经拥有了挂柏拉图名字的 36 本拉丁译文了。再往前推一点，在 12 世纪以前，人们直接了解柏拉图的途径只有卡西底乌的译本。在中世纪时不多的可读书中，《蒂迈欧篇》的分量是相当重的。参阅 E. Craig 主编的《劳特里奇哲学百科》（*The Routledge Encyclopedia of Philosophy*, London, 1998）第三卷，第 439—447 页中的“文艺复兴时的柏拉图”。

② 比如，比较受欢迎的有 Peter Kalkavage 的 *Plato's Timaeus*（Focus Publishing/R. Pullins Company, 2001） 和 Donald J. Zeyl 的 *Timaeus*（Hackett Publishing Co., 2000）。但是，这些出版的目的不是研究性的，而是普及性的。

London, 1937。

• 乔维特（Jowett, B.）, *The Dialogues of Plato,* Oxford, Claredon Press, 1871，四卷本。

• 伯雷（Bury, R.G.）, *Plato, Timaeus ; Critias ; Cleitophon ; Menexenus*（English and Greek, The Loeb classical library）, Cambridge: Harvard University Press, 1929。

• 泰勒（Taylor, A.E.）, *A Commentary on Plato's Timaeus,* Oxford: The Clarendon Press 1928。

其中，康福特的《柏拉图宇宙论》对我影响最大。不过，在阅读他的书之前，我是从他的老师伯尼特的书开始的。伯尼特在他的《希腊哲学史》（John Burnet, *Greek Philosophy,* London: Macmillan, 1964）一书中对《蒂迈欧篇》有较多讨论，在引用中也翻译了很多《蒂迈欧篇》的文字。这些文字激起了我对《蒂迈欧篇》的兴趣，并引导了我对该书的阅读和理解。正是在阅读他的这本书时，我决定把《蒂迈欧篇》作为我的硕士论文主题。①

康福特应该是根据伯尼特的柏拉图对话集希腊文编辑本（Burnet, J.）, *Platonis Opera,* E Typographeo Clarendoniano, 1905—1913, 5 卷本）进行翻译的。康福

① 一版自序中，在涉及当年读书和研究的用书时有记忆错误。借此修订版出版之际予以纠正。——2021 年 4 月于济南。

特的英译是本译文的主要依靠。泰勒的译文有点晦涩。但是，他对重要词都有语义分析，对我的理解有不少帮助。从文字上看，康福特、乔维特和伯雷三个译本各有特色。康福特重推理，乔维特重修辞，伯雷重准确。在翻译过程中，我更多的是参考这三个本子。译文虽然是十五年前做的，但是，这次整理时在语言上还是做了很大的修改。修改时主要参考康福特和乔维特的译文。

关于注释部分，我无奢望于文字训诂上的贡献，也就是说，在语言上我基本依赖英语学术界的成果，强调中文翻译的可读性。[①] 依照我多年对柏拉图以及西方思想史的阅读和研究，我把注释部分重点转移到探讨《蒂迈欧篇》在柏拉图思想中及其在哲学史上的地位。这样，读者就可以把《蒂迈欧篇》当作一本活的哲学著作来读。[②]

前面谈到，这本书主要是根据我在北京大学准备硕士论文时所积累的材料整理而成。因此，我想也借此机会对当年帮助过我的老师们表示感谢，包括李真教授（论文指导老师）、朱德生教授、杨适教授、靳希平教授，以及两位已去世的尊师王太庆和齐良骥先生。特别要提到的是王太庆先生，我在做论文期间和在北大任教的几年里，常常

---

① 我自己有时也会以未能在希腊文上下够功夫感到遗憾。这些年在西学研究上虽未曾怠慢，但就是未能在语言上有更多努力。是利是弊，一言难尽。中国人能在中文语境中对西语思想史界的文字训诂作贡献，还有待于后生。

② 关于《蒂迈欧篇》的写作结构，请参阅附录 2 的导言部分。

有机会和他在一起讨论问题。他的语言造诣和广博学识让我直到今日还小心翼翼地掂量“学者”两字的分量。我把此书献给他作为对他的缅怀，也是对自己学问历程的激励。

2003 年 4 月 10 日

于太平洋中的关岛

蒂迈欧篇

人物：苏格拉底，蒂迈欧，赫墨克拉底，克里提亚[1]

苏格拉底（以下简称“苏”）：一，二，三，喂， 17
亲爱的蒂迈欧，我们昨天有四位客人，这第四位今天
哪去了？

蒂迈欧（以下简称“蒂”）：他今天突然感觉不适。苏格拉底啊，要是他行的话，会来参加我们的谈话的。

苏：那样的话，你们就要既扮演自己的角色，又扮演这位缺席者的角色了。

蒂：那当然，我们会尽力而为的。昨天你招待我 B
们不错。如果因为这位朋友缺席而不能回报您的话，
那就不公平了。

苏：好。你还能记住我给你们提出的任务，即那些要加以讨论的问题吗？

蒂：还能记住一些。你还得提醒我们那些忘记了的部分。要是不嫌麻烦的话，干脆你就从头扼要叙述一遍好了。这样我们心里会踏实一些。

C 苏：好的！我昨天讨论的主要话题是，在我心目
中最好的社会形式是什么，以及组成这样的社会该有
什么样的人格。[2]

蒂：是啊，苏格拉底，我们对你描述的社会都很
赞赏。

苏：我们一开始便把农民以及其他手艺人和那些
城邦的保卫者分开。是这样的吗？

蒂：是的。

D 苏：就每人仅有一种适合他的职业、每人只有一
种工作而言，我们说，那些从事保卫活动的人就是城
邦的护卫者，其职责是抗拒内外敌人，确保城邦平安
18 无事。对于真正的朋友和他们的受保护者，他们是公
正而温和的；而在战场上遇到敌人则坚定无情。

蒂：对，是这样的。

苏：我们谈到，一个护卫者的灵魂应该拥这样的
本性：在激情和追求智慧上同时拥有某种优越性，使
他们面对朋友怜悯有情，面对敌人则坚毅不拔。

蒂：是的。

苏：至于他们的教育，则应通过体育训练、文化
教养，以及各种适于他们的培养。

蒂：那当然。

B 苏：这样培养出来的人将对金银财宝之类的东西
不屑一顾。而且，作为护卫者，他们只从他们的受保

护人那里领取费用，足够维持他们过一种节制的生活就行了。他们分享一切费用，过集体生活，坚持不懈地行使他们的职责，并无他求。

蒂：这都说过了。

苏：至于女人，我们说她们的本性也和男人一样， C
拥有各种品质，因而应与男人分享各种责任，在战争中和在平时生活中都如此。

蒂：这也说过了。

苏：我们接着谈到小孩的生养问题。这也许容易记住，因为我们的原则有点新奇：我们认为婚姻和小
孩应该公有，谁也无法认出他的后代。每个人都在一 D
个家庭里，在一个年龄段内，彼此以兄弟姐妹相称；在年龄段的上下之间，则共同称呼父母、祖父母、儿女、孙儿女，等等。

蒂：是的，正如你说的，这容易记住。

苏：为了使他们从出生起就在本性上有最好的品
格，你可记得我们谈到，男女官员的婚姻结合应通过 E
秘密的抽签方式来决定。好男人和坏男人这两个阶级的人应在其相应阶级中的女人那里抽签决定配偶。因为大家都知道抽签机会均等，因而不会心怀不满。

蒂：这我还记得。

苏：进一步，质地较好的一类小孩要给予特别教 19
育，而较差的则秘密地分散到国家的其他地方，并对

他们进行观察，随时发现那些值得教育者并把他们领回来，和那些后来发现不配继续接受教育者加以互换。

蒂：就是这样的。

苏：好了，亲爱的蒂迈欧，关于昨天谈话的主要论点我们就都回顾过了。还有什么要补充的吗？

B 蒂：没有了。苏格拉底，你的复述很准确。

苏：现在我来告诉你们，我对我们所描述的社会是怎样的感觉。我的感觉就好像一个人在图画上看某种高贵的生命体，或者在看一种活着却一动也不动的
C 真实动物，从而出现一种愿望：要是它运动起来，尽情发挥它所拥有的能力，那该多好啊！关于我们所描述的城邦，我感觉就是这样。我很愿意听听别人对它的评论：它在与其他城邦竞争时是如何作为的；打仗时它的精神状态如何；它在与其他城邦争战时的表现，无论是在武力较量上还是在签订条约上，是否配得上它的教育和训练。

D 你们注意到了吗？克里提亚和赫墨克拉底，这一点我是清楚的，即我们的城邦能不能享有她该有的荣誉，并不在我的能力范围。我的无能倒无所谓。但是，过去现在的那些诗人也不比我强。并不是我要贬低他们，大家都能看见，各种模仿者都容易成功地模仿他们生活中发生过的事，但很难模仿那些不在他们生活
E 中的动作；语言的模仿就更难了。此外还有智者，我

还是挺看高他们的，他们对许多问题都有详细论述。只是我偶尔还是有点担心，他们习惯于在各城邦中游说，没有固定的居住；因而他们对于那些哲学家兼政治家来说，以及他们在涉及在战争和战场上与敌人交涉时所说的和所做的，都是没谱儿的。还有就是你们
这样的人了，在本性和养育上都相似，分享了各自的 20
品格。比如，我们的朋友蒂迈欧来自意大利的罗克里（Locri），一个深受称赞的城邦。他的出身和财产都不次于任何人，不仅拥有国家授予的高官尊位，而且我们也看到他在哲学上的高深造诣。克里提亚也是闻名于雅典的人物，对于我们所讨论的每一个题目都很
熟悉。至于赫墨克拉底，他的天资和教育使他在各领 B
域都有造诣，这一点我们很多人都可作见证。因此，我昨天打算满足你们的请求来讨论社会的结构时，心里就有底了。我知道，如果你们同意接着谈的话，那是再好不过了。比如，你们可以描述一下这个城邦是如何参战的。我们知道，她所展示的方式在世上没有
其他城邦可以那样做。因此，完成了这部分后，现在 C
该轮到你们来完成我提醒你们的任务了。你们商量好的，要在今天回报我昨天的款待。现在我是完全准备好来享用了。我等得有点急了。

赫墨克拉底（以下简称“赫”）：当然，苏格拉底，蒂迈欧说过，我们会尽我们所能的。我们没有理

由拒绝你。昨天我们一到克里提亚的客厅，甚至在路
上，就一直在谈论这事。克里提亚提到他很久以前听
D 到的一个故事。克里提亚，请你把它重述一遍给苏格
拉底。他自己会判别这个故事是否回答了他要我们要
做的事情。

克里提亚（以下简称“克”）：如果我们的伙伴蒂迈欧同意的话，那是可以的。

蒂：我当然同意。

克：那好，苏格拉底，你就听好了。这个故事很
E 离奇，却是真实的；因为这是七贤中最有智慧者梭伦[3]
所肯定的。梭伦是我曾祖父德罗皮底（Dropides）的
亲戚和好朋友。他在他的诗文里多次提到这事。德罗
皮底告诉我的祖父克里提亚（这位老人常常向我们重
复这个故事）。很久以前，我们的城邦有着伟大的令
人赞叹的英雄故事。但是，由于时间的间断和人类生
命的毁灭而被人遗忘了。我将要叙说的，是这些伟大
21 故事中的最伟大的一个，既是对你的回报，也正好在
这女神的节日里作为衷心的赞美诗献给她。

苏：好极了。你说你祖父根据梭伦所描述的，虽不见经传却是真实的关于我们城邦古时的英雄事迹，那是怎么样的故事呢？

克：我会把我听到的这个古老传说都告诉你的。
B 据克里提亚自己说（已接近九十高龄），他也是在年

轻时听到这个故事的。我当时在十岁左右。我们在过阿帕图瑞亚(Apaturia)节,这是儿童节。通常的仪式是,父亲们给我们小孩背诵不同诗人的作品。我们小孩中能唱诵梭伦诗文者不在少数。当时这些诗文还是挺新鲜的。有一位同族人说(想来也许是想讨好克里提亚):梭伦不仅在各方面都极其卓越,而且在诗词方面是诗 C
人中最高贵者。老人非常高兴(我对此印象极深),并笑着说:“是的,阿米南德(Amynander),假若他不是把作诗当作消遣,而是像其他人那样认认真真的话;假若他不是因为从埃及回来后因派系斗争和其他麻烦事,而把他从埃及带回来的故事搁置一边无法 D
完成的话,那么,我想没有哪一位诗人,包括荷马和赫西奥德,能比他更有名气。”

“那是一个怎样的故事啊,克里提亚?”阿米南德问道。

“这是一个关于我们城邦所取得的历史上最伟大的英雄故事。这个故事应最广为人知才是。可惜的是,时间的间断和创业者的消失,使这个故事未能流传下来。”

“那就从头说起吧,”阿米南德说,“梭伦是怎样,和从谁那里听到这个故事并认为它是真的?”

“在埃及,”克里提亚说道,“在尼罗河三角洲 E
的顶头的分叉处,有一处叫塞底克(Saitic)。这个地

区的首府是塞斯（Sais），出现过阿玛斯（Amasis）
王。保护此城的女神叫尼德（Neith）。他们认为，这
就是希腊人的雅典娜。他们与雅典人极为友好，宣称
和我们的同胞有亲属关系。梭伦说，当他旅行到那里
22 时，受到了极为隆重的欢迎。但他进而从那些对古代
的事情广知博闻的祭司了解古时候的事情时，发现不
仅他而且其他希腊人对古代的知识都没有值得一提的。
为了让他们谈论古时候的事，梭伦便开始告诉他们我
们传说中最受尊敬的人。他从被称为第一人的芙罗纽
（Phoroneus）开始，谈到尼偶比（Niobe），谈到丢
B 卡里恩（Deucalion）和皮罗（Pyrrha）在洪水里逃生
的故事。他追溯它们的后代的家谱，并努力计算年代
来数算那些事情流逝了多少年代。”

“哦，梭伦啊，梭伦，”其中一个很老的祭司说，“你们希腊人总是小孩。在希腊没有人能成为老人。”

“您这是什么意思？”梭伦问。

“你们的心灵都是年轻的，”祭司说，“其中没
有包含任何基于长远传统的古老观念，没有上了年代
C 的知识。告诉你吧，过去、现在、将来都会有许多人
类的毁灭。最重者是火灾和水灾导致的毁灭。其他各
种原因就数不清了。你们那里也流传这样的故事，说
的是太阳的儿子法厄同（Phaethon）又一次驾着他父
亲的神车，却没按其父亲的路线行驶，从而把大地都

烧得精光；他因此受到了雷责。这个故事有点虚构。
但是，它隐含的真实情况是，那些环绕地球运行的天 D
空物体偏离轨道，而地球上物体为大火所毁。这是很
久以前的事了。那时，生活在山上和干燥高地的居民
较之在河边或海边的居民消失得彻底些。我们有尼罗
河，它在许多方面保护了我们，特别地，在这大灾难
中它泛滥起来，从而解救了我们。[4]另一方面，当神用 E
洪水清理大地时[5]，你们那里的城邦居民却被洪水席卷
入海里，而我们这山上的牧羊人和羊群则得以免灾。
在这个国家里，水不会从天而降，而总是从下面涨起来。
因为这个原因，这个地方的传统是记载中最古老的。
当然，无论何处，异常气候或冷或热都不可能毁灭人类， 23
总会有多多少少的人幸存下来。在我们庙里的文件中，
记载了许多伟大的事业，或重要的事件，有些是发生
在你们那里，有些则在和我们有联系的别处。但是，
在你们以及其他民族那里，时间给你们带来的是，每
次天灾洪水都像瘟疫似的，带给你们的只是文化的丧 B
失，回归野蛮状态。因而你们只好一次又一次地发展
文字，重建文化。因此，你们就像小孩一样重新开始，
对古时候发生的事一无所知。比如说，梭伦，你重述
的那些家谱，并不比童话好多少。你们民族只记得一
次灾难，而在此之前却有多次灾难。而且，你们不知 C
道在你们国土上曾经生活过世界上最伟大和英勇的民

族。你和你们的同胞只不过是他们当中幸存者的后裔。但你们对此一无所知，因为幸存者已经死了好几代了，而他们又没有文字记载。梭伦呀，在这特大洪水之前，现在称为雅典的城邦在战争中是最英勇的；在城邦治理上是无与伦比的。她的业绩和政绩在普天之下公认是最伟大的。我们听到的就是这些。”

D 听到这些话后，梭伦很吃惊，迫切要求祭司们从头到尾地告诉他关于古代公民们的一切。

“我很愿意。”这位祭司回答说，“这既是为了你，也是为了你的城邦；同时也是为了我们彼此的共同保护神、养育者、指导者，我们的女神的荣誉。你们的城邦早一千年建立；我们从格（Ge）和荷法斯特
E （Hephaestus）那里得到你们民族的种子，因而我们的城邦是后建的。在神庙的文件记载中，我们民族有八千年历史，因而你们的那些同胞生活在九千年前。我打算简略地谈谈他们的法律及其最辉煌的业绩。我
24 们在空闲的时候再根据这里的文件记载来详谈他们的历史。

“要想了解他们的法律，你可以来比较一下我们现行法律，其中有许多方面和你们当时的法律一致。首先，祭司和其他阶层分立。其次，手艺人自成一体，不与其他阶层混杂。再次为牧羊人、狩猎者和农民等。
B 你也注意到，士兵与其他阶层分立；法律规定他们除

了战争不准参加任何事情。他们使用的是矛和盾。这种武器在亚洲就我们最先使用。此乃女神所教，像她在你们的土地上先教给你们一样。至于智慧，你看到，这里一开始就极为重视，如重视理解宇宙秩序，重视从神那里学习各种技艺以运用于人类事务，重视预言， C
重视保障健康的医疗技艺，重视各种相关知识。这些秩序和体制都是女神最初建立你们国家时给予你们的。她选中你们所生长的那片土地，觉得温和的气候有利于高智力人类的出现。因为她酷爱战争和智慧，所以哪个地方的人民像她，她就挑选他们。你们居住的地 D
方原先就有这些体制，甚至更好，是当时人类中最优秀的，如诸神后代似的。

“在我们的记载里有许多关于你们城邦的可歌可泣的事迹。最值得一提的是你们如何打败大西洋人的 E
故事。当时有一股来自大西洋的强大势力，敌视整个欧洲和亚洲。那时的大西洋是可以跨越的，因为在那称为‘赫拉克勒斯之柱’的海峡[6]出去有一岛，利比亚和亚洲[7]加起来还不如它大。当时的航海者可以从这里再到中间的一些岛屿上，并继续前行到达大西洋彼岸。 25
在赫拉克勒斯海峡以内，只不过是有一狭长出口的小海湾而已，真正的海洋乃在此之外，而围绕这海洋的则是无边无际的大陆。在这个岛上崛起了一股强大势力，把各国联合为一体，统治着整个岛，以及周围岛

屿和大陆的一部分。他们是海峡内的利比亚的主人，
B 势力扩展到埃及。对欧洲的统治则达到图灵尼亚城邦
（Tyrhenia）[8] 的边界。这股势力集中力量企图一举奴
役你们和我们以及峡内的全部民族。就这时，梭伦啊，
你们城邦的力量向全人类显示了她的英勇和伟大。她
C 的作战艺术和勇气是最杰出的。开始时，她是希腊人
的领袖，后来其他城邦背信于她，她就不得不单独作
战，历经千难万险而击败了入侵者，终于取得了胜利。
她使那些尚未被奴役的民族免遭奴役，毫无保留地解
D 放了海峡内的所有民族。自那以后，有一个地震和洪
水频繁时期。在那可怕的日日夜夜，那些斗士全都被
地球吞噬了。同时，那大西洋岛也沉入海底，消失了。
留下的只有那无法跨越、无法探究的一片汪洋。那沉
下去的岛屿则变成了淤泥浅滩。”

E 好了，苏格拉底，老克里提亚从梭伦那里听到并
告诉我们的就是这么多。我就简略地说这些罢了。你
昨天谈论到理想国和里头的公民，让我想起我刚刚重
复的故事。让我吃惊的是，我发现你所说的情况神奇
26 地与梭伦所说的一模一样。不过，我昨天什么也说不
出来。相隔这么长时间，我的记忆已不全面了。因此，
我在心里得先仔细地回忆一遍，再来叙说。这就是为
什么我昨天赞同你所说的，最重要的是去找到一个历
史故事来支持我们的说法。我想，上述故事对此已有

足够的说明了。于是，如赫墨克拉底所说的，昨天我 B
一离开就开始根据回忆向朋友重述这个故事。当我回
到家时，又想了个通宵，总算把它的内容差不多都回
忆起来了。格言说，孩童时代所学的都深埋在记忆中了。
这是真的。我觉得我好像在回忆昨天听到的事。要是 C
我漏掉了其中的任何细节，我倒会觉得奇怪了。我当
时十分兴奋也喜欢听这故事，不断提问，而老人也很
愿意讲给我听，因此，这故事就像蜡画那样牢固地留
在我心中。而且，今天上午早些时候我又和朋友谈起它，
期间也充实了一些细节。

苏格拉底啊，我一直都在努力详尽地而不是概略 D
地叙述我听到的故事。我们要把你昨天讨论的国家和
她的公民从理论变为现实：她就是雅典；而你提到的
公民就是那祭司所说的我们的真正祖先。他们在远古
时真的存在过。这并没有什么难以理解的地方；我觉
得它合情合理。我们可分工合作，尽我们的最大努力
来支持你的理想。你说，苏格拉底，这个故事可用吗？ E
还是我们得继续找别的？

苏：还有更好的吗，克里提亚？这个故事和女神
相关，特别适合她今天的节日。最重要的是，这是真
的史实，并非虚构。如果弃置不顾，我们还能去哪里
找其他故事？怎么去找？没处可找了。你们应该把它 27
讲出来。真幸运，我昨天讲了太多了，今天就有权利

歇一歇，只听不说了。

克：那好，苏格拉底，我这就告诉你我们今天的安排。我们打算先让蒂迈欧讲。关于天文学的知识，他比我们都懂得多。他主要是研究万物本性的。他将从宇宙的产生开始，讲到人的产生。然后我以此为基
B 础，谈一谈你讨论过的，即根据人的本性来提供最优秀的教育计划来培养人的问题。我们就从这里开始。根据梭伦的法律和他的故事，我要让他们当着我们的面，像在法庭那样，亮亮相，认定他们就是我们的公民，他们就是那由于年代的缘故而被遗忘的，但仍然被那神庙祭司记载了下来的，远古时代的雅典人。我们要把这一点当作确定的史实来对待。

苏：我明白了。我将得到的报偿是足够丰盛的。
C 蒂迈欧，你就像通常那样祈求神灵保佑，接着往下讲吧。

蒂：苏格拉底，人要是稍有一点头脑的话，在开始做每一件事时，不管大小，都先求助于神。我们现在要讨论宇宙本性问题，考察它的起源；或者要是没有起源的话，它是如何存在的。如果我们不那么糊涂，
D 就要求助于诸神和女神，并祈求我们的话为他们所接受，和他们一致。[9] 在这一前提下，我会竭尽全力来讲述我的想法，并使你能够听懂。

28 我认为，我们首先做此划分：什么是永恒确定而没有生成的？什么是总在生成而不定的？由思想通过

推理来认识的东西是永恒自身确定的；而通过非推理的感觉所形成的意见对象则是常变不定的。[10] 任何变化的东西都是出于必然而有原因的。没有原因就没有生成。当造物者以永恒不变的东西作为模型造万物时，
所造之物就是出于必然。[11] 如果他按照生成物或被造 B
模型，所造之物就无所控制了。因此，谈到整个天体或宇宙（这两词哪个合适用哪个），开始时的问题是：它是永恒的而没有原因呢，还是生成的而有开端？我认为，它是生成的，因为它是有形物体，可见可摸。
可感知的物体总是在生成过程中。生成的是出于必然 C
性的。然而，要找到宇宙之父和造物者是极艰难的。即使找到了他，把他说出来让其余的人明白也是不可
能的。还有的问题就是：这造物者是选择哪一种模型 29
作为不变的世界模型，并据此生成世界？如果这个世界还不错，且造物者是善的，那么就表明他用了那永恒模型。如果不是这样的话（这样说会得罪神的），那他使用的就是生成的模型。每个人都看得到，他所使用的是永恒的模型，因为这个世界是最完美的，而他则是最完善的。世界既然是这样形成的，则它的模型就是那通过推理和智慧[12] 来认识的，且它是有目的的自我运作。

如果同意这种说法，这个世界就是某种模型的摹 B
本。无论讨论什么问题，最重要的是找到真正的出发点。

因此，这里我们必须对摹本和模型加以区分：因为对
象本身有此区分，而我们的认识以对象为准。[13] 对于那
些内在的确定的思想对象，我们给出的解释也是稳定
而确定的，并尽可能地给出无可争辩的且令人信服的
C 全面说法。关于那些由模仿这模型而相似于模型的事
物，我们的解释也只能是类似的而具有相似性。从实
在到生成物的过程也是从真理到信念的过程。[14] 因此，
苏格拉底啊，在涉及诸神和宇宙生成问题上，我们可
以多方证明，是无法在每一细节上都十分准确一致的。
对此你不要吃惊。如果我们能够把这相似解释讲完，
D 就该感到满足。要知道，你我作为听者、讲者都只是
人而已，因而要是我们在这个问题上接受近似的说法
而不去奢求，我觉得是应该的。[15]

苏：太好了，蒂迈欧。你这开场白我们都十分同
意，完全可以接受。好了，你就接着讲解主题罢。

蒂：那好。我这就来谈谈造物者造万物和这个宇
E 宙的根据好了。造物者是完善的。完善者对一切都是
公正的。他不偏袒某些事物，而是希望一切事物都尽
可能像他一样。我们作为有智慧的人应该接受，这便
30 是生成和宇宙的真正出发点。神希望万物尽可能完善
而无缺陷。[16] 因此，神在看可见事物时，发现这些事
物不稳定，到处乱窜，就把秩序引入这无序运动中，
认为秩序无论在哪个方面都比无序好。他是完善的；

除了做善事外，他不会做其他的事。因此，他思虑后
得出结论，认为在可见事物中，有理性[17]者在整体上 B
优于无理性者；而理性除了存在于灵魂之中不能在别
处存在。为此，在造物时，他在灵魂里安置理性，在
身体里安置灵魂。他的工作在根本上是完美无缺的。
因此，根据这相似解释，我们认为这个宇宙是生成的
生命体[18]，拥有灵魂和理性。这真的是来自神的恩赐。[19] C

要是同意的话，我们就接着说罢。他是按照哪一
种生命体来生成这个宇宙的？我们不能说这个生命体
是属于哪一类的，因为和不完善者相像是达不到完善
的。应该反过来说，相比之下，倒是这个宇宙的产生
乃是模仿那包含一切生命体的生命体而生成的。他把
一切有理性的生命体都包含在自身中，就如这个宇宙 D
把我们和一切可见物体都包含在内一样。神希望把宇
宙造得尽可能和那个最完善、最完美的生命体一样，
使它成为唯一的可见的生命体，并使一切有相同结构
的生命体都包括在其中。 31

就其内在本性而言，是只有这个生命体呢？还是
要承认多个甚至是无限多个天体呢？如果我们认为它
是根据模型而造出来的话，那就只能是一个。它包含
了一切理性生命体，因而在它之外不可能有第二个在
它旁边。不然的话，就得有其他生命体把它们两个包
含在内，而它们只是其中的一部分。在这种情况下，

B 我们是不能说宇宙是在两个模型中形成的，而只能说
来自于包含它们的第三个生命体。因此，为了使生命
体相像于这独一的完美生命体，造物者不会造两个或
两个以上的宇宙出来，而现在和以后都只有这唯一的
生成天体。[20]

生成物是有体的，可见可触。没有火不能看见，
没有硬度则不可触摸，没有土则没有硬度。因此，当
C 神开始造宇宙的身体时，便用了火和土。火和土无法
粘在一块，因而需要第三者作为粘物使它们粘起来。
最好的粘物是使自己和被粘物完全融为一体。要达到
32 这种效果，我们需要找到一种连续的几何比例。任何
三个数，如在正立体和正方形那里，其中必有一个中
数。相对于头数，它是尾数；相对于尾数，它又是头数。
因此，中间数既是头数又是尾数，而头数和尾数却成
了中间数。因此，这三个数同时扮演了同样的角色，
三位一体。

B 如果生成物是没有厚度的平面，则只需一个中间
数就足以使它和其他数结合为一体。但我们的宇宙表
现为立体，而立体需要两个而不是一个中间数。因此，
神用水和气来做火和土的中间数，并使它们之间尽可
能地成比例，就像火相对于气一样，气相对于水；像
气相对于水一样，水相对于土。神依此把它们结合为
C 一体而生成了可见可触的天体，即用这些材料和四种

数，按比例而和谐地生成了宇宙身体。这些数结合在
一起，各自分明但不会分解。除了神，没有力量能使
它们分解。[21]

这个宇宙的每一个事物都是由这四种数构成的。
造物者用所有现成的火、水、气和土造了它，并把它
们用得干干净净。这都是他的意思，首先，尽可能地 D
有一个生命体完美无缺，且它的组成也是完美的；其次，
它是一个“一”，一切都包含于其中，不会留下什么 33
去生成其他类似的生命体。[22]它永生无恙。造物者知道，
一个有结构的物体受到冷热冲突或其他暴力性力量的
围攻和冲击时，它们会瓦解它，使之生病并老化。有
了这样的考虑，他就把它造成唯一整体，包含一切， B
永生无恙。

造物者给了它一个恰当适宜的形状。因为这生命
体包含了全部生命体，因而它的形状是那种能够把各
种形状都包含在内的形状，即球状，从中心到圆周各
点均相等。这是一种最完善的最自我相像的形状。[23]
他认为，自我相像者的完善性是自我不相像者所不能
比的。造物者把它的外表造的绝对平滑。这样做的理 C
由是多方面的。它不需要眼睛，因为外面没有东西可
看；它无听觉，因为外面没有声音；外面没有气因而
它不呼吸；它也不需要器官来吃喝和排泄；外面是无， D
没有东西进出。因此，它是自己作用于自己，一切都

在自己里头。造物者认为，自我满足者较之于依赖他
物者要更好。它不需要手来抓东西或排斥它物；它也
34 不需要脚或其他肢体来支撑自己。

造物者给了它一种适应于它的形状的运动，即在
七种运动[24]中与理性和智慧最相通的那种：在原处作
同一运动，在自身中不断地自我旋转。他让另六种运
动远离它，不许它们干扰它。这种运动不需要用脚，
因而他不给它安腿脚。

B 这便是永恒之神为有限之神（即上述生命体）所
作的设计。根据这一设计，神把它造得平滑一致，从
中心到边端处处相等，完全、完善，包含诸完善体的
完善体。他把灵魂安置在中心，并使它扩展到整个身体，
把整个身体包围起来。[25]这样，造物者就建立了一个
唯一的世界，圆形，作圆周旋转，独自做伴，自知自乐，
无须他者而自我满足。就这些性质来看，他造了一个
充满祝福的神。

C 我们前面为了叙说方便，让人听起来好像灵魂是
后出现的。其实，神在造身体时，已经把灵魂造好了。
这样做就不会出现这样的尴尬局面：当灵魂和身体合
在一块时，后生统治先生。我们在叙述时往往带有随
意性。神可不会这样做。他是先造灵魂，使之更老练，
35 更有能力，从而能成为身体的主人和统治者。[26]

我们接下来谈谈造物者造灵魂的方式和采用的材

料。造物者用永恒同一且不可分割的存在和可变可分
的存在合成一种包容两者的存在。对于同和异，他以
同样的方式合成兼有不可分割和可以分割的同和异。
然后将这三者再混合为一体，强使同和异结合起来， B
尽管异的本性拒绝结合。于是，存在和异同结合为
一体。[27]

混合起来后，造物者根据需要又把这个包含三者
的混合体再分割为许多部分，每一部分都包含有存在、
同和异。他是这样分割的：先从整体中分出一部分，
然后分割出两倍于它的另一部分。接着分割出比第
二部分多一半的部分，即三倍于第一部分。第四部分 C
是第二部分的两倍，第五部分是第三部分的三倍，第
六部分八倍于第一部分，第七部分则二十七倍于第一
部分。[28]

然后，造物者对两倍和三倍的区间再行划分，从 36
原结构中分割出更多的部分。他使每个区间都有两个
中间数，其中一个数以同样的比数超出一端同时被另
一端超出（调和数）；另一个数则在两个端点的中间（平
均中数）。这样，原来的划分里就多出了 3/2、4/3 和 B
9/8 等数。[29]

他进而用 9/8 来划分各个 4/3 区间。在这被分割
的区间里还有一个比数，即 256/243。这样，造物者
就完成了结构分割。[30]

C　造物者把这整体按长度一分为二，分别取其中点相接，使其形如十字，并使它们各自弯曲，两头相接呈圆形，再在相接处两圆交叉，随后使之作原处连续运动。其一作外圈，其一作内圈。外圈为同的运动，
D 内圈为异的运动。同的运动侧面作向右旋转，异的运动斜着作向左旋转。造物者赋予同和整一的运动以统治权，以此保持宇宙的统一完整。对于内圈运动，在六处按照双倍和三倍的间隔，划分为七个圈，其中三处以双倍的间隔，另三处以三倍的间隔。这两组圈作相反方向运动；其中一组的三个圈的运动速度相近；另一组的三个圈，不但不同于第一组的速度，而且它们彼此的速度也不相同。但是，所有的运动都是有比例的。[31]

E　当造物者在心里想好了灵魂的全部构造时，他就开始造各种身体了，然后使两者紧紧联结为一体。这灵魂于是遍布天体的中心和边缘，把天体包含在内，作自我运动，引发了永不间断的有智慧的生命的开始。这生命体在时间上是永存的。

37　天体是可以看见的；但灵魂则不可见。灵魂能够推理而融贯自洽，是根据永恒设计而造出来的最好的东西。就其内在构造而言，灵魂渗透于同、异和存在，这三种要素的比例划分合适而结合在一起。灵魂在自我旋转时能够完全感受到所触及的可划分和不可划分

之物；知道何物为何物，与他物有何不同，有何关系； B
知道一物的出现地点、方式和时间，以及他物对它的
作用；这都是在变化和自身中得到的。它的知道对于
同和异来说都一样是真的，来自于无声无息的自我运
动。只要是涉及感性物和运动中的异的圆圈，整个灵 C
魂都会触及，所形成的意见和信念都是确切真实的。[32]
如果涉及那内在秩序和同的圆圈，灵魂就在自身中给
出说明，从而一定会产生理性知识。任何人在谈论这
两种认识形式时都是在谈论灵魂，否则，他的说法就
与真理无关。[33]

造物者造了这样一个东西，看见它在运动而活着，
给不朽诸神带来乐趣，他自己也很高兴，便造了一个 D
与原型相像的摹本。因为原型是永恒的，所造的生命
体也是永恒的，进一步，他开始造一个相似的宇宙。
不过，生命体的本性是永恒的，要把这一本性完全给
予生成物是不可能的。因此，他决定设立永恒者的动
态形象，即设立有规则的天体运动，使之永恒；永恒
的形象是依据数字来运动的，我们称之为时间。 E

天体建造的时候并没有白天、晚上、年月等。作
为时间的组成，在造物者的计划中，这些东西都随着
天体的形成而产生。它们都是时间的形式，如过去、
将来等。人们往往不加思考就把这些时间形式归为永
恒者。这是错误的。我们常说：过去是，现在是，将

38 来是。准确而言，只有“现在是”才准确描述了永恒者，而“过去是”和“将来是”是对生成物而言的。后两者在时间中，是变化的。但是，那不变的自我相同者不会随着时间的流逝而变老或年轻。她不会变化，以前不会，现在不会，将来也不会。[34] 一般来说，那些
B 在时间中变化的可感物体，其生成所依赖的条件都与那永恒者无分。不过，作为时间形式，它们模仿永恒者，并按数运转。我们在这个问题上还有一些不确切的说法，如，生成了的就是已经生成了，当下发生的则是正在发生，将要生成的则是将要生成的，非现成的是指现在不存在，等等。也许，这里不是讨论这些问题的合适地方。

于是，时间和天体一同产生。一同产生便会一同消失，如果它们有一天会消失的话。时间是根据永恒
C 者的本性造出来的，它尽可能与原型相像。原型是永恒的，而摹本则是一个时间体[35]，过去是、现在是和将来是。这便是神造时间的根据和想法[36]。他造了太阳和月亮以及其他五个行星，称之为漂泊者，用来决
D 定和分辨时间的数。这七个星体造好后，他把它们放在异的圆圈上的七条轨道上，首先是月亮，离地球最近；然后是太阳，在第二条轨道上；次之为晨星和赫耳墨斯神的居所“暮星”，它们的运行速度和太阳相同，但运动方向相反。这便是为什么太阳、晨星和暮星彼

此超出和被超出的原因。[37]至于其他行星，他也按数 E
的关系来安置。这里的安置，要解释起来的话，虽然
不关要紧，却更加费事。我们还是暂时搁置，待以后
有空闲的时候再说吧。

当这些与时间有关系的天体进入指定的轨道时，
它们成为生命体而把它们的身体与生命相连，从而能 39
了解指派给它们的任务，并开始它们的异的运动。
它们的运动是倾斜的，或前或后的，并受同的运动辖
制。它们的运动圆圈有大有小；在较大圆圈上运动要
慢些，在较小圆圈上则快些。它们都在同的运动中，
因而我们可以观察到，较快者为较慢者所超越，虽然 B
实际上是快者超越慢者。同时，它们在不同轨道上作
相反的运动，因着同的运动，这些运动就像螺旋式似
的。[38]这种不同方向的运动是分离的运动，但是因着
同的运动极快，从而使分离速度极慢，看上去仍然紧
密地如一体。

为了使这八个行星的运行快慢清晰地显现出来，
造物者把从地球算起的第二个行星，即太阳，点着了火。
这样，他就能使整个天体充满光芒，使全部生命体一
起来分享在同和相似的旋转中的数。于是便有了昼夜 C
这样一个时间单位；这是一个极为智慧的周期。当月
亮转完一圈并超过太阳时，是一个月。太阳转完一圈
是一年。其余的时间单位，除了少数人以外，一般人

是不注意的，因而无以名之。人们也不用数来推演比
D 较这些时间量度，甚至不知道它们也是时间。其实它们是更精确的时间量度，虽然更难计算，但还是可以弄清楚的，即按照八个星体的相关运转速度在同和相似运动中完成其历程时，这个完善的时间就是完善的一年。

那些在空中运行的星体也是出于这个理由并按同样的方式被造，即使这个宇宙应尽可能成为完善的理
E 性生命体，模仿那永恒者。

有了时间，各种与原型相似者便生成了。当然，就这些生命体各自并不包括原型生命体的全部而言，它们并不与原型完全相似。造物者根据原型的本性继续完成余下的工作。他认为宇宙必须拥有原始生命体所具有的理性，从而有能力辨清绝对生命体中的形式。
40 他造了四种生命体：天空中的诸神，在空中飞行的有翅物，在水中居住者，在陆地行走者。

他主要用火来造诸神的形式，使之辉煌可观，并根据宇宙的样子而给他们以圆形。他赋予他们优越的智慧，并安置在天空各处，点缀整个宇宙。他赋予他
B 们每一个以两种运动，一种是原地运动，从而可以做到对同样的对象拥有同样的观念；另一种运动是向前运动，由同和相似的旋转运动主导。他没有给他们另外五种运动，是要使他们尽可能完善。全部固定星体

都是这样产生的。他们是生命体，永生，自我旋转。至于那些不固定的游荡星体，前面已经讨论过了。[39]

他把地球设计成我们人类的养育者。她围绕着那 C
贯通的轴心旋转，作为昼夜的护卫者和度量者，是天空诸神中最受尊重的。[40]

我们认为，做这些事是徒然的，即去搞清楚这些星体的运行，它们的位置关系，运行中的顺逆，产生
的先后，谁与谁面对面，前后顺序，沉隐和显现时间 D
表，以及如何给那些不知所措的人们递送恐惧等。要弄清这些问题就必须对这些运动模型进行考察。因此，我们就到此为止，不再谈论这些可见的被造神的本性了。

我们还发现，做这件事也难：弄清楚其他神的起源。人们关于这个问题很早就有说法了，我们暂且就相信他们的说法罢了。他们说，作为神的子孙当然会
有关于他们祖先的知识。我们不能不信任神的子孙们。 E
然而，我们也找不到可能的或肯定的证据来证实他们所说的。我们还是遵循传统接受他们给出的家谱吧，并以此来谈论这些神的后代。天神和地神生了俄克阿诺斯（Oceanus，大洋神）和忒提斯（Tethys，所有
河神的母亲）；从他们生出了弗耳克斯（Phorcys）、 41
克洛诺斯（Cronos）和瑞亚（Rhea）以及整个一代神。从克洛诺斯和瑞亚产生了宙斯（Zeus）和赫拉（Hera）

以及他们的弟兄们，还有他们的后代。[41]

就是这个样子。当全部神都产生后，包括那些可
见的和那些用其他方式表现自己的，造物者对他们说
了这些话：“诸位神灵，我是造物者，是万物之父。
B 你们都是我亲手造出来的，享受不朽。这是我的意志。
这是不会改变的。让安排得这样好且运行协调的事物
消亡乃是罪恶的念头。因此，虽然你们是被造者，既
非全然永恒，也非全然不可解体，但你们是不朽的，
不会尝死的滋味。在我的旨意中，那维系你们生存下
去的纽带将更加优越刚强。你们听着：还有三类生物
C 没有产生，因而宇宙还未完成。完善的宇宙是要包含
一切种类的生命体的。但是，要是我来造它们，它们
就成为神了。因此，你们要像我造你们那样，按你们
的本性来造这些会死的凡物，让这宇宙完全包含一切。
你们要这样设计，让这些凡物中有神圣的东西，分有
永生，以此引导他们永远追求正义，追求你们。我打
D 算再播种子，让你们使用。接下来你们要做的是，把
永生的和可朽的东西交织起来生成生命体。造出来后，
抚养它们，让其成长。当它们死的时候再把它们收
回来。”

说完这些话，造物者就再次把宇宙灵魂搅和在原来的搅和器里，倒进那些没有用完的材料。这次搅和所使用的方式与前一次基本一样，但没有那么单一纯

洁。每搅和一次，其纯洁度就递减一次。搅和好后，
他把它划分，其数目和天上的星星一样多；这便是灵
魂。他把他们分配给每一个星星。然后，他让他们上 E
了神车，告知他们宇宙的本性，宣示命运的法则。这
些灵魂的命运是一样的。他并不偏袒他们，把他们播
种在合适的时间器官[42]里；成长起来后，他们是最惧 42
怕神的。因而人的本性有两方面，好的一面便称为男人。
他们是一定要被播放在身体上，而身体是需要一进一
出的。结果一定是这样的：首先，他们拥有内外作用
形成的感觉。其次，他们还用有快乐和痛苦交织的欲
望，还有恐惧和愤怒，以及与本性相关的诸如此类的
情感。他们只有控制了这些感情，才能过一种适宜的 B
生活；反之，如果受制于这些情感，那就是不适宜的
生活。

那些在规定时间中生活得体的灵魂将回归原属的
星星中去，过幸福和谐的生活。要是未能生活得体，
他就会在第二次投生时变为女人。如果在这种情况下 C
其罪恶仍未改变，则根据其罪恶的本性将投生到与之
相应的那类动物。这样不断轮回，直至那些混乱的火、
水、气、土受到其内身所具有的同和相似运动的制约， D
通过理性的控制而回到其原始的完善状态。[43]

当他把这些全部法则赋予这些灵魂，并认为不用
再为他们未来的罪恶负责时，他就播种他们；有的在

地球上，有的在月亮上，剩下的则在其他时间器官上。[44]
E 播完后，他让那些年轻的诸神来造可朽身体，装备人
类灵魂所需的一切，让它们用最好的方式和最大的能
力来统治这可朽生物，免得他还要成为日后种种罪恶
的原因。

当造物者命定好这一切之后，他就保持着他通常
的样子；而他造出来的诸神听到了他的教诲并遵循之。
于是，他们接收了可朽生物之不朽本原，按照造物者
43 的做法，从火、土、水、气中取来一些份额（日后会
还回去），揉成团，用一些小的看不见的栓，而不是
用那些自我连接的永不毁坏的纽带，把它们揉成不同
的身体，以此来拴住灵魂的进进出出。于是，灵魂的
B 运行像一条大河那样，既受控制又不受控制。它来来
往往、冲来冲去，使得整个生命体运动起来，杂乱无章，
六种运动前后左右上下，样样俱全。这种冲来冲去的
C 运动进进出出，十分激烈，提供了营养。更为激烈的是，
在和外界的接触中，身体和刺激的火、坚硬的土、流
动的水、急行的气等相交往，并传给灵魂，从而带来
D 更大的刺激。这种运动通常称为“感觉”。我们现在
还这样称呼它。进一步，这些运动持续不断且到处冲击，
没完没了地流动而刺激并激烈地震动灵魂的旋转，以
相反的力量强行阻止同的旋转，使之失去支配力。另
一方面，它们也破坏异的运动，使得三个双倍数列（即

1，2，4，8）和三个三倍数列（即1，3，9，27）中
的中数，及其连接数如3/2、4/3、9/8等，都完全错 E
交混乱，圆圈破裂无序；它们的运动是分裂的，无理
性的，一会儿向后，一会儿偏斜，一会儿翻转，就像
一个人倒立时头冲地、脚冲天，在他眼中和在他人眼
中都是左右颠倒。当然，这些运动不可能完全破坏同 44
和异的运动，因为这只有造物者才能做到。如果这种
情况很严重，当灵魂的旋转和外界接触时，不管面对
的是同类还是异类，在其谈论中都是和真实情况正好
相反，完全错误完全愚蠢；在其旋转中没有引导或指
导的力量。当感觉强行进入并控制灵魂及其运行时， B
这个灵魂就被控制了，却还以为自己在控制。因为这
样的影响，灵魂一旦进入可朽身体，就开始丧失其理性。

不过，这种成长和营养的洪流消退后，灵魂的旋
转开始安静下来，随着时间的推移，便有自己的固定
路径。这时，有些圈恢复到它们的自然状态，其错乱 C
运行得到修正，同和异也得到正名，理性重新出现。
如果一个人以真心修养和教育来回应这理性，他就会
成为一个健康而完善的人，避免那些糟糕的疾病。反之，
一个人如果忽视理性，生活在残缺之中，茫然而无知，
生命归回冥界。不过这是以后的事。当下我们还是要
对我们的主题有更准确的说法，也就是说，我们要对
身体以及身体的各部分的产生作初步探讨；我们还要

D 涉及诸神造灵魂的理由和天恩。即使这是相似解释，
我们还是要努力。[45]

诸神照着宇宙的样子先造了一种圆形体，并把两
种神圣运动赋予它。我们称之为头颅，乃是身体的最
神圣部分，作为统治者。诸神造好头后便把整个身体
E 都置于它支配之下，使它拥有各种运动。为了使头颅
不至于在坑坑洼洼的地上打滚，或遇到高坡而无法逾
越，等等，他们便让它有肢体，以助于它做各种运动。
45 于是，身体拉长，分出四肢，能屈能伸。诸神把身体
造成这样是为了它能四周移动，哪都能去。最上方最
神圣，以下则有手有脚。诸神还觉得，从引导运动的
角度看，前面要好于后面。于是，他们把前后造的不
B 一样，并让我们主要作向前运动。诸神先是设计头的
脸面，恩赐给灵魂各种器官，作为自然的正面，引导
运动。

诸神最先造的器官是眼睛。它给我们带来光。眼
睛在脸的上方乃是基于以下理由：诸神发明了一种不
会燃烧但能放出柔和光线的火，构成白天体。这种火
C 和我们身上的纯火同类，因而它可以流入眼睛。眼睛
被造得平滑紧凑，特别是眼睛的中间；这样，除了这
种火，其他粗糙的东西都进不来。光线与视觉之流乃
同类相通。因着这视觉中的同类相通，每当光线流出
D 和外在物体相接时就会整合为一种单一体。这种单一

体把它所接触到的对象在同类相通中融入体内的交流，
直到它到达灵魂，产生一种感觉，称为看见。晚上，
同类的火消失了，视觉之流所碰到的是不同类的东西，
因此，视觉之线被切断。流出来的视觉之流无法和周
围的气发生关系，因其中没有火，于是只好自行消失。
因无法看见，视觉之流也趋于安静。诸神设计了眼皮 E
保护眼睛，当它合上时，火就被限于体内散发和消灭，
接着便是平静。如果安静的深，睡眠时就少梦。如果
里面还有较强的运动，便会产生各种影像。这些影像 46
是一种内在的复制，有质有量有方位，使得我们醒来
时还记得，以为是真的发生在外面。[46]

按这样的方式，我们就不难理解镜中或光滑平面
中映像的生成了。内外之火相交于光滑平面而形成各 B
种反射；这些反射回来的火和从眼睛而来照在平面上
的火相交，镜面的映像就必然产生了。因为这种交接
方式和通常的方式不同，所以左右错位。如果相交的
两火之中有一火被反过来，那就表现为右是右，左是左， C
比如，如果镜子是凹面的，光滑的平面拒绝把右边的
视觉之流反射到左边，或把左反射到右。或者，如果
把这凹镜立起来，映像就变得头脚倒立，下面的光往
上照，上面的光往下照。

这些解释都是次要的，可用来帮助我们理解造物 D
者为什么按最好原则来造物。然而，大多数人却不这

样看。他们认为，这就是万物的主要原因，比如，他
们谈论冷热作用、聚散作用等。这些作用既无理性，
又无目的，怎能为万物主要原因？只有不可见的灵魂
E 才拥有理性；而火、水、土、气都是可见物。热爱理
性和知识的人必须追求第一因，以及次级的依据必然
性而物物相动的原因。这两种原因都要说，但把它们
区分清楚：智慧原因产生美好事物；当智慧缺乏时，
没有设计没有目的，从而总是导致偶然无序。关于视
觉的这些次要的解释，及其对主要原因的理解的帮助，
47 以上所说也就够了。[47] 下面我来谈谈怎样更好地使用
眼睛，以及神把它们给我们的目的。

我认为，视觉是给我们带来最大福气的通道。如
果我们没有见过星星、太阳、天空，那么，我们前面
关于宇宙的说法一个字也说不出来。但是，我们看见
了昼夜、月份、年份，从而有了数和时间的概念，以
及研究宇宙的能力。于是我们就开始有哲学。对于诸
B 神能够给予我们人类的东西而言，这是最大的福气了；
过去没有，将来也不会有比这更大的。我为什么也说
起那些次好的方面呢？我们注意到，一个平常的人，
当他的视觉被剥夺而哀叹时，他就不追求智慧[48]了。
但是，就完善的原因和目的而言，我们认为，造物者
设计并赋予视觉是要我们能够注视天上的理性运行，
并把它们应用于注视那内在于我们的类似的理性运动，

包括易受干扰和不被干扰的，通过学习和正确的计算， C
模仿那造物者的完全不变的运行，使我们的游离运动
稳定下来。同样的话也适用于发音和听觉：诸神以同
样的目的和理由把它们赋予我们。这也就是发音的目
的，十分值得我们重视。另外，就可听到的声音而言，
音乐能够进入人的听觉并被我们接收，乃是因为我们 D
有和谐的本性。和谐是一种和我们的灵魂运行相似的
运动。它不是如缪斯的理性崇拜者们所认为的乃是非
理性的快感（当今人们就是这样认为的）。相反，和
谐是人的灵魂的内在运行的辅助，即当她失去和谐时 E
帮助她回归秩序而[49]保持自身。节律也是这样给予我
们的，它可以帮助无序无理的人类灵魂回归秩序。

以上谈到的，除少数外大都是关于理性方面的工
作。接下来我们还要谈谈由必然[50]而产生的事物。这
个世界是必然和理性的共同产物。理性是通过说服来 48
驾驭必然的。理性是统治力量，它说服了必然而把大
多数被造物引向完善。凭借说服，理性带领着必然而
把宇宙按照模型造了出来。要说清楚宇宙生成是如何
完成的这个问题，我们还得涉及不定因[51]的影响。因此，
就像前面的讨论那样，我们必须重新再开一次头。 B

我们必须了解，在天体产生之前，火、水、气、
土的本性是什么，比如，当时它们的存在状态是如何？
至今尚无人对它们的产生方式作过解释。然而，我们

这里谈到这些东西时，不管是什么意思，我们暂且认
为人们已经知道火是什么，或它们每一个是什么了，
C 称它们之一为本原，或它们都是本原，或认为它们是
万物的元素。不过，现在，有点脑子的人都不会这样
认为了吧。让我说到这个份上：我们这里不谈论什么
万物本原，或它们的本原，或关于它的别的说法。[52]
理由是，目前的谈论方式让我们很难继续阐述观点。
因此，千万不要奢望我可以说清楚，以为我在解决这
D 样大而难的问题时可以做到正确无误。我开始时就说
过，这是相似解释。我会尽我所能给出最近似的说明；
较之其他解释，它的近似性只会更大而不是较小。我
会从头开始逐件逐件谈起。还是回到我原来说过的话，
E 我们要求助于神，当我们陷入歧途不知何往时请他做
我们的救主，把我们带回近似的领域。这样，我们来
重新开始吧。

在重新讨论宇宙问题时，我们先要进一步分辨。
我们以前只区分了两类东西，现在还要分辨第三类。
原先分辨的两类在此之前已经讨论够了，其中一类指
49 那可思想的内在的模型，另一类则指这模型的摹本，
生成的和可见的。还有第三类东西我们尚未涉及。原
来以为那两类就够了，现在看来不行。这第三类东西
说不清楚，也看不清楚。我们能够说出它的本性吗？
具体来说，它是一切生成的载体[53]，如同养育者。我

讲的是实话。当然，我们还是要把它说清楚。这是很 B
难的工作；特别地，我要先讨论火以及其他类的问题，
说清它们各自是什么；比如，我们很难肯定地说，水
不是火；或者说，它就是它，而不是其他的。我们要
如何解决这个问题呢？

先来看看水。当它聚结时，我们看到它变成了土 C
和石；这同一物，它溶解消失而成为风和气；其燃烧
而成为火。反过来，火聚结熄灭归于气；气聚结而为
汽和云，进而聚结为水；由水又生成土和石。这样看来，
它们是在一个循环圈里彼此变来变去。要是这样的话，
它们是无法维持其单一的形式的；那么，我们如何能 D
肯定它们之中的任一个东西就是这个而不是其他呢？
当然是不能的。最安全的办法是这样来谈论它们：每
当我们观察到某物总在变化时，比如火，我们不说它
是这或那的，而是说它有这有那的性质。说到水时也
是这样，只说水有如此这般的性质。我们在谈论它们 E
时要避免用“这”或“那”这样的字眼，免得好像我
们在谈具有某种稳定性的东西。它们都在转变中，因
而无法用“这”或“那”等类似的带有恒久性的表达。
我们不要用“这”来指称任何其中之一，而用“如此”
这样的表达词来指称那在它们中间循环的原则。比如，
当我们说到火时，谈论的是如此这般的性质。对于任 50
何有生成变化的事物都应该这样来谈论。有一种事物，

其中有各种生灭转变，这个事物就该用“这”和“那”
来指称；而那些具有一定性质者，如冷、热，以及一
切具有相反性质者，我们就不用它们来指称。为了把
这一点说得清楚一些，我们来设想这种情况，一个人
B 把黄金塑成各种形状，并让这些形状变来变去。当某
人指着其中之一并问那是什么时，最安全和确切的回
答是：那是黄金；而不是纠缠于说这是黄金做的三角
形或什么形状，好像它们是什么东西似的。其实，当
人在作答时，这些形状就在变的过程中。要是询问者
愿意接受这安全但不确定的表达，如“如此”，我们
也就该满足了。对于宇宙来说也是这样的。那个能承
C 受一切有形体的东西必须总是用同样的名字来指称。
当她承受万物时，她完全不丧失她的本性；也不以任
何方式在任何时候独占任何一种进来的形式[54]。她是
承受一切形式的铸造材料，为她所承受的各种形式所
改变、所表现，并因此在不同时候看上去不一样。这
些进进出出的事物都是摹本；其中的压模过程令人惊
奇而言之不尽。我们以下会讨论到这一点的。[55]

就目前来看，我们要弄清这三种存在：首先，生
D 成中的东西；其次，在其中生成的承载体；再次，被
生成物所模仿的东西。打个比喻，我们把承载体称为
母亲，生成物的来源称为父亲，合而为一则是孩子。
我们还注意到，如果各种各样的形式只来源于模型，

那么，模型所压模于其上的材料就必须是无形式的，
不具有任何她后来所接受和承载的形状；否则，她就
不是合格的铸造材料。因为，如果她相似于任何形式， E
当相反的或全然不同的形式压印在其上时，她原有的
形状就会妨碍这些它们而铸出一个坏件。因此，承受
各种形式的东西，其本身是没有形式的。这好像香料
加工工艺一样，先造无味液体，使之尽可能无味以便
它能吸收所要的香味。又如人们打手印一样，那接受 51
手印的软面材料要弄得越平滑无痕越好。同样地，那
个永恒地、全方位地、承受理性的不朽者之形象的承
载者，应该完全不具有任何形式。因此，母亲和载体，
这个承受一切被造物及一切可见可感物的承受者，不
能和土、气、火或水，或它们的复合物，或它们所构 B
成的东西等同一而语。她是不可见的无形式的东西，
承受一切事物，并以神奇的方式分有了理性。她的本
性最难理解。我们这样说可不要误会。就我们根据前
面的讨论所得到关于她的知识而言，我们可以肯定地
说，火是她的一部分，即不断扬起的火焰；水是她的
湿润；她的部分变成了土和气，意思是说，她承受了
它们的压印。[56]

深入这里的讨论使我们无法避免这样的问题： C
有没有所谓的火本身，或事物本身？或者，我们只
认为我们的感官所感觉到的事物是唯一的真实存在，

除此更无其他存在？我们所说的理型是否什么也不
是，只是一个词而已？[57]这样的问题我们不能不加追
究，也不能没有结论就弃之不理，也不能简单下结论。
D 同时，我们也不要离开主题在枝节上长篇大论。要
是我们能用不多的话把基本轮廓讲清楚，那就最好
不过了。[58]

我的看法是这样的：如果理性和真意见是两类不
同的东西，那么，我认为就一定存在着不能感觉但能
思想的这类东西。但是，如果如人所说，理性和真意
见彼此并无不同，那么，我们通过身体感官所观察到
E 的就是最真实和可靠的了。然而，它们之间的区别是
一定要肯定的，因为它们的起源和本性都不同：其一
是靠教导，另一则靠说服；其一总是要通过真论证，
另一则是没有理由可说；其一不会被说服所动，另一
则会；最后，人人都可以拥有真意见，而理性只为诸
52 神和极少数人所拥有。[59]

这样，我们就得承认，首先，存在着一类自身同
一的东西[60]，不生不灭；既不容纳他物于自身，也不
会进入其他事物中；不可见不可感觉，只能为思想所
把握。其次，我们有同名相似者，它们可以被感知，
B 被产生，总在运动，来去匆匆；我们通过知觉和意见
来把握它们。第三者是空间：不朽而永恒，并作为一
切生成物运动变化的场所。它只能靠一种奇怪的理性

推理和非感觉的工具来认识，也很难是信念的对象。[61]
说真的，看这个东西就像在梦中看东西似的。我们说，
任何事物都得占个地方，地上或空中。对于既不在地
上也不在空中的东西是无法谈论其存在的。在梦中，
我们无法唤醒我们自己而对她给出清楚而真实的说明， C
诸如对她和其他事物的分别，她和我们醒时看到的诸
物有什么相像之处等。至于那摹本，原是从模仿实在
者而来的，因而没有自身的实在性；其存在就像浮动
的影子一样晃来晃去。然而，摹本从她那里多多少少
获得了它的存在性。不然的话，摹本就什么都不是了。

不过，通过确切的论证是可以对它们加以分辨的：
它们各自是不同的东西，彼此不相互混同，不能同一 D
件事是一也是二。[62]

我们可以来总结一下这个故事。有三种存在：界
定者[63]、空间和生成物，它们在天空产生之前就有了。[64]
变化的养育者先是液化、焰化，并有土和气的样子， E
以及伴随而来的各种形式和性质。于是，有彼此不相
似、也不相等的能力不均匀地分布在各处。这种不平
衡导致她的晃动；而她的晃动反过来又推动更大的不
平衡。这样的运动使拥有各种形式和性质的部分彼此
分离，就像用簸箕或其他筛选谷物工具筛物一样，密 53
者、重者一边，疏者、轻者另一边。此时，这四种东
西就是以这种方式被载体[65]摇晃不已；而她自己则像

簸箕一样也在摇晃中。不相似者彼此分开越来越遥远，
B 相似者则相聚越来越紧凑。如此看来，在这四种东西
被整合成宇宙之前，它们已经各占一处。不过，它们
都没有比例和尺度。这里的火、水、土、气都只是有
点像而已。在造物者尚未参与之前，它们的样子就是
这样。造物者后来赋予了它们形式和数，让它们拥有
独立的结构；最重要的是，我们谈过，造物者让它们
尽可能完善起来，摆脱它们的混乱状态。因此，我现
C 在要向你们说明，它们的这些独立结构是怎样形成的。
这个说明是你们没有听说过的。但是，你们接受过那
些有关学科的训练，理解起来应该没有问题。[66]

首先，这一点大家都会认同，即火、水、土、气
都是立体。一切立体都有厚度，并被许多平面包围。
D 由直线所围的面乃由三角形构成；所有的三角形都可
以归到两种直角三角形（即一个是直角，余者为锐角
的三角形）中。其中一种三角形的两个锐角都是半直
角，由两条等边所定；另一种三角形的两个锐角和两
条边都不相等。我们认为，这便是火和其他物体的本原。
我们把这种想法称为对必然性的一种相似解释。至于
还有没有更深的本原，那只有神，或那些神所喜欢的
人才知道。[67]

E 接下来的问题是：能不能找到四种完善立体及其
中的结构，虽然彼此不同，但其中有些能够互相转化？

如果这个问题解决了，我们就真正认识了土和火的生
成，以及其他按比例而居中的立体。这一点我们是一
定要坚持的，即除了这四种彼此不同的立体结构，我
们在其他地方不可能找到更完善的立体。我们要尽力
完成这四种完善立体的建构，并宣布说，我们已经充
分把握了事物的本性，达到我们的目的了。[68] 54

在两种三角形中，等腰直角三角形只有一种；但
不等边直角三角形的数量则是无限多。为了使讨论顺
利进行，我们必须在那无数的三角形中找到最完善者，
并以此为本原。根据这一原则，如果有人说他找到了
一种更好的图形来构造这些立体，那他就将作为朋友
而不是对手成为赢家。我们认为这样一个三角形是压 B
倒性的完善者，即两个这样的三角形加起来正好成为
一个等边三角形。这里选择的理由要讲起来就太长了。
如果谁在检查这个问题时发现我们弄错了，那他会得
到崇高的敬意。关于两种三角形的选择就谈这些。归
结起来，它们是：一种是等腰的；一种是其长边的平
方三倍于短边的平方。火和其他立体都是由它们所构
成的。[69]

我们前面说过一些模糊不清的话，这里需要解释 C
一下。表面上看，四类立体能够通过分解而彼此相互
转化。但这是一种错觉。我们的意思是，这两种三角
形产生了四类立体，其中三类由不等腰三角形构成，

余下的那类则由等腰三角形构成。因此，它们不可能全都能够通过分解而彼此转化，即许多小立体合成一些较大立体，或反过来。其中三类是可以这样转化的，
D 因为它们由同一种三角形构成。一个大立体毁坏时会分解为许多小立体，拥有各种相应的图形；这些小立体进而分解为原始三角形；这些三角形的再组合便形成一种新的大立体，即一个立体。它们之间的变换就是这么回事。[70]

接下来我们要谈谈这些立体的具体结构，以及其中的数。首先来看看最简单、最小的构造。这个元素
55 的结构是其斜边两倍于短边的三角形。2 个这样的三角形以斜线为轴而组合起来，再把 3 个这样组合的图形以短边为界合并为一个图形。它们的斜边短边形成的角合而为中心。这样，6 个三角形便构成了一个等边三角形。[71] 把 4 个这样的等边三角形拼为一个立体，使 3 个平面角合成一个立体角，使这个立体角的锐度达到最小。当 4 个这样的立体角形成时，第一个立体就出现了。它的每一条外边彼此是等长的。[72]

第二个立体由同样的（原始）三角形合成。先合
B 成 8 个等边三角形，由 4 个平面角合成一个立体角；当 6 个立体角合成时，这个元素便产生了它。[73]

第三个立体则由 120 个原始三角形合成。先合成 20 个等边三角形，用 5 个平面角合成一个立体角；当

12 个这样的立体角合成时，这个立体便产生了。[74]

这个元素便是以这样的方式来合成这些立体的。
但第四种立体则由等腰三角形合成。4 个等腰直角三 C
角形的直角相接而为一中点, 于是便合成一个正方形。
由 6 个这样的正方形, 每三个平面角合成一个立体角,
共有 8 个。这样便产生了拥有 6 个正方形平面的立体。[75]

还有第五个立体, 造物者用它来作为整体的模型,
即作为动物体的原型。[76]

讲到这里，人们会提出一个相关问题：宇宙的数 D
目是有限还是无限？这种提问方式表明提问者对问题
本身缺乏了解，因而需要多多受教。恰当的问法是：
宇宙是一个还是五个？人们要是对此有疑问倒还说得
过去。答案是：根据我们的相似解释，宇宙只有一个。
不过，人们或者会有别的观点，那就另当别论了。这
个问题就到此为止吧。[77]

我们讨论了这些立体的结构。接下来，我们要把 E
它们分配给火、土、水、气。对于土，我们把正立方
体给它。土在这四类东西中惰性和韧性是最大的。符
合这样本性的当然是拥有最稳固平面的立体。我们注
意到，在这两种（原始）三角形中，等腰三角形平面
在本性上要比不等腰三角形平面更稳固。就其所构成
的平面而言，正方形当然要比三角形更稳固，无论是 56
部分还是整体都是如此。因此，我们把这个图形分配

给土是符合我们的相似解释的。在其余的图形中，最
不活跃的给水，最活跃的给火，中间的给气；也就是
把最小的立体给火，最大的给水，中间的给气；也就
B 是说，角最锐者给火，次者给气，再次者给水。在这
些图形中，拥有最少平面者肯定最活跃，因为它最尖
锐，在任何情况下都有强劲的渗透力。而且，它最轻，
因为它所包含的相同部分的数目最少。[78] 就这些方面
比较而言，第二立体次之，第三立体再次之。这样，
根据严格推理和相似解释，在我们所建构的立体中，
这个元素或种子构成的正四面体，称之为火，第二个
立体称为气，第三个立体称为水。[79]

C 我们必须注意到，这些立体都很小，以至于我们
都无法看到它们之中任何单一的立体。不过，如果它
们集合为一群时却是可以看见的。至于它们的数、运
动和能力，我们认为造物者乃是逐一按照合适比例，
说服必然，引向完善。

D 以上谈到的只限于它们作为类的存在。接下来，
我们要对它们的存在现状作相似解释。[80] 当土和火相遇
时转化为流动状态。这时，土被火的锐利所分开。同样，
土也会被气或水所分解。当被分开的部分重新相接触
时，它们就又固化而为土。它们永远不会变成其他类。
然而，水被火分解，接着又为气所分，其重新组合时
E 就可能产生两个气和一个火。气被分解为碎片后再组

合时，可以形成两个火微粒。反过来，少量的火为大量的气或水或土所包围时，火会在其中运动、争斗，并被压碎；两个火微粒组合成一个气体。当气被挤压而分裂后，两个半的气会结合成一个完整的水。[81]

我们还可以换个角度来谈论这个问题。如果某一 57
微粒为火所包围，并被火的尖角锐边劈开为碎片，若这些碎片在复合时成为火，则分解过程到此为止；因为同类不会被同类分解和改变，也不能分解改变其同类者。但是，若较弱者仍然与较强者较劲，则分解过程就仍然继续。另一方面，如果一些较小微粒为许多 B
较大微粒所包围，并被挤碎失形时，若它们结合到优势者中，则挤压过程停止，如火产生气，气产生水等；若它们拒绝变化为气或水等，则这个分解过程还会进行，直至它们或者完全被挤压分解而逃回它们自己的同类中去，或者被征服而结合为和优势者相同的立体，并安居与其中。 C

而且，这种分解重组的过程使得这些元素互换位置，因为载体的摇晃，一些同类者各自大量群集在一块，与异类分开，占领一处。于是，那些老在变化为他类的部分，也因着这摇晃而趋向那它们正在变成的那一类所占据的地方。

我们这里谈论的是原始的，不是被构造的立体结构。我们注意到，它们各自又有许多种类。为什么呢？

D 原因在于立体内的元素。这些元素在构造立体时大小
并不完全相同；有的小些，有的大些。一般来说，一
个立体内部的元素的大小种类是很多的。这些不同大
小的元素混在一起，导致了无限的多样性。我们要对
宇宙给出相似解释，就必须对这一点加以研究。

E 关于运动和静止问题，我们需要对它们的方式和
条件有一致意见，否则会影响我们以下的讨论。其实
我们对问题多少已经谈了一些，不过还要补充这一点：
运动不可能发生在均同状态中。我们很难甚至不可能
设想没有推动者的被动运动，或者，没有被动者的推
动运动。推动者和被动者两者缺一都不可能有运动；
但它们不可能共存于均同状态中。因此，我们说，静
58 止存在于均同状态中，而运动存在于非均同状态中。
非均同状态来自不均等性。至于不均等性的起源，我
们在前面已经谈过了。[82]

不过，我们还未对这种情况加以讨论，即有些立
体还没有完全各归其类；它们不停地运动，彼此相互
转换。归结起来可以这样解释：宇宙在旋转，容纳各
B 类立体，压缩它们，使它们在圆圈中聚在一起，充满
每一个角落，不留真空。这样，火在它们中间是最能
渗透的，其次是气，因它是第二精细的微粒。其余的
照此类推。微粒最大的元素，其内部的缝隙最大；反
之则最小。在聚集的过程中，小立体被挤在大立体的

中间。于是，小的就要分解大的。当大的包围小的并 C
强迫结合时，这些立体便或上或下或左或右地运动起
来，并趋向自己的领域。它们的大小变化就会导致其
位置改变。这便是不均匀之所以能够永远维持的原因，
并且导致这些立体运动不止。[83] D

接下来我们注意到，火有许多种类：比如，火焰，
从火焰中放射出却不燃烧的光，以及无火时的余烬。
气也一样，最明净的气称为“以太”，最污浊者则称
为雾和阴沉之气，此外还有许多无名的各种气。它们
都是由原始三角形的不等性所导致的。[84] 至于水，它
有液体和熔浆两种基本类型。液体是由一些大小不一
的较细水微粒构成；因为这不一致性和它的图形样子， E
所以易于自身流动和被他物搅动。熔浆则由较大的整
齐的微粒构成，因而较难流动并较重，原因在于它的
统一性。但在火的作用下，火能够插入其中，打碎这
些微粒，使之失去一致性，从而流动起来。当它开始
流动时，周围的气冲击它并使它散落于地上。这两个
过程都被称为“熔解”，即一堆微粒发生分解并流动 59
而散落于地上。

另一方面，当火被迫离开时，火并不是进入真空，而是冲击周围的气。气反过来则强压还在流动的液化物质，使它填满火离开后留下的空隙而重新集结为一体。液体便是这样彼此冲击强压，当分解者即火离开

B 后，重新集结而回到它原来的状态。火的离去称为“冷
却”；由此而来的收缩称为“固化”。

所谓的熔浆也有许多种类。其中有一种非常紧凑且由十分精细整齐的微粒构成的熔浆，它经过岩石的过滤而变得坚硬，有精致的结构和黄色的光彩，是独一无二的，这就是黄金。“黄金苞”则非常硬，密度高，呈暗色，称为金刚石。[85] 另一种熔浆所拥有的微粒与
C 黄金很相似，但其大小不一，密度大于黄金，且含有
少量精细的土从而使它更硬些；不过，它的中间孔隙多，因而较轻。这种构成称为铜。铜是一种光亮的固体水。随着时间的流逝，其中的土便在其表面显现并脱落。这种现象称为“生锈”。

从这相似解释出发对这类存在的其他物体作一一例解并非难事。如果有人为了消遣的缘故把关于永恒
D 的讨论放在一边，来研究这些关于变化的相似解释，
以便从中获得一种不会令他后悔的娱乐，那他的研究就会给他的生活增加一段明智的娱乐时间。因此，我们来放开思路，按照前面的相似解释，继续讨论这个话题。[86]

和火混合的精细且流动的水称为液体，因为它易动并在地面上流动；它的柔软性来自于它那不如土的
E 平稳的面。当火和气离开只剩下它自身时，它呈单一化，
并受到离去的微粒的挤压而紧凑起来。这种过程到了

极点，如果离开地面就形成冰雹，如果在地面则形成冰块；或未达极点而成半集结状态，离开地面会成雪，在地面上则成霜。

由各种大小不一的水微粒构成的水一般称为“汁”。 60
它是从地上生长的植物中流出来的。不同的“汁”之间的差异乃由其内在构成决定，其中大部分无以名之。这里试列出四种有名称的含火的汁。其一是酒，它会使灵魂和身体发热。其二是油，因其能分割视线而平滑光亮，如树脂、蓖麻油、橄榄油以及其他拥有相同性质的油类。第三种汁能够产生甜觉：扩张口内的紧 B
缩部分使之恢复为原初状态。人常称之为蜜。最后一种称为酸汁，呈多泡，能烧伤肌肉。这种汁和其他汁很不相同。

土也有许多种类。石头从和水的混合中分化出来的过程是这样的：混在土中的水被挤压而破碎，并形 C
成气。变成气后，它冲向它自己的地方。周围没有真空，它就冲击周围的气。这被冲击的气很有力，围着土而强迫挤压，使土占满由于气化而留下的真空。被气压成硬块而不溶于水的土便形成石头。精细的石头由同样大小的微粒构成，是透明体；粗糙者则与此相 D
反。由于湿气被火完全排除而形成的土，其结构较脆，称为陶。要是为火所熔又冷却后湿气尚存少许，则产生一种暗色的东西。[87]

当大量的水从混合体中分离出来时，同样会产生两种土，由较精细的土微粒所构成并有咸味。它们只
E 是半固体态并溶于水。一种称为苏打，能清洗油垢。另一种称为盐，其结构如此和谐以至于有宜人的口味。人们认为它是神所钟爱的。[88]

包含土和水的复合物只为火所分解，但不为水所分解。原因是这样的：火和气都不溶解于大量的土，
61 因为它们的微粒较土堆的空隙小，因而能够不受阻拦地穿过而不使土堆解体。然而，水微粒较大，因而它强行通过时会溶解土堆。因此，当土堆松散时只为水溶解；当土固化时，除了火没有其他东西可以使之解体，因为只有火才能找到入口。[89]

受到强度挤压的水只有火才能化解它；要是未被压得很紧，则火和气都能使之解体。气是通过其孔隙来分解它的，火则直接把它打碎为三角性。[90]

气被挤压后不被分解，除非分解为自身元素。要
B 是没有被挤压，则只有火才能分解它。[91]

在那些含有土和水的复合体，只要这种土的内部空隙为水所占满（被挤压而成），外来的向它攻击的水微粒找不到入口，从而环绕它并流走，无法溶解它。但火微粒则可以通过水微粒间的空隙挤入其间并作用于水微粒，而水微粒则以同样的方式作用于土。因此，
C 火是唯一能使这种复合体分离解体的作用体。这些复

合体中有些土多于水，即各种透明体和各种可熔的石头；有些则水多于土，即那些均匀的物体，如蜡或乳香。

以上我们讨论了四种立体的形状、复合及相互转换，从而对各类存在做了些说明。这大概足够了。接下来，我们要弄清楚它们是怎样获得其性质的。在讨论之前，我们必须设定感觉的存在。但我们还没有谈到肌肉的构成及其各种属性，也未涉及灵魂的可朽部 D
分。如果没有弄清与感觉相关的那些性质，我们就无法展开这里的讨论。当然，要是不弄清前者，我们也无法解释后者。而且，我们也不太可能把它们放在一起来讨论。基于这种考虑，我们必须先设定其中之一，其后再回过头来检查我们的设定。这样，为了使我们的讨论能够从关于立体过渡到关于它们的性质，我们就暂且预设身体和灵魂的存在。[92]

我们先来看看所谓的火为“热”是怎么回事。我 E
们注意到火作用于身体时那种撕裂切割的性质。我们都知道那是一种刺人的感觉。可以这样推断，它的边是锋利的，角是尖锐的，体积很小，运动很快；这些性质使火充满活力和冲劲，只要碰上就会感到强烈的 62
刺激。我们只要回想一下它的构成就可以明白，这种东西较其他性质的东西更能渗入并撕裂身体。这种感觉便是“热”所指称的性质。

与此相反的性质也就很清楚了，当然还需要加以

解释。身体周围的液体微粒进入身体时，它们会把较
小的微粒冲开。因为无法把自己楔入它们留下的处所，
B 这些微粒就挤压我们身上的湿气，整合不统一的微粒，
并通过挤压和统一而趋向稳定性。但是，这样一种违
背本性的收缩会引起抗争而推动回到正常状态。这种
抗争和拉锯便是所谓的颤抖。人们把这样的性质及其
作用者称为“冷”。

“硬”指称那些使我们的肌肉退让的东西；“软”
则是那些退让于我们的东西。硬物和软物也是相对而
C 言的。其面为小者是退让的；正方形组成的立体立足
最稳，因而最硬。一物如有特别抵抗力，乃是因为它
的结构紧凑。

要说清楚“重”和“轻”，最好是来考察一下“上”
和“下”这两个字。人们把宇宙划分为两个对立部分：
D “下”指称那些聚积的物体下沉之处，“上”则指物
体不愿上升之处。这种观念是大错特错了。宇宙是球
形的。所有和中心的距离相等的点拥有同样的存在方
式，因为中点和它们的距离相同；对各点来说，中心
是对立点。如果宇宙是这样一种秩序，哪一点可以合
适地称为上或下呢？中心点是没有上下的；中心就是
中心，而周围则不是中心。这周围各点相对于中心而
63 言没有区别，因而也没有上下之分。设有一物，其各
方向都是同一的，那么，我们如何能谈论它的对立面

呢？这种谈论又有什么意义呢？我们进一步设想宇宙
中心有一物体，它将不会向任何一个方向运动，因为
对它来说每一方向都是等同的。要是有一个人在这物
体上行走，他会绕着它转来转去；他会重复站在对立
面上，把同一点说成是上又是下。因此我们说，就一
个球体而言，谈论任何一处的上或下都是没有意义的。

至于这些词的来源，以及我们在描述宇宙的划分 B
时是如何习惯于使用这些词的，如下的推想或者可以
让大家意见一致。试想一个人处于宇宙中为火所占领
的领域。他站在火所趋向于其中的火团上，有能力把
火分开，并把一部分火放在秤上。当他提起秤从而强 C
迫这份火进入异域的气中时，显然，对他来说，把较
小部分的火推入气中要容易些。理由是，当两团火同
时被提时，较小部分较易摆脱束缚，而较大部分则更
能抗争。大火团因而被认为“重”而趋于“下”，小
火团则“轻”而趋于“上”。从这个角度我们可以来
看看我们地域中的情况。站在地球上，当我们要分开
土质体或纯土时，我们是在违背这两个东西的本性而 D
强迫它们进入异域的气中。它们原为同类而粘在一块。
小土块容易被分开并较快进入异类域中，因而我们称
之为轻，所进入的领域则称为上。相反的情况便称为
重和下。由此可推，这些关系不尽相同。不同种的东
西的集结地域彼此相对，在此域为轻重上下者，在彼 E

域则为重轻下上。当然，考虑到方向的可能差异性，它们的重量程度会有不同。但是，有一点是共同的：一事物趋向其同类因而使它有重量，它所趋向的领域即是下面。不过，从另一类的角度看则正好相反。关于这些性质就谈那么多。[93]

谈到平滑和粗糙，我想谁都能给出解释。粗糙
64 是由于其构造坚硬且不均匀，而平滑则是结构规则并
紧凑。

谈到身体的共有性质，最重要的一点是要解释快乐和痛苦的原因，如我们前面的讨论那样。进而，我们要涉及那些通过身体器官而导致感觉的原因，以及那些伴随着痛苦和快乐的原因。

关于感觉的原因，不管是可感的还是不可感的，
B 我们都得先回想一下前面对结构上的活跃和不活跃所
作的区分。这一思路将是我们以下解释事物时所遵循
的。本性活跃的事物即使受到轻微的影响，也会一个
微粒接一个微粒地传递而传遍周身，直到意识了解了
作用者的性质为止。另一方面，不活跃者因其稳定而
C 不会这样传遍周身；它仅仅是接受影响而不旁及邻居。
因为粒子之间没有传播，所以始动影响停在原处而无
法传遍生命体并产生感觉。这种情况适用于我们身上
的那些以土为主要成分的部分，如骨头和头发等。前
面提到的那种情况则主要是指视觉和听觉，因为火和

气在那里扮演主要角色。

痛苦和快乐因而可以这样来看：一种作用强烈地 D
打乱了本性的正常状态，如果这是突然发生的，则是痛苦的；而正常状态的恢复则是快乐。这是可以感觉到的。如果这个过程是温和的渐进的，则感觉不到。

轻易发生的感觉过程是最容易感觉的，但它不伴随快乐和痛苦，比如视线所产生的影响。我们前面谈到，光线中的立体和我们身体中的立体，这两者的结构非常接近。这种射线的分割或燃烧或其他影响都不
会产生痛苦；而原始状态的恢复也不导致快乐，尽管 E
客体作用于它时会有很分明和强烈的视觉，因为切割和恢复都无需强力。然而，对于那些由较大微粒构成的器官，它们是要抵抗外来作用者的。当它们在抵抗
中把影响传递全身时，痛苦和快乐就会被感觉到：被 65
迫离开常态为痛苦，恢复正常则有快感。如果脱离常态或力气损耗的过程是逐渐的，而充实是突然的强力的，我们就能感觉到充实，但感觉不到力气损耗；这会使灵魂的可朽部分以极大的快感，而非痛苦，如我
们闻到香味时的情况。如果常态被打乱是突然的，而 B
恢复则缓慢而困难，情况则正好相反，如身体的割破或烧伤。[94]

我们以上对身体的共同感觉以及产生这些感觉的作用者作了一些说明。接下来，如果我们能够的话，

我们要说明那些发生在各特殊器官上的感觉，以及它
C 们的作用者和作用方式。
首先，我们前面谈到味道（“汁”）[95]时没有谈
到舌头的专有属性。这里，我们必须努力把它说清楚。
实际上，这些属性和其他大多数属性一样，表现为收
缩和膨胀。不过，他们更多的和粗糙或平滑有关联。
D 当土微粒努力侵入舌头上那作为类似于检查官的细孔
（这些细孔是连接于心脏的）时，它们遇到湿润柔软
的肌肉而溶解，从而使细孔收缩发干。严重者感觉为“发
涩”，轻度者则感到“口干”。
用来冲洗细孔和舌头各部位的物质，如果冲洗太
E 甚以至于溶解舌头的某个部位，就称为“辛辣的”；
这是苏打的功能。如果不像苏打那么强，冲洗舌头适中，
有些盐味，但无辛辣感，就会产生可口的感觉。
有一些物质进入口中吸收了热而变软，进而转化
66 为火，刺激那提供热的部位。它们由于轻而往上冲击
头部的感官，切割所遇到的一切。具有这样性质的物
质则称为“火辣的”。
另一些物质的微粒会解体而转化为一种精细结构，
它们从而可以进入细孔。这些微粒的构成和细孔中的
土微粒、水微粒成比例，因而能够使它们运动起来并
相互搅动不已。在搅动时，它们形成一个罩，作为一
B 种微粒而侵入其他种类的微粒中，并生成空膜包围成

圈。因此，当一个水汽空膜（带土的和纯粹的）把气包起来时，便形成一个气的载体，即空心水球。有些由纯粹水汽构成，其罩透明，人称水泡；若带有土，搅动而升起，则称为泡沫和发酵。产生这些反应的物质称为“酸”。[96]

与上述的感觉相反，有一种感觉由恰恰相反的原 C
因引起。当液体中的入侵微粒结构与舌头上的常态一致，因而缓和和润滑那些被弄得粗糙的部位，放松或收缩那些被强迫紧缩或膨胀之处，使之回到正常状态。这些对强烈刺激的起缓解作用的解药总是令人惬意的，人称为“甜”。这个问题就谈这些。 D

鼻孔里的器官并无确定的类型。气味总是一种半成品；任何成形的结构都不会产生气味。味觉之孔的结构对水和土来说太窄，对火和气来说却太宽。因此无人能在这些物体中嗅出什么味道来。气味是一物在 E
液化、解体、熔化或汽化的过程中产生的。它们出现在水变为气，或气变为水的中间阶段。一切气味都是汽或雾。雾是气转化为水过程中的成品，汽是水化为气过程中的成品。因此，气味较水精细，较气粗糙。我们可以从这件事中看清气味的本性：一个人用力从那些堵塞呼吸孔道的东西呼吸时，他闻不到任何东西。除了气，没有任何东西能够带来各种气味。 67

因此，气味有两组。它们没有名字，原因是它们

的构成没有确定的原始图形之数。唯一能做区分的只
有这两方面：惬意的和不惬意的。不惬意者摩擦并损
伤那处于头冠和肚脐之间的空腔；惬意者则润滑这个
部位，并使之舒适地回归其自然状态。

B 我们还要考察第三个感觉器官，即听觉器官及其
属性。一般来说，我们把声音定义为气击，即气通过
耳朵而碰撞大脑和血液，其振动传递给灵魂。它所引
起的运动起于头而止于肝。这便是听觉。快速运动产
生高调声音；运动越慢则声调越低。如果运动合乎规则，
C 则声音整洁悦耳；反之则杂乱刺耳。同样地，运动有
范围大小之分，而声音有重轻之别。声音的调和问题
我们回头再谈。[97]

第四种感觉因其差异繁杂所以要加以分类，即我
们谈论的颜色。它们是从各种物体中流射出来的火；
D 其微粒结构和视线如此合拍，所以产生感觉。早先我
们对视线的产生做过解释，接下来理所当然就要解释
颜色了。从其他物体流射出来的而遇到视线便融入其
中的微粒，其大小和视线相比，或大或小，也可能彼
此大小相同。大小相同者是不可见的，我们称为“透明”。
较大者会压缩视线，而较小者则放大之，犹如冷热之
E 于肉体，辛辣之于舌头。黑白这两种感觉的原因便是
这些微粒。它们性格相似，但出现在不同场合，因而
以不同方式来显现自己。恰当说来，凡使视线放大者，

称为“白”，而压缩者，则称为“黑”。

如果一种有更强冲击性的火与视线相遇，使之扩 68
张直达眼睛，并强行进入而消融眼睛通道，从而分离
出水火混合物，称为“眼泪”。因其本身包含火，它
和相反方向而来的火相遇时就会像一道闪电一样跳出
来；同时，内进之火则在湿气中熄灭。在这样的混合
状态中，颜色的种种形态都表现了出来。我们称此为“眼 B
花”；作用者称为“强光”和“闪光”。

在强光和闪光之间尚有许多种火，它们不是闪光
却进到眼球的湿气中并与之混合，混合时而产生的颜
色，称为“红”。强光和红白两色相混而产生橙色。 C
我们不必一味追究它们的混合比例，因为即使可知，
人们也无法给出大概的证明或估计。红和黑白相混便
是紫色；要是它们进一步燃烧并加入更多黑色，则成
黑紫罗兰。黄褐色由橙色和灰色混成；灰色由黑白混
成。黄色是白色和橙色的混成物。白在强光之下与深
黑色相混则有深蓝色；深蓝色和白色相混成浅蓝绿色； D
紫黑相混成绿色。[98]

这些例子足以说明其他颜色的合成了，因为我们
求的是相似解释。如果有人想付诸实践检验[99]，那就
是对人性和神性的区别一无所知。也就是说，神具有
能力把多合为一，又把一分为多；而人现在将来都不 E
能这样做。

所有这些事物都是由必然性构成的。造物者在生成那完善的自我满足的神时，就看顾着这些事物，使它们在变化中变得最好，最完善。这必然性只是造物者手中的工具；他还亲自在变化的事物中加入善。因此，我们要分清两种原因：必然的和神圣的，为了幸福生
69 活而追溯神圣原因，这是我们本性所要求的。[100] 我们
追溯这必然性，就是要追溯这神圣原因；因为如果不认识这必然性，我们就无法分辨我们所追求的神圣对象，理解它们，或以某种方式分有它们。

到此为止，我们讨论了两种原因。就好像木匠手中有了木料一样，我们接下来就可以谈谈它们的交错
B 作用。我们还是回到谈话的起点，简单回顾一下我们
的讨论结果，然后再努力把该补的都补上，结束我们的故事。

我们说过，值其原初，这些事物混沌无序，神在各方面都给它们引入各种量度，使之在自身以及与其他事物都成和谐比例。它们开始时只是偶然得到比例，
C 因而没有什么可用火、水等我们常称呼的名字来命名
的东西。[101] 神首先给它们设定秩序，再用这秩序构架成宇宙。所构成的宇宙是有生命的，内含一切可朽的和不朽的生命体。因着他的神性，他便是造物者。他把造可朽体的任务给了他的儿女们。他们模仿他，并在得到灵魂的不朽本原之后，就铸模了一个可朽的球

体来安置它，并造了一个身体来支撑这球体。他们还在身体中造了另一种形式的灵魂：可朽灵魂。这可朽 D
灵魂自身拥有畏惧感，且受必然性束缚。因此，首先它有快感；这是最强的引导它向恶的力量。它还有痛苦，乃离开善的反应。此外还有，鲁莽和惧怕，一对不明智的军师；愤怒，难以驾驭；愿望，轻易走向迷途。所有这些倾向，加上非理性感觉和求安逸欲望，他们就在必然性中造了可朽的灵魂。

无疑地，他们顾忌污染那神圣部分，因而除非在 E
绝对必然性中，他们把它和可朽部分分置两处，在头和胸之间设置脖子，使得两者保持距离；并在胸中和被称为身躯的部位置放灵魂的可朽部分。由于身躯也分为较高贵者和较卑贱者，他们又在身躯的空腹处设置一个区域，好像住宅内的男房女房的划分一样，用隔膜作为屏障分隔它们。[102] 70

诸神把灵魂的勇气和竞胜精神置于靠近头的部位，即在脖子和隔膜之间；这样它就会听到理性的声音，并当欲望不愿意服从从要塞而来的命令的话，就与之 B
一起来强制欲望。心脏是血管的汇集点，也是血的源泉，涌流周身至各部位。他们把它置放于卫士室，以便当理性告诉它哪个部位出差错时，不管是外来的还是来自欲望，它就会怒气冲冲，从而使身体的感觉部分通过窄小通道而接收到指令和警告，并完全服从之。这样，

C 最高贵者就能成为他们的领导。

而且，当危险来临或怒气上升时，心会怦怦直跳。诸神预见到激情的上涨会伴随着火气，于是便设计了肺来缓冲之。肺的结构柔和，无血，像海绵一样孔多，
D 因而能够通过呼吸和饮喝来冷却心脏，使之在燃烧中缓解恢复。因着这个原因，诸神开凿了通往肺的气管通道，使肺像缓解器似的围着心脏。当其中的激情处于激动状态时，心脏急剧跳动并冲击柔软体，从而冷却下来。这样，肺就能较好地帮助激情灵魂减缓紧张，更好地服务于理性。[103]

灵魂还有一部分主管吃喝和身体的其他需要。诸神把它置于隔膜和肚脐一带之间，好像食槽那样供给
E 身体的营养。他们视它为如未驯野兽并置之于此地，乃是可朽体的生存所必需的。其目的如下：在食槽里喂养它，使之远离决策者的居所，尽量减轻它所引起
71 的骚动和喧闹，从而使最高决策者能够平静地思想它以及整个身体的福祉。

诸神知道它是理解不了理性的；即使有所理解，它也根本不会加以理睬。它乐意在白天黑夜的影像或幻影之中。为了使它能接受理性的影响，造物者设计
B 了肝，让它和灵魂的这部分一起居住。肝的结构紧凑，平滑光亮，甜苦俱全。理性的影响是这样进行的：肝像镜子一样，理性把自己的思想图像印在上面，并反

射出可见的影像，从而对欲望部分产生威慑。这威慑是严厉的，因为理性拥有了肝的苦素。理性可以将这苦素很快地扩散到整个肝并生成各色胆汁，使肝收缩
发粗起皱。当肝收缩时，肝叶弯曲而阻塞通道，关闭 C
入口，从而导致痛苦和恶心。另一方面，要是有想法而发出柔和的指令，形成与上述不同的影像，肝由此
使自己从苦中解脱出来。它不会自己弄乱自己，也不 D
会做出和自己本性相反的事情。相反，它通过使自己趋向和自己本性相合的甜，恢复自己的平滑无阻，从而使在其中居住的那部分灵魂健康安详。这样，晚上的时候，这欲望灵魂没有智慧活动，也不能理解，却
能够清楚地在自己的处所感受到神圣者。[104] 我们的 E
诸神都记得他们的父亲的指示，即把可朽物造的尽可能完善，因而在灵魂的低贱部分中设立兆示的座席，带领它走在正确道路上，使它对真实性和真理会有所了解。

兆示是神对人类愚昧性的补足。我们有很好的理由这样认为。人在其正常状态是不会出现真的兆示的。
只有当人在睡眠时智慧能力不起作用，或人因错乱而 72
心神不定，或处于着魔状态等等情况下，兆示才会出现。然后，人回到正常状态，回忆并重建在梦中或着魔状态时的突发事件，通过反思来弄清楚他所看到的异象
会对什么人，以什么方式，导致什么样的好事或坏事， B

是过去的，现在的，还是将来的。通常会有一群先知出来解释这些激发出来的兆示。那些不知真相的人称他们为预言家。其实，他们不是预言家，而是神秘声音和形象的解释者，恰切来说，合适的名称是：兆示的预言家。

肝有如此本性及如此构造，如我们所描述的，其
目的是显现兆示。只要人还活着，这一器官所显现的
兆示是相当清楚的。但是，随着活力的剥夺，它就变
C 得模糊不清，所给出的兆象也昏暗，无法传递任何确
定的信息。

邻近肝有一器官，位于左侧，是专为肝所设计的，
目的是保持肝的光亮平滑；如同擦镜纸一样在肝旁
边，称为脾。当肝因身体疾病而出现污点时，脾就清
洗并吸取它们。脾的结构不紧凑，有许多小孔，无血。
D 这样，当它吸取太多秽物时，便膨胀溃烂，直到身体
的病态已去，才消肿恢复原状。

我们前面关于灵魂的讨论区别了灵魂的两个部
分：可朽的和神圣的。我们谈到了它们的各自位置、相
关器官以及它们分居的原因。一种学说是否为真，先
得有神的肯定才行。我们这里只能大胆地说，我们所
E 说的是相似解释。随着进一步的考察，我们的自信会
更足一些。我们还是按这种说法讨论下去罢。

以下讨论还是遵循同一原则，因为身体的其余部

分都是按同样方式产生的。对于人体结构，最合适的
解释是这样的：造人者知道我们在吃喝上是嗜食的无
节制的，因而总是要吸入过度的食物。为了避免疾病 73
可能带来的迅速破坏，从而使可朽物过早死亡，他们
设置下肚这个位置作为接受器，用来承受多余的食物
和饮料，把肠盘绕起来，为的是不让身体的食物消化
太快而出现食物欲望频繁无法满足。要不，因着食物
欲望无法满足，人们嗜于吃喝而不去追求哲学和文化，
拒绝听从我们的最神圣部分。

我们接下来谈一谈骨头和肌肉，以及这类组成。 B
这些东西都生成于骨髓。只要灵魂还和身体在一起，
骨髓就是可朽物的根。骨髓是由其他东西组成的。
神把那些能够完全生成火、水、气、土的平滑整齐的
三角形分开，按照一定比例混合，由此造了骨髓，即 C
可朽体的身体各部分的种子。然后，他加入各种灵
魂[105]，使两者紧密相混。在开始加入灵魂时，他把骨
髓按数目和样式划分成各种形状，并指定为各种灵魂
的承受者。他把骨髓像土似的做成圆球，承受神圣的 D
种子，称之为脑；这表明，一个生命体形成后，包含
这些种子的部分称为头。还有那些承受灵魂的其他的
可朽部分的骨髓，他把它划分为又圆又长的形状，统
称为“骨髓”。从这里，像抛锚似的，他抛出纽带紧 E
紧拴住整个灵魂，并用坚实的骨头把它团团围住。

他是这样来造骨头的。从土中筛选出纯粹平滑者，
捏成块，泡在骨髓里；然后，把它推入火中，沾沾水，
74 再置于火中，再沾沾水；如此这般多次，使它不再溶
于水、火。他先做成球形骨头围住被造物的大脑；进
而顺着脖子、背脊做成脊椎。他把脊椎当作枢纽，从
头开始，贯穿整个躯干。这样，他就用骨头做保护层
保护那些种子。对于脊椎，他用了异的原则在其中插
B 入关节，使之能够运动和弯曲。

考虑到骨头结构太硬太脆，考虑到它又冷又热后
会很快衰败，从而毁坏里头的骨髓，他设计了肌肉，
并用肌肉把四肢包起来；在关节上用腱维系伸缩，使
身体能伸能曲。肉还能抵热护冷，摔跤时可起保护作
C 用，如软垫套让身体感觉柔软舒适一样。肉还能保持
暖和滋润，从而夏天时会冒汗，使体外湿润而降温身
体；而在冬天时，面对外来的刺骨冷气，这火是相当
好的保护层。基于这种考虑，那造人者像塑蜡人似的，
从调好比例的水、火、土混合体中合成柔软而水分饱
D 满的肌肉，并加入含有酸和盐的酶素。至于那腱的生
成，他是这样做的，把骨头和没有酶素的肌肉合在一
起，生成一种介于两者之间的东西。因此，腱的特性
是，较肌肉紧凑，强度大；较骨头则柔韧有加。这样，
E 神让腱挨着骨头，周围为肌肉，从而把骨头和骨髓团
团围住。

我们看到，包含灵魂最多的骨头，神用最少的
肌肉包围；而灵魂最少的地方则用又厚又实的肌肉围
着。在关节部位，只要没有必要的理由，他就让它长
很少的肌肉。这样做的目的是，不让肌肉影响关节的
伸缩和身体的运动；同时，也是为了不让一层层的肌
肉堆在一块而使感觉迟钝、记忆减弱和智力消退。因此， 75
这些部位的骨头有较多肌肉：大腿小腿，臀部，上臂
前臂，没有关节的部位，以及只有很少灵魂居住并缺
乏智慧的部位。理性的居住地则肌肉不多，除非是作
为感觉器官如舌头的构造。大多数部位的构造都如上
所述。这是因为必然性决定了这些构造的形成：紧凑 B
的骨头和丰满的肌肉在一起就不会有敏锐的感觉力；
否则的话，头颅上的肌肉就该最多。如果人类的头颅
长满了肌肉和腱，他们就可以享受两倍或数倍以上的
寿命，并且更健康，更少疼痛。然而，造人者考虑过 C
这个问题，是把人造得长命而低下呢，还是命短一些
却较高贵呢？他们认为，无论从哪个角度看，人的寿
命短而高贵要优于寿命长而低劣。于是，他们用薄薄
的头颅包头，而不是用肌肉和腱，因为它不需要伸屈。
这样，他们系在每个人身上的头颅是最敏感、最理性的， D
但十分脆弱。采用同样的原则和理由，神用腱围着脖
子作为头颅的支撑，并均匀地衔接使之和脸的下颚骨
的端点相接。他把其余的腱分给四肢，连接关节点。

E 造人者借必然性并按最好原则用牙、舌头和嘴唇来装
配口。他们是这样来设计口的构造的：必需品由此进去，
最好的东西由此出来。进去的都是身体所必需的；出
来者则是说出来的话，乃智慧的表达者，在所有流动
物中乃是最好和高贵的。

76 当然，头不能就那样光秃秃的一块骨头，它得面
临季节性的极冷极热的变化；同时它也不能长满肉而
呆滞迟钝。于是，从尚未完全干透的肌肉里分出一大
张薄膜，称为皮。它借用脑中的湿气顺着头紧紧地生
长并把头包住。从骨缝中升上来的湿气被封住并在那
里留下湿润，像打结似的把头颅封起来。每个人的骨
B 缝不尽相同，这取决于生长运动和营养供应。两者的
相争较强，则骨缝较多；相争较缓，则骨缝较少。[106]

这样，这头皮四周内部都受着来自神圣的火的冲
击。[107] 当头皮被冲破而湿气外泄时，那纯粹的水和热
便消失了。但是，外泄物还含有与皮肤构造相同的东西，
C 由于火的运动一起冲出皮肤外，拉成长线，其大小与
外泄口相同。因为它们运动慢，周围空气的压力把它
们挤回出口，并留在那里落根。皮肤上的毛发都是按
这机制生成的。这些线形物的结构和皮肤相同，但由
于冷却收缩而较硬、较紧，因而发毛被挤离皮肤后仍
D 然自为一体。造人者按上述机制让我们的脑袋长发须，
并认为这头发有用，让它们长在皮肤上以保护大脑：

虽然轻却足够在夏天时提供遮荫，冬天时护暖，同时
不会妨碍它的知觉。[108]

手指和脚趾的结构是腱、皮和骨的混合体。这三
合一的混合体干燥后形成单一的硬皮。这样造硬皮的 E
理由和目的是为了以后的被造物。造物者知道，有一
天男人会变成女人，女人会变成兽类；而有些兽类需
要使用指甲（蹄和爪），于是在造人时设计了其以后
发展的雏形（即人的指甲）。[109] 以上就是皮肤、毛发
以及在肢体端点指甲的生成机制和目的。 77

可朽物的各部位和肢体合成一个完整的生命体。
作为必然性的产物，他的生命离不开火和气；从而会
被火和气所融解消耗而消失。为此，诸神为他设计了
以下的东西作为补救。他们造了一种像人体结构那样
的身体，但加进了一些不同的形状和感官，使之成为 B
另外一类生命体。这就是树、植物和种子。它们原来
只有野生的，如那些老树等；但如今我们能够种植培
植它们。任何活着的物体都可以恰当而直接地称为生
命体。这种生命体拥有第三种形式的灵魂。我们前面
指出，这种灵魂位于隔膜和肚脐之间，不会形成信念， C
也没有理性能力和理解能力；但有感觉、乐感或痛感、
欲望。它是完全被动的，没有能力观察自己的各种性质，
从而无法借助自己的能力来拒绝外来影响和施与影响
于他物。因此，就它活着而言，它无异于其他生命体，

但它原地不动，扎根于地，没有自我运动。
D　那些大有能力者造了这些东西作为我们的营养供
给，然后就像在花园中开沟灌溉那样，在人体全身开
辟管道系统。首先是在皮和肉之间开通了两条封闭的
管道，即两条血管，附在身体后背的左右两边，沿着
E 脊椎而下，夹着有生成能力的骨髓，为的是使它保持
充沛的精力，使流动自上而下畅通无阻而直达另一端，
统一灌溉。接着，他们把这些血管的终端头对头地编
在一起，使各自按对流方向流动，并让右边的血管在
左边向上缠，左边的血管在右边向上缠。这样做，部
78 分的是让头部有纽带来帮助皮肤和身体相接，因为头
部没有腱；同时也让整个身体能够接收从两边身体部
位发出的感觉。

接着，他们以下列方式来灌溉。要较好的理解这
一方式，最好对如下原则有共识，即较小微粒组成的
物体不许较大微粒通过，而较大微粒组成的物体则会
B 让较小微粒通过。在所有微粒中，火微粒最小，因而
能穿过水、土、气，以及由这三者构成的物体；但它
自己不许其他微粒通过。肚子内的运作就是这样的。
当食物和饮料流入时，肚子收留了它们；但它不能收
留我们吸入的气，也留不住火，因为气和火微粒比它
C 的结构小。神利用它们把从肚子而来的水灌入血管。
他用气和火编织了一个网，如鱼篓状。在网的入口处

有一对漏斗；他把其中的一个漏斗再分为二，然后从
这些漏斗出发伸展，传遍网体直达网的各端点。这网
的内在结构是火，而漏斗和网的主体则用气来构成。

他用这样的结构并按以下方式来造生命体。他把
有漏斗的入口并入嘴，其中一个漏斗顺气管直通肺， D
另一则在旁沿着气管直达肚子。第一个漏斗又被分为
两个通道，和鼻孔共用出口，从而当一个通道在嘴中
不畅通时，可通过另一个通道来流通。剩下的篓身主
体，他让它长在身体的空腹上。这样，他一会儿让气 E
流向漏斗，柔和地，因为它们是由气构成；一会儿则
让漏斗回吹。于是，身体随篓身内凹，因为它是多孔
的，然后又凸起。与此同时，火的射线随着这气的运
动也做双向伸展。这样的过程，只要可朽物还未解体，
就不会停止。我们称此为呼吸。 79

我们的身体如此运动，无论是过去还是现在，其
结果是使身体有营养而活着，因它有水浇灌，不被烧毁。
每当一呼一吸时，其中的火随之运动一起一落而出入
于肚子，作用于吸入的肉类和液体，分解它们，把它
们碎成微粒，顺势推动它们通过微孔，并在血管里释
放它们。就像水从源泉进入沟渠那样，它们加入血流 B
而流遍周身。

我们再来考察一下呼吸过程，以及由此而引起的
结果。情形是这样的：因为没有真空供给任何运动物

C 体的运动场所，我们呼吸中的空气作向外运动时，显
然不是进入真空，而是冲击周围的气。在这样的冲击
过程中，周围的气就被挤压，并挤回出气后所留下的
地方而充满之。这一过程是同时发生的，如轮子的圆
圈运动不留空隙。结果是，胸肺在呼气的同时，被身
D 体周围的气重新充满；这被挤压的气打了个转通过身
体的诸孔又挤了进来。要是气又转了圈，通过身体而
挤出体外，它便挤压空气通过口鼻而吸了进来。

这一过程的开始可以这样来设想。每一生命体内
部的血和血管是体内的最热部分，自身就是火源。在
E 我们的鱼篓比喻中，我们说其中的内在部分都是由火
构成，而它的外围则由气构成。我们还说过，热的本
性是要外泄而趋向其同类之处。其外泄有两条路径：
通过身体和通过口鼻。当热占领气的一块地盘时，周
围的气便被挤压而进入到火中，并被加热；而留在后
面的气却冷却了下来。随着温度的变化，以及在一个
出口中运行的气变热，这较热的气在运行时就会继续
按着它的路径趋向同类，从而循环挤压气，使之在另
一通道运行。每次运动都有这样的反应。于是，运动
80 就有两种推动力，像轮子那样一前一后，从而有呼出、
有吸入。

运用这一原则，我们可以来解释医学上的拔火罐、
吞咽以及抛物体被抛出去后仍然能够在空中或地上运

行的现象。[110]

声音也可以循此原则来解释。声音的音调高低和
它的运动快慢有关。不和谐的声音是因为它的运动在 B
我们身体得不到共鸣；而和谐的声音是有共鸣的声音。
声音运动时，当较慢的声音赶上较快的声音时，发现
较快声音已经开始趋于消失，自己所能引起的共鸣也
被它完成了。这样，较慢的声音的新刺激不会导致任
何反应；但当它和趋于消失的较快声音合在一块时，
会产生一种高低混合的声音。这样的平凡运动呈现了
神圣的和谐，给身体的非理性部分以快感，给理性部 C
分以兴奋。[111]

而且，还有水流运动，雷霆霹雳，以及人们所感
到奇异的琥珀吸引和磁石吸引现象，等等。实际上，
这里并没有吸引。仔细研究表明并无真空。[112] 这些事
物运动时会彼此循环挤压；而有些事物，当他们分解 D
或合在一起时，它们彼此会互换位置，从而看似神奇，
实际上不过是这些效应的复杂性所致。

好了，我们说过，呼吸作用遵循这一原则和这些
方式：火把我们吃的食物冲碎，并随着呼吸而搅动之；
进而在搅动中把它们从肚子挤入血管。这样，营养源 E
源不断地流遍全身。这在一切动物中都是如此。这些
被绞碎的微粒包含着来自水果和蔬菜（神为使我们有
食物造此等生物）的同类物质，在混杂时呈各种颜色， 81

但主要是红色，此乃火在冲碎带水食物时所染。于是，
我们称之为血的血管之流，样子如我们所描述的；它
通遍全身，营养肌肉和身体，补充消耗掉的水分。这
种补给和消耗的过程就像宇宙中的所有运动一样，乃
B 是一个趋向同类的运动。那些外来的东西在我们里面
总是在不断分解，并输送到同类的地方去。同时，血
中的物质，它们已经被冲碎，发现它们为生命体所接纳，
就像宇宙中有它们的位置那样。因此，我们体内的每
一物质，化成了微粒，在趋向同类中随时补给消耗部分。

一样东西，如果出去的多进来的少，就会收缩；
C 反之就生长。因此，当生物体还年轻的时候，它的三
角形刚刚从骨髓里造出来，还在奶液中接受营养；虽
然就整体而言还柔软，但其中的交接点则很坚固。它
从环绕着它周围的环境中得到肉食和饮料，吸收三角
形。这些外来的三角形较老化并较脆弱，然而对生物
D 体内中的新三角形却有益。它冲碎它们而供给自己大
量的同类物质，营养自身，丰满壮大。然而，当三角
形的坚固性由于长久地与其他三角形冲撞而松动时，
它们就不能冲碎外来三角形而取得营养，反而自己被
外来者轻易地分割。这时，生物体就被征服而被耗损。
这种状态称为老年。

E 最后，当骨髓中的三角形之间的纽带在压力下无
法交接而解体时，它们就只好放开灵魂的纽带。灵魂

在这自然过程中得到释放，高高兴兴地飞翔而去。对
抗自然是痛苦的，顺其自然则是快乐。因此，一般来说，
死亡，如果是因为疾病或受伤而致，那是对抗自然，
是痛苦的；如果是顺其自然，年老而死，那是伴随快 82
乐的，没有悲哀，没有痛苦。

疾病的起因大家都很清楚。身体有四种东西，土、
火、水、气。要是它们违反自然而过多或不足；或者
从它们所适应的地方迁移到陌生之处；或者由于它们 B
自身也是多种多样的，因而摄取了不合适者；以及诸
如此类的原因，错乱和疾病就会产生。因为如果其中
之一的形成或移动违反了自然，则原来冷的就会变成
热的，干的变成湿的，轻重也是如此，等等。我们认为，
要使身体的各部位保持自身的完好、健康，那它就必
须始终以同样的次序、方式，和恰当的比例来吸收和 C
排泄。不遵守这样的吸收和排泄就会导致各种变异和
数不尽的各种疾病和败坏。[113]

至于自然界的那些派生结构，我们认真研究就会
发现相应的一类疾病。因为骨髓、骨头、肌肉和腱都
由上面提到的立体组成，血液也是如此，只是组成的
方式有异罢了，因此，影响它们疾病的原因大都如上
所述。最严重的的病态莫过于这些结构的败坏，即和 D
结构形成过程作相反运动。

就自然过程而言，肌肉和腱都源于血。腱和血纤

维同族因而源于血纤维。[114]肌肉的生成是血的聚积并
E 被抽去血纤维。肌肉和腱合成一种粘性的油状物，使肉和骨头架构粘在一块，并营养内含骨髓的骨头；同时，其中那拥有最精细平滑三角形的部分则一点一滴地渗入骨头，浇灌骨髓。一般地，当结构是按这种秩序形成时，就是健康。

要是违反了这种秩序，则导致疾病。因此，当肌
83 肉解体而把解体剩余物输入血管时，血就会混杂起来，并夹带着气，出现各种颜色，有苦味，呈酸性和盐性，并产生各种胆汁、血清和黏液。这些解体剩余物和败坏物质先是破坏血液本身，然后把自己作为营养供给身体，通过血管而扩散到各处，不再遵守自然的供给秩序。它们之间只对抗而不相益，而且侵袭身体内的秩序，占据那些有秩序的地方，如此这般到处败坏并
B 解体身体。

解体了的肌肉置放时间长了，就会坚韧起来；且因长期暴露于烧烤而变为黑色，不断被蚕食而成苦味。当它侵袭身体中未败坏部分时是很危险的。有时它的苦味会被冲淡而变为黑色酸性物质；有时，它会渗入
C 血中而变得更红。这红色和黑色相混而成为土青色。如果肌肉是在火中解体而刚刚形成的，苦味和黄色会合为一体。医生称这些为胆汁。人们这样称呼它们是因为在各种各样的胆汁中看到了它们的共同性。各种

各样的胆汁，我们根据其颜色便可给出名字。

血清则有两种，一种是无害的血乳，一种则是黑 D
色酸性胆汁的产物。后者在热的作用下和盐性相混而
成恶性，称为酸性黏液。还有一种由鲜嫩肌肉的解体
而产生的物质，与气相伴；它为气所鼓，又为水汽所
包而形成气泡。就其单个地看，小得看不见；当结合 E
成团是却是可见的，呈泡沫似的白色。凡这类由嫩肉
解体后与气结合的物质称为白色黏液。还有，刚形成
的黏液呈珠状，如汗珠、眼泪以及诸如此类的流状体，
乃是每天都要排泄出体外的。

如果血液不是从食物和饮料中吸取营养，而是违
背自然秩序，从相反的途径取物填充，那么，所有这
些东西都是病因。 84

如果某一部分的肌肉因病而坏损，只要根基尚稳，
就可以大大减轻坏损程度；因为它容易恢复过来。但
要是连接肌肉和骨头的纽带亦已病态，其中使骨头与
腱和肌肉分离的流体[115]不再营养骨头，也不粘连肌肉
和骨头，失去了其油性、黏性和滑性；反而在病态中 B
被烧烤，变得坚韧，走向盐化。这些物质从骨头中出来，
会进而腐蚀肌肉和腱；肌肉失去了它的根，剩下腱自
己光秃秃的，完全盐化，并回到血流中，进一步扩大
这种败坏。

身体的这些病态是难受的；更难受的是病态加重 C

而导致肌肉收缩使骨头无法与外界交流。于是骨头霉
化、发热和腐化。它不再需要营养，反而是把自己化
入营养之流，回到肌肉，再回到血液，给这些部位带
来更严重的疾病。

当骨髓染上这疾病时，不管过量还是不足，绝望
D 的情形就出现了。这是最严重的致死的病乱，因为身
体的全部物质都被迫倒流。

第三类疾病有如下三种产生方式：由呼吸、由黏
液和由胆汁。

肺主管体内气的分配。当它被稀黏液堵塞而不能
E 畅通时，有些部位无法得到气而导致缺气腐化；而另
一些部位则收气过多，挤入血管，扰乱秩序，分解身体。
这些气在进入中心部位时受到阻拦，从而导致了数不
尽的病乱；这类病乱常常伴随很多汗流。

还有，经常地，肌肉损伤后留在体内积气而无法
外泄，所致的折磨就像吸入外气却无法排泄一样。最
严重的是，当那气集结并在腱和小血管周围膨胀，使
85 它回压脊梁，以及相依的腱。这种回压导致的病乱有
破伤风和角坂张，很难医治，大多数情况下，伴随着
发烧而缓解。

白色黏液中的气泡有气，因而它的堵塞也是很危
险的。如果其中的气逃离身体，危险就会轻些。但还
B 是会给身体留下危险的白色疹斑，以及诸如此类的疾

病。要使它和黑胆汁结合并扩散至头部的神圣环路，
引起迷乱，那么，每次发作时，如在睡觉中相对来说
会轻些，但在醒时就很难摆脱它。神圣区域的这种病
称为“神圣之病”。[116]

酸性和盐性黏液则是各种由流动堵塞所引起的病 C
乱的原因；其名称由黏液流向的部位来定。

身体各部位的炎症，即体内的发烧、发热，乃是
胆汁所致。如果胆汁有出口，它的沸滚会把各种疹排
出体外；要是闷在体内，它就会导致炎症疾病。最糟
糕的是胆汁和纯血相混而打乱血纤维的安排。血纤维 D
在血中保证血液的稀稠比例；有了这个比例，热就不
会因血过稀而从身体的多孔结构中流出身体，也不会
因血过稠而在血管里流动缓慢。拥有这种性质的血纤
维保持着适当的量。即使死后血已凉了，抽掉其中的
血纤维，血就会流动；相反，要是血纤维留在那里，
它就可以使血冷却时凝结不动。因为血的血纤维有这 E
种作用，当胆汁（原是从血中产生的）由肌肉重新融
入血中时，开始时数量很小，热且有流动性，在血纤
维的作用下发生凝结；在凝结过程中它原来的火熄灭
了，从而在体内引起发凉发抖。要是胆汁汇流，其热
量压倒血纤维，在沸腾中搅乱它；如若胆汁能够持续
压倒血纤维，它就能渗入骨髓将它烧毁，把灵魂从束
缚中解放出来，让它自由。如果汇流较弱而身体还能

86 抵抗解体，胆汁就被压倒，或者被挤出体外，或者被
挤压穿过血管而进入肚子的上部或下部，就像内战时
一座城市被流放那样，整个地被逐出身体。这便是腹
泻、痢疾，等等。

如果身体生病因火过量，它就会持续发烧、发热；
气过量则生日发疟；水过量则生隔日热（因水较火和
B 气都惰性）；土过多时，由于它在四者当中最为惰性，
每隔四天才通一次便，称为三日疟，其热很难去掉。

以上谈的是身体方面的疾病。接下来，我们要谈
C 论的是灵魂因身体原因而生病的情况。我们都会同意，
愚蠢是一种灵魂疾病；它有两类：疯癫和无知。凡导
致这两者之一者都是病态。灵魂的最严重病态是作乐
过甚或者悲痛不已。一个人在悲欢过度状态中既看不
清楚也听不清楚，只会乱扔乱抢。这是一种狂乱状态，
D 其推理能力处于最低潮。一个人骨髓中的种子旺盛地
生长，像果树结了太多果子那样，他的欲望及其满足
就会时时刻刻都有强烈的悲欢伴随，因而他的生活大
都因这悲欢而疯疯癫癫。这种灵魂状态，在身体看来
是没有知觉的病态。只是一般人不这样认为，以为那
是恶作剧。其实不然。实际上，性欲过度便是一种灵
E 魂的病态，起源于某种物质的状态[117]，即由于它的量
大而从骨头的微孔中渗出来，流遍身体。因此，我们
对娱乐不节制的人的指责是不公正的，好像人们故意

做坏事似的。没有人故意做坏事。人变坏是因为体内的功能机制出问题了，缺乏良好的培养。那些恶事对于任何人来说都是违背意志，不受欢迎的。 87

至于灵魂的痛苦，也是因为身体的毛病。当酸性和盐性黏液，或苦味胆汁，在体内漫游而找不到出口时，它们就蜷缩在体内，并把它们产生的气和灵魂运动混合起来而制造病乱，由此引发了各种强度和程度都不同的灵魂疾病。它们严重侵入灵魂的三个部位，
引发各种坏脾气、坏性格，如冒失和胆怯、迟钝和遗忘， B
等等。

此外，当拥有这样的构成的人同居在一座城邦并在一个坏政府之下时，人们在公开和私下谈论也不会好到哪去。于是，人们自小就缺乏一种教育以抵抗这种毒素。我们变坏就是由这两种违背我们意志的原因所导致的。因此，应该责备的乃是父母，而不是子女；
乃是给营养者，而不是接受营养者。当然，一个人还 C
是必须尽最大努力，通过教育、探索、研究等来避恶趋善。

我们这里要换个角度来谈这个问题，即转向疾病的反面，如何治疗，如何保持身心健康。这才是自然的合适的事。人总是想过好的生活，而不是相反。好
的总是美的，而美的则不会比例失调。因此，好的生 D
命体一定是比例和谐的。我们所注意和计算的其实都

是次要方面的比例和谐，那至关重要的决定性的方面
反而忽视了。谈到健康疾病和好坏问题，灵魂和身体
的和谐或失调才是最重要的；而这一点我们却不予重
视。我们也没有注意到，当强壮有力的灵魂以弱小无
E 力的躯体为载体时，或其不相称反过来时，这个生命
体的整体就不美；因为最重要的比例失调了。如果所
见是又好又可爱，那说明看到了他的反面。就好像一
生命体的腿或哪个部位太粗太大时，不仅仅是难看，
而且也导致各部位的协作失调，以及其他麻烦，使得
88 身体孱弱，因笨拙行动而常跌倒，等等。有如此结构
的生命体，我们只能说那是一动物而已。如果灵魂对
所在的身体来说太强，有强烈的激情，则她就会搞乱
身体结构，在内部引发各种疾病。她在学习研究时损
耗身体；在演讲和辩论时，无论公开场合或私下，因
B 争强好胜而燃烧身体的纤维，产生各种稀黏液，以至
于大多数医生还以为是别的什么原因。另一种情况是
强壮的身体，对灵魂来说是太强了，却又和弱小的思
维结合在一起。人有两种本性上的欲望，即身体上的
食欲和神圣部位的求知欲。前者占上风，会借着扩展
自己的力量使灵魂的力量呆滞、笨拙和健忘，从而引
C 发了最坏的疾病：愚蠢。

我们有一种方法可以避免这些危害：不做无视身体的灵魂运动，也不做无视灵魂的体力活动。这样就

可以使两者各得其所，和谐健康。因此，数学家和其
他进行紧张脑力训练的人都必须参加体育训练，以便
身体也得到运动；而那些沉溺于健美运动的人则必须
让他的灵魂有适当运动，接受教养，学习哲学。这样 D
的人才称得上真正意义上的高贵教养。人体的许多部
位都应循此原则来调养以模仿宇宙的构造。我们知道，
进入我们体内的东西使身体或冷或热；在我们周围的
事物则使身体干燥、润湿；当这些事物被扰乱时，身
体也会跟着遭罪。于是，如果我们以静待动，我们就 E
会被征服并毁坏。但如果我们模仿养育母亲和宇宙护
士，尽可能不停顿下来，而是使身体运动起来，不断
地摇晃它，保持体内体外的自然平衡运动，使摇晃维
持在适中水平，那么，我们就会给身体带来秩序，像
我们描述的宇宙秩序那样，逐一整理那些在体内按其
本性到处游荡的性质和微粒。进而，我们就不会让相 89
克之物在体内引发战争导致疾病，而是让相辅相成之
物共成健康。[118]

谈到运动，最好的是自我运动。这是最接近思想 B
性的和事物内在的运动。次之为由他者引发的运动。
最次为身体的某些部分让外物挪动。由此看来，体内
的排泄和内调，最好是通过体育锻炼来完成；次之为
车船的颠簸（不导致疲劳）；再次为用药通便，虽然
有时在必要的情况下有用，但还是不用为好。除非有

C 十分危险而不得已，最好还是不用药物来刺激病乱。
病乱也像一个生命体，自己拥有一种固定结构。一个
生命体的组成按类划分有自己的一定秩序，相应有自
己的生活周期；这是与生俱来的，除非发生不可抗拒
的意外事故。原因在于，每一生命体的三角形在开始
D 时就有一种力量使它们在一定时间内结合在一起，周
期到了就无法继续维持。同样，一种病乱的组成也是
如此。当它的固定周期被药物所打乱时，它们的数量
就会增加，小病就会变大病。因此，只要有时间，人
该严密地管理控制各种身体不适，而不是用药来刺激
那烦人的病乱。[119]

E 关于生命体的整全保养和身体保养问题，以及人
们如何才能拥有理性生活[120]，如何主动控制和自我调
节等问题，我们就到此为止罢。不过，我们还是要更
多谈谈如何培养那作为控制者的部分，让它尽可能完
全得到装备，胜任工作。要面面俱到来阐述这个问题
需要专门的讨论。这里只是作为补充说明，我想指出
的是，这个问题可以采用前面谈到的解释方式来说明。
90 我们一再指出，在我们身上有三种灵魂形式，各自有
自己的运动。因此，我们这里尽量简略地谈谈，相对
于其合适运动而言，它们生活中的哪种呆滞和惰性会
使它们变得最孱弱，而哪种运动会使它们变得最强壮。
由此，我们便知道如何把它们的运动控制在彼此相应

的比例中。

我们认为，灵魂的最高级部分乃是神给予人作为
指导者。它居住在我们身体的顶部，把我们的视野从 B
地上提升而向着天体的无限性。它好像一棵根不在地
上而在天上的树。确实是这样的，因为灵魂出生时乃
是神把神圣部分置于人头或本位中，使整个身体挺直
向上。人要是沉溺于欲望和虚荣，所作的努力都不外
于此，他的所想所要都是可朽物。就可能性而言，他 C
不可能不成为可朽者，因为他所培养的都是可朽性。
但是，如果他心思意念乃是爱学问和真智慧，并首先
训练的就是这个方面，那么，他就一定会想到永恒和
神圣的事。而且，他会把握住真理，从而充分地把握
住人性中所隐含的永恒性。因为他总是热心于培育他
的神圣部分，使他的指导者在良好的居所居住，这样， D
他就将是最幸福的。我们看到，我们只有一种方法可
以照管一切事情，这就是，给它以适当的营养和运动。
我们身上的神圣部分的运动也就是宇宙的思想和运转。
这是人人都应遵行的。我们应该通过改正在出生时被
弄乱的大脑运动，通过了解知道世界的和谐运转，并
根据其原始本性把理性部分带到理性自己的相似者那 E
里去。这样，我们就能完全实现诸神在造人时所安排
的最好生活，无论是现在还是将来。

讲到这里，看来我们相当不错地完成了开始时提

出的任务：关于宇宙的故事，一直讲到人的产生。关
于其他生命体的生成机制，简略谈谈就够了，并不需
91 要太多的篇幅。因此，我们认为，我们要按部就班对
此作说明。

我们这样来看这问题：对于那些生而为男人者，
所有胆小鬼和老做错事的男人，根据我们的相似解释，
来生都转化为女人。理由是这样的，诸神在造人时设
计了性交欲望，在我们身上安放了一种有生命力的东
B 西，在女人身上安放了另一种。这两物的构成描述如下。
从我们的饮食管道接收到一种液体；它通过肺，经肾
进入膀胱；喷射时受到气的挤压，凿穿一小孔[121]，并
与由头部经颈沿脊椎而下的“紧缩骨髓”[122]交汇，从
C 而产生我们前面提到的“种子”。这种骨髓充满活力，
寻找出口，并在出口处激发了外泄的欲望，如同传种
的爱神一般，推动欲望满足。男人身上这个私物像一
生命体，倔强自意，不听从理性，受着那狂热的欲望
支配而一意孤行。同样，在女人身上有称为子宫的东
D 西，是一生命体，有怀胎的欲望。如果超过定期而长
久没有结果，它就会烦躁不安，痛苦不堪，漫游于身体，
阻塞呼吸，进而带来极度的难受而引发各种病乱，直
到传种爱神和怀胎欲望相聚。这就好像把果子从树上
摘下来，放在子宫的耕地上；开始时还不定形，且太
小而不见，但渐渐显其各肢，供给营养，使其在子宫

内长大，最后让他得见日光，完成一个生命体的诞生。
女人就是这样生成的，其他雌性的产生亦如此。[123] E

鸟只长羽毛而不长头发，它们由那些不害人却智
力低下的人转化而成。这些人研究过天体，却简单地
认为最确实的证据是眼见为实。

地上行兽则来自那些不喜智慧、无视天文的人。
他们头脑中的运行环路已堵塞，只为胸中的灵魂所支 92
配。由此所引导的活动使得他们的前肢和头部都面向
土地，因为土地和他们本性上是相似的，而且支撑他们。
它们的头部被拉长，有各种形状；其中的线路因不运
转而彼此叠罗纠缠。因为如此，它们出生时就是四条
或更多条腿；越笨的，神就给它越多腿，使它们有更
多的支撑点，朝向土地。最缺少感觉者干脆整个身体 B
全赖在地上；因为它们不需要腿，神就让它们无腿而
在地上爬行。

第四类生活在水中。它们来自最蠢最笨的人。诸
神在重新设计它们的外形时，认为它们不值得呼吸纯
净空气，因为它们的灵魂完全紊乱、完全污染。诸神
因而不让它们呼吸新鲜空气，而是让它们在水中呼吸 C
泥水。这便是鱼类和贝类以及一切水中生成物的起源。
这乃是对蠢人最后的极端惩罚：他们要生活在最末端
最底层。这便是一种生命形式变为另一种生命形式的
原则：因着它们的智力和愚昧之得失而变换位置。[124]

我们关于宇宙的谈话到这里就结束了。宇宙拥有各种生命体，可朽的和不朽的，因而它自己就成了一个有感觉的生命体，其中包含一切可见物和理性的形象。它是可见的神，在优越性和完美性上都是不可比拟的。因此，它是独一无二的。

文本注释

1　　关于谈话人物，苏格拉底是柏拉图早期对话的主要发言人。蒂迈欧没有其他史料提及。苏格拉底在这里（20A）谈到他时，说他“来自意大利的罗克里（Locri），一个深受称赞的城邦。他的出身和财产都不次于任何人，不仅拥有国家授予的高官尊位，而且我们也看到他在哲学上的高深造诣”。在本篇谈话中，蒂迈欧是主要角色，表达柏拉图的思想。赫墨克拉底（Hermocrates）是叙拉古城邦的政客和士兵。至于克里提亚（Critias）可能是柏拉图的曾祖父。克里提亚的祖父也叫克里提亚。老克里提亚把关于大西洋岛的故事传给了小克里提亚，而小克里提亚（即本篇谈话的参与者）则把这故事说给苏格拉底听。当然，这个故事是否真有其事已不可考。

2　　也许那场对话没有记载，但苏格拉底重述的观点大都在《国家篇》讨论过了。不过，在《国家篇》的那场谈话中，蒂迈欧等三人并不在场。为了解决这个问题，有学者提出一种猜想，认为柏拉图的《国家篇》有两个写作期。第一个写作期是他去西西里之前。柏拉图完成了他的《国家篇》构想之后，应他的姐夫狄翁（Dion，当时在西西里的叙拉古 [Syracuse] 辅助年轻的狄奥尼修斯 [Dionysius]）之邀前往西西里，希望把狄奥尼修斯培养成一个哲学王。此行以失败告终。这些学者认为，《蒂迈欧篇》提到的社会模型其实是这第一个写作期的《国家篇》。

第二个写作期是在《蒂迈欧篇》之后。这个二分法仅仅是一种猜测，很难得到充分的证明。提出并支持这种说法的人主要是19世纪的一些德国学者，目前已为少见。康福特认为，简单的处理是：坚持柏拉图的《国家篇》只有一个写作期。西西里之行的失败使他对《国家篇》里的政治主张失望。在这样的心境下，他对《国家篇》的重述就显得特别简略了。参阅康福特的《柏拉图的宇宙论》（F. M. Cornford, *Plato's Cosmology*, London, 1937），导论。

3　梭伦（Solon），古希腊七贤之一，生卒年约为公元前638—前559年。

4　尼罗河每年涨落有序。关于这事，古时候有多种解释，其中一种称为“雪山消融说”，柏拉图似乎持此说。

5　有一种说法认为柏拉图去过埃及，并可能通过那里的犹太人接触到希伯来文化。参阅亚历山大里亚的奥利金（Origen，公元185—254年）的说法，Origen, *Contra Celsum*, tr. H. Chadwick，Cambridge, 1953, Chapter 39。因此，这里关于神用洪水清理大地的传说有可能来自《旧约》。如果这种推测能成立，那么柏拉图在前面谈到的悠久传统，就可能不是什么埃及人的，而是柏拉图在和犹太人接触时了解到的一丁半点的《旧约》传统。柏拉图提到的历史上的火灾、水灾，都是《旧约》中的常提话题。当然，《旧约》没有提到柏拉图这里要述说的故事，即关于大西洋岛的传说。这一传说大概是柏拉图想象出来的。

6　指直布罗陀海峡。

7　非洲和亚洲在当时的概念里比现在小得多，比如说，东亚和南非都不在希腊人的地理概念里。

8　即意大利中部的托斯卡纳（Tuscany，或Toscana）。

9　这里出现了向神祈求（εὔχομαι）的说法。希腊诸神崇拜中一直都有求神谕的做法。这个词的原始含义是“期望”，当人面对诸神而期望时，如果诸神可以满足人的期望，并且这个满足可以是持续不断的进行，那么，人在期望中就会转化为一种接受立场，即每次向神祈求时，都期望有所得着。当然，如果诸神对人的期望不予理睬，那么，这个期望就仅仅是一个主观愿望，人也不会转入一种接受立场。柏拉图在使用“祈求”一词时并没有明确地接受立场这一层意义，只是对自己的思想的有限性保持着一种清醒的意识。柏拉图在这里只用了一次这个词。

有意思的是，普罗克洛（Proclus，公元 412—485 年）在主持柏拉图学园期间写了《柏拉图〈蒂迈欧篇〉评注》，面对基督教对希腊哲学的攻击势态，认为柏拉图早就提供了基督教所说的一切，包括基督教特别强调的祷告问题。他在他的评注里用了相当的篇幅来谈论柏拉图关于祷告的论述。见 *Commentary on the Timeaus of Plato*, tr. Thomas Taylor, Kessinger Publishing Company, 1993。

10 这里出现了“确定”和“不定”这两个词。如何翻译并理解这两个词，学界一直争议不止。就文字而言，它们是对 ὂν 的肯定和否定，各出现两次：“永恒确定”（τὸ ὂν ἀεί），“不定”（ὂν δὲ οὐδέποτε），“自身确定”（κατὰ ταὐτὰ ὄν），“不定”（ὄντως δὲ οὐδέποτε ὄν）。ὂν 是系词的一种形式，在这里，它指称某个无法在感觉中呈现的东西。柏拉图在中早期著作中区分了两种认识对象，即感觉对象和思想对象。如果 ὂν 不是指称任何感觉对象，那它就指称思想对象了。思想对象只能在论证中展示。只要提供了一个确定的论证，这个思想对象就在论证中被理解了，并且是确定的。因此，这个 ὂν 作为思想对象是确定的。柏拉图用“永恒确定”和“自身确定”来表达这个思想对象。这个“东西”因为需要通过论证来展示，它的确定性来自论证；一旦在论证中展示了，只要论证没有受到挑战，它就是确定的。对比一下感觉对象（文中也用“意见对象”）。任何在感觉中呈现的东西，我们可以直接指称。就感觉直接指称而言，感觉对象在指称动作的那个时刻是确定的；但是，就感觉对象随着时间流逝而变化来看，感觉对象又是不确定的。因此，柏拉图在谈论感觉对象时称之为“不定”。换句话说，思想对象在界定上是确定的，感觉对象在界定上是不确定的。

值得注意的是，这是仅从认识对象来谈论它们的确定性和不定性。考虑到在认识论上还有认识形式问题，即我们关于认识对象所取得的知识，还需要分析一下这里的认识形式。柏拉图在认识论上努力区分认识形式和认识对象，并主张符合论。正是这个符合论思路，使柏拉图常常无法分辨认识对象和认识形式。这是我们理解柏拉图认识论的一个关键。特别是，在涉及思想对象时，无论它是什么，只要我们谈论它并给出概念，那么，这个概念究竟是一种认识形式还是一个思想对象？在柏拉图的论述里，两者是混同的。这是西方哲学史的大问题。在中世纪思想界形成了所谓的实在论和唯名论之争。相关讨论可以参考谢文郁的《形而上学与西方思维》（广西人民出版社，2016 年）。

11　δημιουργός（造物者）是柏拉图专门在《蒂迈欧篇》使用的词。它的原意是“努力工作者”。柏拉图还用理性和神（单数）同指一物。在《国家篇》里，柏拉图用了“手艺人”的造物过程来比喻宇宙的造物过程（参阅第十卷）。造物者和手艺人虽然字义相近，但这种用字的变化隐含了柏拉图思想从中期到晚期的深刻转变。简略来说，手艺人是按照完善的有价值的原型来造物的。原型单一不变，因而手艺人可以通过完善单一的原型来完全控制这个世界。但造物者使用的是几何模型来造物。几何模型不是单一不变的。在几何学上，各种模型之间可以转换。这种转换可以变成完美，也可以扭曲变丑。因此，造物者只能通过理性来“说服”，使这些模型在转换时往好的美的方向变。我们在相关的注释中还会对这一点有更详细的讨论。这种几何图形之间的转变称为“必然性”（注意，它和出于遵守规律而变化的必然性，在界定上不能混同），因此柏拉图在这里说，“出于必然”（ἐξ ἀνάγκης）。我们后面在分析他的理型几何化时还会回到这个问题。

12 φρόνησις 在柏拉图著作中是一个重要概念，主要表达一种在理性（秩序）中的行动意向，和实践活动有直接关联。在《蒂迈欧篇》中，它会和 λόγος（推理或推论）连用，如在此处（τὸ λόγῳ καὶ φρονήσει），也会和 νοῦς（理性）连用，如 34A 中的 νοῦν καὶ φρόνησιν。总体上讲，νοῦς、λόγος、φρόνησις 这三个词都能指称理性活动，在柏拉图这里，νοῦς 是一种内在的秩序，λόγος 是内在的理性活动，φρόνησις 则涉及判断而走向外在活动。

英译本常将 φρόνησις 译为 intelligence（理解力、智力）、thought（思想）。我在《蒂迈欧篇》中基本上把 φρόνησις 译为“智慧”。主要考虑到“智慧”一词大都和实践上的正确决定相关。虽然柏拉图对 φρόνησις 没有专门的字义分析，但 φρόνησις 大都在与实践或行动相关的语境中使用。在柏拉图的文本中还有一个相关联的词，即“爱智慧”中的“智慧”（σοφός），如 18A 中的“追求智慧”，以及 20D 中谈到梭伦为最有智慧者等。考虑到中文翻译界的习惯用法，我一般也译之为“智慧”。不过，对于柏拉图来说，σοφός 从未成为一个哲学概念。在理解上，σοφός 更多指人拥有知识的境界或状态。

13 柏拉图在真理问题上采取符合说，即我们的知识只有符合对象才是真知识。如果对象是不稳定的、流变的，如感觉对象，则关于它们的知识也是不稳定、不确定的，这类知识称为“意见”。如果对象是确定的、不变的（如思想对象），则我们关于它们的知识也必须是稳定和确定的。

14 “从实在到生成物的过程也是从真理到信念的过程。”（πρὸς γένεσιν οὐσία, τοῦτο πρὸς πίστιν ἀλήθεια）其中 οὐσία（作为思想对象的东西）与 ἀλήθεια（真理）对应，即那个作为真理的东西（οὐσία）；作为对照，γένεσιν（生成的）与 πίστιν（信念），即关于那些生成物（感觉对象）只能形成信念。这是两对概念。在柏拉图看来，οὐσία 这个东西（待界定的东西）指称思想对象，即需要在思想或论证中加以界定的东西，关于它的知识，只要论证没有出现问题，就一定是确定的。

插入一点分析。我们知道，柏拉图在《智者篇》那里还用 οὐσία 表达最高的“种”或最普遍的范畴，相当于中文的“东西”或“存在”。《蒂迈欧篇》在谈论灵魂构造时也提到三个最高的“种”（存在、同、异），见 35A。作为最高的“种”，从范畴意义上看，它只是最普遍的范畴，所有其他概念的界定都需要它的参与。然而，作为思想对象，它是一切事物的基础，因而是最实在的东西。因此，在柏拉图看来，这个 οὐσία 所指称的对象也就是最实在的。由于对概念作为一种认识形式和概念所指称的思想对象没有清楚区分，柏拉图在使用 οὐσία 一词时常常出现混同。准确而言，柏拉图在这里对 οὐσία 的使用，与亚里士多德在实体说意义上的实体（οὐσία，作为个别事物的根据或本质）不能同一而语。

由此看来，在柏拉图的文字中，οὐσία 就其指称思想对象而言是固定不变的；就其依据论证而言是确定的。在符合论意义上，正确地获得关于 οὐσία 的认识，就是真理性认识。因此，在这段文字中，我把 οὐσία 译为“实在”，是具有确定性的东西，也是思想的对象。

作为比较，γένεσιν（生成的）则是变动不居的，因而关于它的知识也是不确定性的。这些变动不居的事物在认识论上是感觉对象，所形成的知识，如果是正确的，就称为“正确的信念”。接下来柏拉图还提到“真意见”，它们的意义都是一样的，参阅注 58 中的讨论。

这里提到的两个过程，从实在到生成物的过程涉及宇宙论，即作为思想对象的几何结构是如何生成可感事物的。从真理到信念的过程则是用一种理论框架（正确地认识了思想对象的理论）来解释感性事物。这种解释也称为真信念或真意见。《蒂迈欧篇》希望能够呈现这两个过程。如果称前者为世界观，后者为认识论，那么在柏拉图看来，世界观和认识论其实是一体的。

15 柏拉图的"相似解释"（εἰκότα）指的是他这里提供的一种学说，即用一种数学模式（思想对象）来理解宇宙万物（感觉对象）的说法。这种说法遵循了这样一个认识论原则：我们的认识从经验开始，进入到其中的不变原则。这是我们能够达到的最高知识。但是，这种知识是有限的。比如，造物者可能还有许多其他的模型，因为这些模型没有用来作为造物的模型，我们根据上述认识进路是无法看见它们的。至于造物者选来作为宇宙原型的那个模式，我们虽然可以通过经验来观看它（因为它是宇宙万物的原型），但我们还是无法准确地认为，我们看到的那个原型和造物者所使用的原型完全一致。或者说，我们没有标准来判断我们关于模型的认识就是神所使用的模型。因此，我们只能提供相似解释。真理标准问题是柏拉图中后期思想的中心问题之一。参阅他的《巴门尼德篇》（132A—B）中的第三者论证，《泰阿泰德篇》关于真理标准的讨论，以及《智者篇》在论智者们的不实之词时对事实在知识中的地位的论述（240B）。柏拉图对真理标准问题有深刻的洞察力。逻辑上看，真理标准问题是一个悖论：判断真理需要一个真理标准；如果我们拥有了这个标准，则我们不需要判断我们的认识是不是真理，因为我们已经拥有了真理；如果我们没有拥有这个标准，则我们无法进行判断。所以，柏拉图采取"相似解释"这一说法，努力避免真理标准问题。

16 柏拉图的神观可参阅他的《国家篇》第十卷。神是完善者这一观点在早期的对话中就出现过，如苏格拉底的两大罪状之一便是引入新神。这个新神便是从完善概念出发。但是，这个完善的神作为造物者为什么不能生成一个完全完善的世界呢？柏拉图显然注意到现实世界的不完善性。他在本篇对话的后半部分对不完善性或恶的问题给出一种解释。对于完善的神和不完善世界的这种不和谐关系，即所谓的"神正论"的基本问题，柏拉图是第一个提出问题并试图回答的哲学家。

17　柏拉图这里的用词是 νοῦν（其他拼法还有 νόος 或 νόυς）。这里译为理性。νόος 一词是阿那克萨哥拉最先使用的，作为物体运动的出发点。所有能够自我运动的事物都拥有 νόος。从行文上看，柏拉图这里使用“理性”一词时更多指秩序。有秩序就有理性；有理性就有秩序。从这个角度看，柏拉图对理性一词的理解有两个方面，即自我运动和运动有序。

秩序（τάξις）一词在《蒂迈欧篇》的出现频率不高。就概念界定而言，除了 30A 这里和理性连用之外，83A 涉及身体内部运作的秩序，88E 把宇宙秩序和身体秩序进行对照。这三处应该是柏拉图直接使用秩序一词的主要语境。总的来说，理性包含了秩序的意思。

18　“生命体”的希腊文是 ζῷον（另一种拼法为 ζώων，以及它的复数形式 ζῷα）。柏拉图在这篇对话中对该词有特别的界定和使用。ζῷον 就词源而言，源于 ζάω（作为动词，意思是“活着”。在这个译本中，无论是动词形式还是名词形式，我都把 ζάω 译为“活着”）。检查他的用法，他基本上是从日常用法的语境中使用 ζάω 的，比如，18B（名词形式 ζῆν）是在谈论一个活着的东西（城邦）；37C（ζῶν）则谈论灵魂造出来之后是活着的。柏拉图认为，一个活着的东西就是一个生命体，如，在 77B（ζῆν）和 77C（ζῇ）是在谈论活着的植物，也称之为生命体（ζῷον）。这些谈论方式已经把“活着”理解为生命体了。尽管如此，柏拉图在分析生命体概念时并没有使用这个日常语言用法。

ζῷον 虽然源于 ζάω，却是一个独立名词。柏拉图用它来指称那种拥有灵魂和理性的生命体。当然灵魂本身就是拥有理性的。柏拉图显然是强调生命体中的理性因素。同时，柏拉图还强调其中的“体”。生命体不仅是在灵魂意义上有理性，即内在地拥有完善的概念体系和数学知识（灵魂被造时就被赋予了）；而且，生命体在身体上也是有理性的，即身体是由四种立体构成的，是一种有秩序的东西。一个健康的身体，其中的立体就其内在结构而言是完善的，即构成立体的三角形在大小和种类上都必须是一致的；而且，这些立体在体内的分布和比例必需恰当而和谐。这样一种“生命体”概念，在柏拉图之前没有人涉及。从这个角度看，生命体是柏拉图首先提出的概念。

在《蒂迈欧篇》中，柏拉图还使用了另一个近似的词：ζωή。就词根而言，人们往往把它归为ζῷον。不过，在《蒂迈欧篇》中，ζωή使用得不多，只有44C（ζωὴν）、77A（ζωὴν）和89D（ζωή）三处。分析它们的语境，我们发现，柏拉图对这三个词有独到的理解。在44C中，柏拉图谈到，一个忽略理性的人生活在残缺之中，导致了他的ζωὴν在理性缺乏的状态中回到冥界。这个ζωὴν指人内在拥有的一种东西。在77A中，柏拉图指出，ζωὴν不能离开火和气。这里，他似乎不是在谈论生命体本身，因为生命体需要全部四种立体，而不只是火和气。因此，这里的ζωὴν似乎指生命体内所拥有的某种东西。在89D，柏拉图在谈论一般意义上的生命体（τοῦ κοινοῦ ζῴου）的保养问题，接着就涉及人如何才能拥有理性生命（κατὰ λόγον ζῴη）。这个理性的ζωή也是生命体所拥有。在这三个语境中，柏拉图似乎在谈论生命体内在具有的一种东西。或者说，在《蒂迈欧篇》，ζῷον和ζωή并不是在同一层次上使用的。不过，柏拉图没有展开分析和讨论这个问题。

柏拉图之后，希腊思想界就生命问题有广泛而深入的讨论。生命体作为一种有生命的存在，一方面，他拥有身体。对于生命体来说，身体十分重要。没有身体，就不是生命体。不过，身体即使得到了有序安排，它也不是生命体之所以为生命体的决定力量。另一方面，他拥有灵魂。灵魂能否单独存在呢？显然，没有身体，我们无法说灵魂是活的。那些脱离身体的灵魂都要回归到冥界，因而它们不是活的，而是死的。比如，斯多亚学派在谈论生命时，就十分强调身体的感觉。也就是说，没有身体就不能谈论生命。参阅A. A. Long & D. N. Sedley主编的《希腊化时期哲学家》（*The Hellenistic*

Philosophers, v.1, Cambridge University Press, 1987），53B。当身体的感觉消失时，人就死了。这个思路的走向是要把身体和灵魂放在一起来理解这个生命体。因此，这里的“身体”就成了生命一部分了。我想，这是一个从 ζῷον 到 ζωή 的过程，即用 ζωή 来专指生命本身。

对西方思想史具有转折性意义的《约翰福音》在谈论生命概念时，使用了 ζωή 这个词，并且不再使用 ζῷον。《约翰福音》重新界定了 ζωή，认为它是一种在圣灵主导身体的生命，即一种整全的生命。参阅谢文郁《道路与真理》一书的导言（五）。在文字上，《约翰福音》作者还写作了《新约·启示论》，其中谈论那些属灵生物时，还是使用 ζῷον 一词来指称。

在翻译上，本译文把 ζῷον 一律使用“生命体”，而 ζωή 则用“生命”，ζάω（动词和名词形式）则译为“活着”。

19 柏拉图在希腊哲学史上首次把“来自于神的恩赐”（διὰ τὴν τοῦ θεοῦ γενέσθαι πρόνοιαν）这种说法当作一个概念来使用，即恩赐或天恩概念。πρόνοια 还出现在 44C、45B 等处。虽然在《蒂迈欧篇》只出现了三处，但是，天恩作为一种观念或概念，确实存在于他的晚年思想中。就这个词的意义而言，人们把它归为不可抗拒的命运，或神（造物者）所命定的等等。在本篇谈话中，命运乃是灵魂的命运，即神在造灵魂时加在灵魂里面的东西。参阅本篇 41E。柏拉图提到，神向被造灵魂宣告命运。柏拉图在涉及天恩概念时都只和灵魂连起来说。也就是说，神把灵魂给了人从而决定了人的命运。恩披里柯在他的《皮罗主义概要》（卷 1，222 节）评论各种独断论时认为，柏拉图学说作为一种独断论可以归为两点：理型（εἶδος）和天恩（πρόνοια）。在恩披里柯收集的文献中，天恩概念显然被认为是柏拉图的核心概念了。就此来看，柏拉图晚年在学园里可能常用 πρόνοια 一词。柏拉图去世后，学生们对这个词的使用应该相当频繁，从而使其成为学园的标志性用词。参阅 John Dillon 的《中期柏拉图主义者》（*The*

Middle Platonists, New York: Cornell University Press, 1977），第 44—45、80 页。

普罗克洛有两本著作专门讨论柏拉图的天恩概念，参阅 Proclus: *On Providence,* tr. Carlos Steel, London: Bloomsbury Academic, 2007；Proclus: *Ten Problems Concerning Providence,* tr. Carlos Steel and Jan Opsomer, London: Bloomsbury Arcademic, 2012。普罗克洛的基本思路还是从神赐命运的角度出发谈论 πρόνοια。

20 这个论证可以换个说法：因为神是完善的，他造的宇宙也是最好的，因而只能是唯一的。“最好的”这一用法排除了其他宇宙的现实性，那些不是最好的宇宙是不会被造的。注意柏拉图在《国家篇》里的模仿说。一个模型（理型）可以供无数多的摹本模仿。但是，当完善的神在造宇宙时必须尽可能造最好的，因而只能是唯一的。宇宙的唯一性由神的完善性来规定。

21 柏拉图认为神是按数来造宇宙万物的，并在这里给出一个实例。《蒂迈欧篇》的一个主题便是揭示宇宙的内在数学关系。柏拉图提到的“连续的几何比例”指这两个数列：

1∶2∶4∶8∶16∶32∶64∶……

1∶3∶9∶27∶81∶243∶……

柏拉图关于中间数的说法可参考下列数列：

根	正方形	正立体	正方形	立体	正立体	正方形	立体	正方形	正立体
2	4 2^2	8 2^3	16 4^2	32	64 4^3	8^2	128	256 16^2	512 8^3

从表中可见，在两个正方形之间只需要一个数，而两个正立体间需要两个数。关于这里的数学讨论，可参阅康福特

的《柏拉图的宇宙论》，第 45—49 页。

在谈论宇宙身体的构造时，柏拉图提出了 τὸν ἀριθμὸν τεττάρων（四种数）这个说法。这四种数指的是拥有四种几何结构的水、土、火、气，它们构成了宇宙万物。柏拉图把万物归为四种数（以及它们的各种变换形式），可以说重复了毕达哥拉斯“本原是数”的说法，不过，他们对数的界定的思路完全不同。柏拉图认为数不是感觉对象，而是思想对象，因而主张从纯形式的角度来研究数。柏拉图的这个思路对古希腊数学研究的发展方向起了决定性的作用。详细讨论参阅注 67 和注 68。

22 引入古希腊哲学关于结构的观念发展，也许有助于理解柏拉图的四元素说。在柏拉图之前，人们在谈论宇宙论时相继提出水（泰利士）、气（阿那克斯曼尼）、火（赫拉克利特）作为万物的本原。恩培多克勒加进了土，认为水、气、火、土乃万物的基本元素（在结构上的原始存在）。柏拉图基本采纳了恩培多克勒从结构的角度去理解宇宙万物。就哲学史进程而言，元素说（从结构的角度来理解宇宙的本原）发展为德谟克利特的原子论。但是，柏拉图坚决反对原子论，并打算组织人马焚烧德谟克利特的作品。柏拉图的著作从未提起德谟克利特及原子论，尽管在柏拉图（公元前 427—前 347）还年轻的时候，德谟克利特（公元前 460—前 370？）在长期旅行后回到希腊并曾经来过雅典，且可能在雅典讲授过原子论。参阅第欧根尼·拉尔修的《名哲言行录》（Diogenes Laertius: *Lives of Eminent Philosophers* [Loeb Classical Library], 英译 R.D. Hicks）的柏拉图和德谟克利特部分。就思想冲突而言，原子论把万物的本原理解为原子（有大小形状的区分）。这种看法缺乏对万物之内在结构在构造万物中的决定性作用缺乏深入体会。柏拉图认为，水、土、火、气提供了万物的形式结构，并和载体结合为一体而构成万物。而且，在柏拉图这里，四种元素并非最原始的存在，因为它们最后都可以归为两种三角形。两种原始三角形才是本原。

参阅注 52 的讨论。

23 《几何原本》III.269 对圆形的定义和柏拉图这里给出的描述相同。欧几里得（亚历山大里亚人，约公元前 325—前 265）和柏拉图学园的数学家交往甚深，对他们的几何学研究有详细的了解。不难理解，柏拉图还在世的时候，在他的推动下，学园内的几何学研究已经相当发达了。

24 关于七种运动，指上下左右前后和自旋。柏拉图在 43B 那里有所论述。

25 柏拉图用 ψυχή 这个词来指称灵魂。原字的含义是能呼吸的有生命的有感觉的。柏拉图说，灵魂把整个宇宙包围起来，并不是从外面的环绕；而是说，灵魂充满了整个宇宙。因此，这是一个生命体。参阅康福特《柏拉图的宇宙论》第 58 页中的讨论。柏拉图把灵魂理解为一种数学关系，因而这个宇宙的本质上其实是一种数学关系。

26 先造灵魂，并不是说灵魂可以在身体不存在时存在。参阅《法律篇》卷十，896C 以下的讨论。柏拉图在这里提到，自我运动必须在自身中有运动源泉。灵魂便是作为源泉而存在的。因此，就时间上看，身体和灵魂同时存在。没有灵魂的身体，和没有身体的灵魂都是不可能的。柏拉图从先造统治后生这一原则出发，认为灵魂作为统治者该是先造的。

27 这里提出了三个概念：存在、同、异。这三个概念在《智者篇》里是中心论题，在那里，我们读到了一种所谓的通种论，即在一些普遍概念之间，彼此相互界定，或者说，存在、同、异这三个最普遍的概念彼此界定，也界定其他普遍性较次的概念。更详细的讨论，请参阅本书的附录 1。《蒂迈欧篇》把这种概念上的相互界定处理为相互包含，并应用在灵魂生成上，目的是要传递这样的信息：灵魂在本性构造上就拥有了最高的范畴，从而能够拥有概念，并运用概念进行思维（理性思维）。为了更好理解柏拉图提出的三步混合过程，我们可作如下图解：

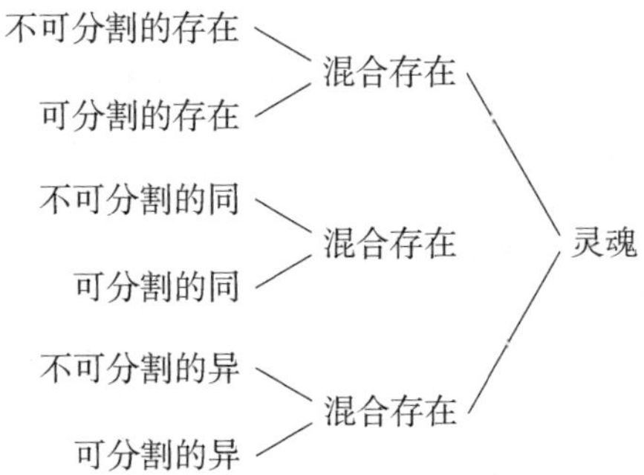

关于这段文字，可以采取不同断句从而有不同翻译。我这里取康福特的译文。有关译文的争论和理解，可参阅宋继杰的文章：《柏拉图〈蒂迈欧篇〉35A1—B3 的翻译及其学理依据》（《哲学译丛》2001 年第 1 期）。关于这个“存在”（οὐσία），确切来说，在柏拉图的思想中就是一个最普遍的种或范畴。当然，在柏拉图看来，它对应着一个最确定的思想对象。

28 柏拉图的这两组数列是：

1：2：4：8：……

1：3：9：27：……

关于这两组数列在柏拉图宇宙论中的物理意义，参阅康福德的《柏拉图的宇宙论》，第 66—70 页。在我看来，柏拉图是要指出宇宙万物乃是一种数学关系。当然，这并不是说，他在这里提出的数学关系是唯一的真理。我们在以下的行文中会不断读到，柏拉图一再重复，这种数学关系在他自己看来是最美最完整的数学关系。如果有人能够提出更美更完整的数学关系，那是十分欢迎的。

29 柏拉图在前面的数学里提出两个数列。第一个为两倍的数列（1, 2, 4, 8, 16, ……）里，这里提到调和数，第一个数为 4/3。它的计算方式是这样的：在 1 和 2 之间，4/3 以 1/3 的比数超出 1，同时也以 2 的 1/3 被 2 超出。同样，在 2 和

4 的区间，8/3 以 2 的 1/3（2×1/3 ＋ 2 ＝ 8/3）超出 2，同时被 4 的 1/3 所超出（4×1/3 ＝ 4 － 8/3），余者类推。因此，“其中一个数以同样的比数超出一端同时被另一端超出”中的比数指的是 1/3。另一个数为平均中数，如 3/2 乃 1 和 2 的平均中数；3 乃 2 和 4 的平均中数；等等。把调和数和平均中数加入数列，我们得到如下：

1, 4/3, 3/2, 2, 8/3, 3, 4, 16/3, 6, 8, 32/3, 16……

第二个为三倍的数列（1, 3, 9, 27……）。在 1 和 3 区间，其调和数是 3/2，平均中数是 2。把调和数和中数加入数列则有：

1, 3/2, 2, 3, 9/2, 6, 9, 27/2, 18, 27……

9/8 是音乐上的全音。它是第一数列的两个中间数之比：3/2：4/3 ＝ 9/8。

30 在音乐学上，9/8 是一个全音，256/243 是一个半音。柏拉图对这两个数的重视，看来跟毕达哥拉斯的数学音乐研究有关。不过，我想强调的是，柏拉图的主要目的是要说明数学关系是宇宙的本质。根据这里的划分，上述含有 4/3 区间数列如下：

1, 4/3, 3/2, 2, 8/3, 3, 4, 16/3, 6, 8……

如果要对所有的 4/3 区间进行 9/8 的划分，则有下列数列：

1, 9/8, 81/64, 4/3, 3/2, 27/16, 243/128, 2, 9/4, 81/32, 8/3, 3, 27/8, 243/64, 4, 9/2, 81/16, 16/3, 6, 27/4, 243/32, 8……

在 81/64 和 4/3 之间出现了另一个数比：256/243。这个数在音乐上是半音。如果用全音 a ＝ 9/8，半音 b ＝ 256/243，则有下列节律：

a-a-b-a-a-a-b-a-a-b-a-a-a-b-a-a-b-a-a-a-b……

不难发现，这里有整齐的音乐节律。

31 “同的运动”指整个宇宙的整体运动，包括恒星。参阅本篇 40A 关于恒星的讨论，柏拉图提到恒星在天空（圆球状）边缘的各处。这一运动是宇宙维系统一的前提。整个天体的运动可看作是灵魂的运动；灵魂的含义就是运行不息。按柏拉图给出的数字，内圈运动彼此相隔为：1∶2；4∶8，和3∶9∶27；分别为：月亮、火星、木星、土星；后三者为：太阳、金星、水星。柏拉图关于天体运动的内在数学关系的描述虽然还很粗略，但是，这种强调数学在天文学中的地位的想法在西方天文学发展中举足轻重。比如，开普勒（Kepler，1571—1630）便是从纯数学的角度来解释当时的天文学观察材料，发现了星体椭圆运动，开启了现代天文学的发展。

32　这里提到的“异的圆圈”指天体运行。“感知物”和天体都可以归为感觉对象。感知物作为感觉对象是变化不居的，天体作为感觉对象则是在有规则的运动。在柏拉图看来，关于这些感觉对象（不管是变化不居还是规则运动）的认识会形成意见和信念；而且，这些意见和信念虽然随着感觉对象而变化，但也是可以如实而准确地表达关于感觉对象的认识的，因而不是虚幻的知识。也就是说，在某种意义上，意见和信念也可以是正确的知识。这个说法和他在《国家篇》中谈论四种认识形式时否定意见的可靠性那种说法还是有区别的。从真理符合论的角度看，只要意见和信念符合了感觉对象，它们就是正确的知识，称为真意见或真信念。更多讨论参阅注 58。

33　这里提到的“理性知识”（νοῦς ἐπιστήμη），指对灵魂的内在的概念结构和数学结构的意识。当一个人在思想上拥有了一套完善的概念体系和数学—几何学知识时，他就拥有了理性知识。在希腊文中，两个名词并列在一起，在很多语境中都是指它们相互界定，即这个理性是一种知识，或这个知识是理性的。英语学术界在处理这个词组时，一般都把它们用“和”字分开，比如，译为“理性和知识”等。实际上，柏拉图在 42D 也有“理性和知识”（νοῦ καὶ ἐπιστήμης）的连用。这说明，人们总觉得理性和知识之间的区分还是明显的。柏拉图在其他著作中对于理性作为一种更为高级的知识形式还是有所强调的；而知识一词似乎使用范围更加广泛，比如工匠所拥有的工艺方面的知识。这个讨论涉及面较广。我可以接受区分理性和知识的这种理解，但是，这个区分并不一定贯彻到所有语境中。它们之间可以相互界定。至少在这段文字中，它们的并列在文字上在指称一种对灵魂内在结构的认识。因此，我主张把这里的 νοῦς ἐπιστήμη 译为“理性知识”，是一种专门的认识形式。

柏拉图提到“这两种认识形式”涉及“异的圆圈”和“同的圆圈”，就认识活动而言，前者属于来自外感觉的认识（形成真意见和真信念），后者则是对自身的内在结构的认识（形成真的理性知识）。

34 关于永恒和时间的关系问题，巴门尼德认为“永恒者没有时间”。柏拉图在思路上保持与巴门尼德一致，但在说法上转变为“永恒者现在是”。这一说法的变换反映了柏拉图对永恒和时间的关系有了进一步的思考。如果我们对“永恒”这个词作一些分析，就会发现这个词本身无法离开时间语言。比如人们会说，永恒就是永远都是，过去是，现在是，将来也是。这种言说方式，在柏拉图看来是不能成立的。很显然，如果永恒者在过去、现在、将来有差异，它就必然丧失永恒性。如果没有差异，过去、现在、将来的划分就没有意义。但是，离开时间形式，我们似乎又无法对永恒进行赋义。也就是说，永恒必须在某种时间语言中加以言说。因此，柏拉图用“现在是”这样一种时间语言来谈论时间和永恒的关系。

由于柏拉图对时间和永恒的这一思考，“现在是”就有了两种用法。一种是在时间中的划分，即它是时间量度的一个。在这划分中，“现在是”隐含了“过去是”和“将来是”。另一种则直接指称永恒，即“现在是”排斥“过去是”和“将来是”。如果这样，我们说柏拉图引入“现在是”的这一新用法在思想界会引起混乱。比如，我们在谈论永恒的“现在是”时，如何能够排斥“过去是”和“将来是”呢？换句话说，离开“过去是”和“将来是”，我们如何对“现在是”进行赋义？柏拉图对这个问题没有回答。

关于柏拉图的“永恒者现在是”这个命题，奥古斯丁在《忏悔录》（第十一卷）中的说法也许有助于我们的理解。他认为，“现在”不需要过去将来来赋义，反而是过去将来的赋义基础。时间其实是一个记忆中的事件量度，因而总是对已经发生过的事情的指称。当我们指着某物时，它已经消失于过去而成为我们的记忆。因此，我们所观察到的事物都是在消失中的事物。如果它们在消失中，它们就不能“现在是”。但它存留于我们的记忆中，记忆是当下的，因而我们往往把记忆的现在性赋予了在消失中的事物而认为事物有现在性。这种赋予在认识论上是有意义的，因为我们可以把记忆中的事物拿来比较，形成知识。另一方面，对于在消失中的事物来说，它们的继续存在就是一种未来状态。他说：“过去总是被未来所驱动，未来总是跟着过去的脚后跟，而过去和未来都在永恒的现在中有始有终。”未来是一种尚未到来的状态。我们看到的是事物在消失，但看不到尚未到来的事物状态。由于我们在记忆中把过去的事物当作现在，从而在心中会根据过去事物的时间秩序而对尚未到来的事物状态有所指望。因此，未来也在我们当下的记忆中被赋义。所以，奥古斯丁说：“我认为我是在心中度量时间。任何事的产生都会在我心中留下印象；即使这事物不存在了，印象仍存。因这印象仍然是当下的，所以我能度量。……因此，谈到未来，不是说时间上有一个很长的未来，而是说对未来有一个很长远的指望；谈到过去，过去已不存在，因而不能说过去很长时间，只能说对过去有很长的记忆。”由此可见，“现在”不需要在过去未来中赋义，而是在当下的记忆中就被理解了。从这一角度看，“永恒现在是”就容易理解了。

35 时间体的希腊文是 αἰών，意思包括时间和生命，即在时间中的东西（作为一物）。这里的时间体指的是作为时间量度的天体。每一个天体都是一个时间体。

36 “根据和想法”（λόγου καὶ διανοίας），这两个词都强调思想活动。推论是有根有据的。想法是通过思想而获得的。

“这便是神造时间的根据和想法”一句，更为直接的翻译是：这便是神造时间的推理和思想。这里涉及了三个动作：造时间、推理和思想。在柏拉图看来，这三个动作是同时进行的。就人的行动方式而言，做一件事，首先要想清楚（进行推理），并得出结论（有了想法）。这是一个有序的步骤。不过，在神那里，三者同时进行，不需要分为三个步骤。

37 在古希腊神话那里，水星（Mercury）分别称为晨、暮两星，分别为赫耳墨斯神和阿波罗神居住。在观察中，如柏拉图所接受的观察材料所示，水星运行速度和太阳相同；现在看来是不对的。柏拉图这里指出的天文现象是水星的逆行现象，后来托勒密已注意到晨、暮两星乃同一个行星，其逆行现象在他的体系里用辅轮—本轮模式来解释。

38 同的运动也就是保持自身的运动。因为在这个宇宙之外没有东西存在，宇宙内的任何东西都不会离开宇宙。也许人们可进一步解释，柏拉图在这里谈论的同的运动，指的是向心力；而异的运动则是指离心力。但我们读到，柏拉图并没有从这个角度来谈论两种力。这里提到的螺旋式，指的是我们在观看星体时，由于它们在不同的位置上（快慢方向不同），把它们当作整体来看时，它们的运动呈螺旋状。

39 柏拉图在讨论时间时提到星体的产生问题，但主要讨论固定星体，而不涉及那些游荡星体，如彗星。因此柏拉图说已经讨论过了。不过，这话不准确，因为我们在本篇对话中没有读到他关于游荡星体的说法。

40 这里提出的问题是：柏拉图把地球当作宇宙中心了吗？亚里士多德在他的《论天体》一书中认为柏拉图是地球中心论者（第二章，296A34ff.）：“有人认为地球位于中心，围着轴心向右旋转，如《蒂迈欧篇》所言。”（本书涉及的亚里士多德著作的英译都以这个译本为准：*The complete works of Aristotle*: Revised Oxford translation, ed. J. Barnes, Princeton University Press, 1984）亚里士多德的这一看法对后来的阅读有很大的影响。康福特在《柏拉图的宇宙论》中对此也说得很肯定："我们完全没有理由否定亚里士多德的明确说法，即在《蒂迈欧篇》中，地球不是一个行星，而是处于中心。"（第 129 页）不过，柏拉图自己从未这样说过。而且，柏拉图明确说地球是一个行星（39B—C）。这里又把地球与天空诸神（即诸星体）作比较。我们可比较这两个英译文。乔维特（Benjamin Jowett）的英译是："The earth, which is our nurse, clinging around the pole which is extended through the universe."（*The Collected Dialogues of Plato*, Princeton University Press, 1989, ed. Edith Hamilton and Huntington Cairns）。伯尼特（John Burnet）的英译是："Earth, our nurse, going to and fro on its path round the axis."参阅他的《古希腊哲学史》（*Greek Philosophy*, London: Macmillan, 1964，第 348 页）。"贯通的轴心"是指什么呢？我们一无所知。从直接观察上看，把地球当作宇宙的中心是比较容易接受的。但柏拉图对直接观察持不信任态度。而且，我认为，从柏拉图所给出的宇宙结构出发，把地球当作中心在逻辑上有困难。地球和其他星体一样是作异的运动的，即作离开轴心的运动。如果它处于中心的话，同的运动就会受到损害。柏拉图认为地球是最受尊重者，那是因为它离轴心最近，因而最接近同的运动。从这一角度看，在柏拉图的思想中，地球和其他行星一样是围绕宇宙轴心旋转的。不过，柏拉图并没有明确这样说。我认为，柏拉图对这个问题悬而不论。

41　这里所谓的传统说法，基本上是指《荷马史诗》和《神谱》中的诸神关系。

42　"时间器官"（ὄργανα χρόνων），即时间体（αἰών），比如天上的星星。参阅 38C 中关于星体的描述。这也是前面讨论的生命体。生命是一个时间概念，即一个物体在一个时间段里。如果没有时间的量度，则无法谈论它的生命。柏拉图从两个角度谈论时间体：星体作为时间的量度和生命体的内在时间性。比如，一个活物，它一定是在某个时间段里是活的，超出这个时间段就是死的。天体不朽，因而总是活的；地上活物则是可朽的，因而活在某个时间段里。

43 这里，柏拉图的灵魂观出现了轮回说。一般来说，人们把它归为印度思想影响痕迹。在古希腊思想家中，最早提出灵魂轮回说的是毕达哥拉斯。柏拉图深受毕达哥拉斯的数学思想影响，也不免接受其轮回说。不过，柏拉图究竟在多大程度上认真谈论轮回说，倒是需要探讨的。柏拉图在40E那里提到，“我们也找不到可能的或肯定的证据来证实他们所说的”。在谈到宇宙的数学结构时，柏拉图强调“相似解释”。比较这两种语言，我们发现，这里关于诸神的说法并不是肯定的。灵魂轮回的观念，就历史文献而言，起源于印度。参阅《吠陀经》10:129中一段话（写作于公元前1500至前500年之间）：“既无死，亦无不朽。既无明确的黑夜标志，亦无明确的白天标志。”（中文译自 *The Rig Veda: An Anthology*, ed. and tr. Wendy Doniger O'Flaherty, Penguin, 1981）《吠陀经》从白天黑夜的交替现象引申出灵魂的轮回过程。然而，柏拉图是从自己的生存关注的角度来谈论灵魂轮回的。柏拉图认为轮回观念对人间罪恶有惩戒作用。也许，柏拉图在这个问题上是认真的。但我们读不到在理论上有更多的说明。比如说，为什么轮回的次序是男人、女人、其他动物呢？柏拉图在他的《国家篇》第十卷结尾也提出一个类似的轮回说。在那里，柏拉图主要在讨论人死后还会再投生，回到人间，因而人对善的追求不会因死亡而终止。在出世时，每个人都要做选择。作为惩戒作用，柏拉图认为人在有生之年努力追求真理，将来有助于人再投生时作明智的选择。不难发现，柏拉图在谈论灵魂轮回说时是以他的生存关注作为出发点的。

44 在古希腊思想家那里，阿那克萨哥拉认为月亮是可居住的地方。柏拉图在这里提出了一个独特的看法。在他看来，造物者把造好的灵魂播种在各星体上，并让各星体提供身体，以此构成生命体。当灵魂播在地球或月亮上时，地球和月亮作为星体（或时间器官）提供身体，两者合而为一成为神（地球之神或月亮之神）。

45 在《美诺篇》中，柏拉图提出了认识论上的“回忆说”，认为人的认识过程是回忆已经忘却了的知识的过程。不难指出，柏拉图的这个说法表达了一个重要的认识论事实，那就是，认识主体的内在思维结构在人的实际认识活动中所起的作用十分明显。在这里，柏拉图希望从宇宙论的角度为“回忆说”提供一种说明，即这个认识主体的内在根据来源于灵魂的内在构造。由于灵魂是造物者精心设计而成，因此，人拥有理性的灵魂是神的天恩（προνοίας γέγονε θεῶν，直译“来自神的预先安排”）。这里，πρόνοια 一词可以译为“天恩”。参阅本书注 19。

这里关于人的理性成长过程的描述也是基于柏拉图的细致观察。比如，他观察人的成长过程，开始时是生理成长压倒心理成长，因而认为人的理性出现是在人的身体成长进入相对稳定时期。当然，如何规定稳定时期的界限是很难的。也许，柏拉图反复强调这是一种相似解释也是注意到这里的难处。

46 这里重复的是视觉理论的“流射说”，首先是由原子论者提出来的（更原始的形式也可以在阿那克萨哥拉“种子说”里的“同类相聚”说法中找到）。所不同的是，原子论的流射说强调视觉形成完全被动性，即我们看见的都是外在的原子流射进入我们的眼睛所形成。但是，柏拉图指出，视觉形象的形成是内在的火和外在的火的整合。这样一种理解，我们发现，柏拉图已经注意到视觉的主体性质，比如，不同人的颜色视觉是不同的。视觉、听觉、嗅觉、味觉、温度觉等的主体性或个别性并不难发现。德谟克利特就已经指出了这一点，因而他认为只有原子的形状、大小和位置才是确定的。但是，从现有的残篇看，他的原子论流射说并没有回答这些感觉为什么有主体性。根据柏拉图的想法，视觉形象是内外火的合成，不同的人所拥有的内在之火也是不同的，因而在与外火融合时，其形象就会有异。另外，柏拉图认为梦是视觉运动的残余。这种解释也是独特的，和古希腊神话中的解梦方式（与神相交的途径）已经是完全不同的思路。当然，柏拉图对梦的兆示性还是认可的。参阅 71C—72D。

47　这里批评的对象是“大多数人”。他们是谁呢？我认为主要是德谟克利特派。在原子论者看来，万物都是原子在碰撞中形成的；其中，碰撞所形成的结构是偶然的、无目的的，因而也就缺乏理性，或缺乏在善的目的中的秩序。因此，原子论的这种谈论方式，在柏拉图看来毫无意义。认识活动必须分出主体和对象，因而在认识过程中，如在“看见”中，如果排除了主体的参与，这个认识活动是无法理解的。柏拉图在一定程度上采用了德谟克利特的原子论，但是，对于原子论中缺乏理性因素（结构）这一点，他持强烈的反对意见。这应该是柏拉图不提德谟克利特的名字以及原子论的主要原因。

48　“不追求智慧”（μὴ φιλόσοφος，或不爱智慧，或不学哲学），这里的“智慧”（σοφός）是从日常用语层面上讲的，并不是一个哲学概念；它指称一种拥有知识的状态。本书把另一个词 φρόνησις 译为“智慧”。读者需要注意，虽然同译为“智慧”，但两者的语义还是有区别的。φρόνησις 是一个哲学概念，有特别的指称。参阅注 12。

49　和谐（ἁρμονία）是音乐上的用词，指节奏上的相互配合。柏拉图把它理解为一种秩序，即声音上和数字上的秩序。前面在讨论灵魂构造时，造物者把和谐数作为灵魂构造的原材料。数字和几何图形不是一种凌乱的组合，而是在一定秩序汇总的组合。正是因为和谐数，才有数学上的秩序。同样，声音也可以是凌乱的，但是，有了和谐数，声音就可以在秩序中形成音乐。这里的主题还是秩序。

50　“必然”（ἀνάγκη）一词在《蒂迈欧篇》有专门的界定。在当代读者的印象中，“必然”一词应该指一种独立于人的意志的因果固定关系。然而，在柏拉图接下来的论述中，“必然”却是指那种无目的、无秩序、不定、不可预计的运动。就概念而言，准确的翻译应该是“不定运动”或“无序运动”。研究者都注意到这种词义的差异性，但为了保持语词使用的一致性，英译者还是用 necessity 来翻译此词，但对其中的差异作特别说明。比如，格罗特早就指出：“‘必然’这个词在当今的用法中指固定的、恒定的、不变的、事先可知的。但在柏拉图的《蒂迈欧篇》中，含义恰好相反，指不确定、不连续、不正常，既不可知，也不可推。”（George Grote, *Plato and the Other Companions of Sokrates*，第二版，三卷本，London：J.Murray，1867，卷 3，章 36）。就柏拉图在接下来的阐述中，“必然”主要指的是那些三角形的分与合，以及立体之间的相互转换关系。它和“不定因”所谈论的对象基本上是一回事。参阅注 51 中的讨论。

《蒂迈欧篇》有 21 处使用这个词。略略理一理其中的语境，也许可以帮助我们理解柏拉图的用词。在日常语言中，ἀνάγκη 指的是一定会发生的事，或指一件事的发生总是有原因的，因此，其中有某种因果关系。柏拉图开始时都是在这个意义上使用 ἀνάγκη 的。我在翻译上大都采用了“一定的”这种译法。然而，从此处开始，柏拉图用 ἀνάγκη 来解释在感性事物中的那些变化，背后不过是三角形的分与合，以及立体之间的相互转换的过程。也就是说，这些感性事物的变化，虽然缺乏统一的规则，也没有目的性，但都是有原因的，只要对几何结构之间的转化有足够精细的观察，也是可以加以说明的。 当然，这只是事物变化中的一种原因。实际上，在柏拉图看来，万物变化的背后有两种力量，一种是必然性，一种目的性。参阅 68E。

从几何结构变换的角度来理解必然概念，是在柏拉图的几何化理型说中展示的。就哲学史而言，这个想法有恩培多克勒学说的痕迹。在恩培多克勒看来，万物都由四种元素的结合而产生。四元素的组合形成一定的结构。这些结构因为四种元素的比例不同而各自不同，从而有万事万物的差别。

这四种元素的结合是随机而没有统一规则的，因而任何结构都可能形成。于是，宇宙开始时有各种各样的怪物。只是有些怪物无法传宗接代而归于消失；剩下的就是可以延续后代的，也就是我们现在能看到的。这里谈到的随机运动，和柏拉图的“必然”一词的意思相近。因此，这里的“必然”乃是和理性或秩序相对的概念，指无目的无规则的随机运动。

亚里士多德不赞同柏拉图的几何化理型说，因而也就不会采纳这个“必然”概念。他更多地从事物属性的角度分析万物的变化和关系。参阅他在《形而上学》第四卷第五章对这一词的定义的讨论。亚里士多德从他的实体说出发，认为事物的本质决定事物之所以是这一事物。这种决定是必然的。因此，在亚里士多德这里，不存在所谓的几何结构变化所引发的“必然”。

51 “不定因”（τὸ τῆς πλανωμένης εἶδος αἰτίας）是《蒂迈欧篇》中一个重要概念。在英语学术界的流行解释中，“不定因”指物质材料的不确定性。比如，木匠做家具时，他首先有一个设计图形和一定的木料。他的设计会受到木料的影响，因而在做的同时尽量把木料用上，使木料派上最好的用场。这个木料在没有做成某种家具之前可以做成任何其他家具，因而是不确定的。当设计图形加在木料上之后，它就成了某件家具了。形式和木料的结合构成了这个家具的原因。这种使用木料的过程，在康福特的注释中，乃是理性“说服”木料（“不定因”）的过程（《柏拉图的宇宙论》，第165页）。也就是说，木料的不确定性是宇宙生成过程中的“不定因”。这个解释思路具有浓重的亚里士多德形式质料说的痕迹。我认为，这不是柏拉图在《蒂迈欧篇》中的思路。

要理解柏拉图的“不定因”，我们需要注意柏拉图思想从中期到晚期的变化，特别是要充分考量柏拉图的理型几何化之后的思路。柏拉图在《国家篇》中讨论木匠造桌子时指出，木料的不确定性并不构成不定因。设想这种情况：如果我们拥有完善的设计图案，按照这图案制造家具完全可以造出如原始设计所要求的家具。设计图案是决定者，木料是被决定者。木匠当然可以考虑木料的质地来设计并制造；即使这样，木料还是被决定者。被决定者不能成为原因，而原因只能是木匠脑中的那个“理型”。也就是说，木匠在制造家具时拥有绝对的决定权。他要造成什么样，就是什么样。柏拉图的这种想法在《巴门尼德篇》的第一部分里受到了深刻的批判。根本的问题是，如果宇宙“木匠”拥有这样的决定权，他就按照“完善”的粪土理型来造粪土，“完善”的头发理型来造头发，等等。于是，他就不得不作为最高的善而对所有的不完善事物负责：用“完善”的恶理型来造恶。可见，亚里士多德的形式因—质料因这个理论框架完全无法适用于柏拉图的“不定因”的理解。

需要特别说明的是，我们在“τὸ τῆς πλανωμένης εἶδος αἰτίας”这个表述中，虽然发现“εἶδος”一词，它的意思是“类”，而不是作为原因的那个“理型”。这个词的出现，说明这里谈论关于类的问题，即关于水、土、火、气这四类东西的问题。载体不存在“类”的问题，因为它无形无性。涉及“类”的问题，一定和四种几何结构相关。

基于这种观察，我们还是回到他的几何化理型说中来理解这个“不定因”。在接下来的讨论中，柏拉图认为，理型是一种几何结构，由两种最基本的三角形组成。这两个三角形构成平面，进而构成立体。一共有四“类”，除了土，其余的火、气、水都由同种三角形构成。一定数量的三角形构成一个立体（水、火、气）；立体分解而归于三角形；进一步，这些分解后的三角形可以重新构成不同的立体，从而使得水、火、气之间可以相互转换。不过，由于三角形的大小不一，它们在分解—重构的过程中可能出现不完善的几何结构。比如，大小不一的三角形结合成的火，或水，或气，从而形成不同种属的火，或水，或气。这种结合所产生的事物是不完善的，进而会导致了各种恶。我们在后面还会涉及这个话题。

三角形在分解和重构过程中出现的不完善或恶的立体

（如大小不一三角形构成的立体），这种现象不符合造物者建造宇宙的设想和目的，却又是在生成物中不可避免的。因此，柏拉图称此为不定因，即这种随机和不确定的立体分解—重构。

但他也注意到，宇宙中的大部分事物是好的。因此，他提出“说服”的方式来表达造物者的涉及和目的与宇宙万物的关系。也就是说，作为一种外在的力量，造物者通过理性的能力推动原始三角形的结合，使之形成好的结构。当然，说服的力量不是控制的力量，因而在万物中出现不好的事物就不奇怪了。但是，由于这说服的力量的参与，原始三角形的随机结合就偏向好的方向。因此，宇宙万物的大多数是好的。从这个角度出发，我们可以作如此理解，“不定因”指两种原始三角形在组合上的不确定性。

这里还出现了新词：“说服”（πειθός）。作为一个哲学概念，它在柏拉图的著作中首见于此。康福特在他的注释中谈到了三种关于“说服”的解释（除了他自己的解释以外），见《柏拉图的宇宙论》，第163—165页。第一种理解认为，柏拉图谈论的造物者也就是全能的上帝，万物是他的生成物。因为被造物的堕落，所以造物者被迫对被造物进行说服使之回到原始的好的位置上。在这种解释中，柏拉图的宇宙论是一种不完整的基督教宇宙论。第二种理解则企图用康德的认识论来解释柏拉图的“说服”。根据康德的认识论，“必然”作为人的认识对象是由人的认识结构来规定的。人对必然的认识是一个主体不断整合对象而使之有序化的过程。因此，说服的过程也就是认识的过程。这里，认识主体乃是造物者。第三种解释则由柏拉图研究专家泰勒（A. E. Taylor）在他的《柏拉图〈蒂迈欧篇〉评注》（*A Commentary on Plato's Timaeus*, Oxford, 1927）相关注释中提出来的。泰勒认为，诸神把灵魂置于身体内之后，灵魂的运动开始时是混乱的，但慢慢地它会安静下来，并渐渐地回到同和异的运动中。因此，灵魂对万物的控制过程也是这样一个过程。当灵魂安静下来后，它首先要认识“必然”，深入其中，然后才能控制它。灵魂的自我完善是一个长期的过程，它认识和控制“必然”的过程也是长期的。这样一个过程，在泰勒看来，也就是造物者通过理性，通过灵魂来说服“必然”引向完善的过程。

“说服”这个概念也是怀特海在建构他的“有机哲学”的基本概念。怀特海在构造他的宇宙论时有意识地以《蒂迈欧篇》为蓝本。他首先引入了基督教的入世的神，认为宇宙开始时有神的存在和混沌的存在。混沌是无序的力量；神则代表秩序的力量。从混沌走向有序是一个生成的过程。这一过程是由神对混沌的说服来实现的。参阅他的《过程与实在》（Whitehead, *Process and Reality* [1929], Corrected Edition, ed. David Ray Griffin and Donald W. Sherburne, N.Y.：The Free Press, 1978）。

“说服”一词的使用表明，柏拉图注意到，在处理造物者的设计和目的与在“必然”中运行的万物之间有难以调和的关系。造物者的目的对于那些在“必然”中运行的万物来说是外在的力量。它如何能够进入“必然”而引导之走向秩序呢？柏拉图并未展开这方面的分析和讨论。

52 柏拉图中早期思想对本原（ἀρχή）是很关心的。在希腊思想史上，巴门尼德对本原概念的界定是希腊哲学发展的杠杆，参阅谢文郁：《巴门尼德的 Ἔστιν: 本源论语境中的“它是”》（《云南大学学报》2012 年第 2 期）。柏拉图的早期理型论也在探讨理型作为万物本原的问题。但是在《巴门尼德篇》，柏拉图开始对本原论作为一种思维方式进行了深入的分析和批判，并导致他放弃本原论的讨论方式。相关内容可参阅本书附录 1。当他从几何结构的角度来理解宇宙时，本原问题就不再是他所关心的重要问题了。这里关于本原一词的评论，可以理解为柏拉图放弃了本原概念。

这里，柏拉图专门加了一句，提到有人还认为这四个东西是元素（στοιχεῖα），但接着就强调，有脑子的人都不会持此看法。柏拉图这里似乎有一个批评对象，即那些把水、土、火、气归为本原或元素的观念都是缺乏思想深度的。究竟这些没脑子的人是谁呢？这里没有明说。追踪思想史发展，从恩培多克勒提出元素说开始，把水、土、火、气归于元素的做法应该只有恩培多克勒。从恩培多克勒开始，人们开始追寻结构上的原始存在，一直到德谟克利特的原子论。我想，柏拉图这里批评的对象便是这个思路。元素论是一种追寻结构上的原始存在的本原论。关于这种思路的哲学史分析，可参阅谢文郁、谢一玭：《苏格拉底以前哲学家的本源论 - 本原论思路探讨》，载于《古希腊罗马哲学》第一辑，2015 年。

关于元素一词，柏拉图在其他对话中也提到，比如，《泰阿泰德篇》206A 从认识论的角度提出字母说，在《国家篇》402A 以下涉及对知识形式的分析。就字母这层意思而言，στοιχεῖα 指的是一种在结构上最原始的存在。在柏拉图看来，有人认为水、土、火、气是最原始的存在，因而是元素。这个看法不足为道。在接下来的分析中，柏拉图指出，它们不是最原始的，因为它们是一种立体性的几何结构，因而可以通过几何学分析而进一步追究它们的原始构成。柏拉图指出，这四种立体可以归为万物的四个总类，因为万物在结构上都可以归于它们之中的任何一种。从这个角度看，它们并非最原始的存在，不能称为元素。在结构上，它们可以进一步分解为两种三角形，即拥有 $\sqrt{2}$ 和 $\sqrt{3}$ 的三角形。这两种三角形是原始三角形；水土火气是由这两个原始三角形构成的；因此，这两个原始三角形才是最原始的，即元素。详细讨论请参阅注 67。

一些英译本对柏拉图关于“元素”的这种界定并没有明确意识，因而往往会把元素等同于这四种立体。我这里就不一一列举。我在 2003 年的那版译本中，受这种模糊译法的影响，也是出现了这种混淆，出现了火元素、水元素等等译法。这次修订做了重新处理，凡涉及柏拉图自己的想法的地方，“元素”都是指称原始三角形。

53 柏拉图这里说的第三类东西是载体（ὑποδοχή）。在接下来的文字中，柏拉图努力解释这个东西一些性质，以图给出界定。不过，他觉得还是很费力。本处（以及 51a）的希腊词是 ὑποδοχή，在日常使用中指称垫子，在底下支撑的东西。在 50C 用 ἐκμαγεῖον，指铸造材料。在 50D 他还用了另一个词，δεχόμενον，意思是接受者。在 53A，他用了一个更被动的词：δεξαμενῆς，即接受器或容器。我们还注意到他用“空间”（χώρα，52A—B），与容器的用法相近。总的来说，柏拉图在谈论载体概念时，认为他找到了一种特别的东西，一方面，它不是感觉对象，无法在经验中直接指称；另一方面，它也不是思想对象，无法进行概念式或数学式的推论。那么，它是什么认识对象呢？柏拉图认为，理解这种东西既需要理性也需要感觉的参与。我们略加分析一下。

柏拉图用了不同的词来比喻或类比这种东西。这些不同的词指称不同的感觉对象，在日常语言中都是可以在感觉经验中理解的。但这些感觉对象并不就是载体，而只是有些载体的特征。这种用已知的事物来类比想要说明的东西的做法，我们称为类比说明或类比论证，属于一种弱论证。类比论证虽然不是严格的逻辑推论，而且严重依赖于类比物（大都是感觉对象），但还是属于一种论证。所有在论证中展示的东西都是思想对象。也就是说，柏拉图的载体是在论证中呈现的，因而属于思想对象。只要理解了柏拉图的类比论证，我们就能理解载体。

在类比论证中，我们可以这样来重构柏拉图关于载体的论证思路：柏拉图的载体概念指称一种没有任何形式或样子（通过取消所有事物形式）的东西，但它同时不是无，而是实实在在的（无形无性）；因为它无形无性，所以可以接受任何形式而拥有任何性质，并且在接受一种形式而拥有相应的性质之后成为一个可感事物。也可以从另外一个角度来理解这里的思路：任何一个感觉对象都可以分解为两部分，即形式和载体。“形式”是思想对象，因而理解“形式”这个动作只能通过推论的方式才能实现。因为“形式”是可以理解的，所以，我们可以在思想中对这个感觉对象所拥有的各种形式逐一消除。同时，感觉对象在经验中呈现为一种外在的东西，不管是否感觉到它，它都在那里。当思想把它的形式消除之后，它仍然在那里。感觉经验呈现了它的外在性和实在性。在这个推论中，思想消除形式，感觉呈现实在性，合起来就展示了载体。

一些学者把它和亚里士多德的质料概念比较，认为载体是纯质料。同时，也有很多学者认为载体不能等同于质料。然而，载体和质料在概念上的相通性还是很显然的。我认为，亚里士多德关于质料的讨论乃是以柏拉图的载体概念为基础的。不同的是，亚里士多德的形式是在属性意义上谈论的，而柏拉图的形式是几何结构。我在本书的附录 2 中对这一概念作了详细分析，可作参考。

54 这里出现的“形式”，指的是在压模意义上的形状，即模子上的模型。首先要指出，柏拉图没有在这个意义上把“形式”当作一个概念来讨论，因而不能和 εἶδος（理型）混淆起来。εἶδος 一词在《蒂迈欧篇》基本上是在种属意义上作为“类”来使用的，比如，前面谈论三类东西时，其中的“类”便是用 εἶδος 这个词。因此，εἶδος 在《蒂迈欧篇》也不再是一个表达“形式”的哲学概念了。在后面谈论水、土、火、气四类东西的时候，也是从种属意义上涉及 εἶδος 一词。

其次，柏拉图的“形式”，在纯粹意义上，就是四种立体，即四种正面体，作为水、土、火、气的内在的几何结构。在纯形式意义上的水、土、火、气（四种立体）把自己压在载体上，从而让载体拥有了一种形状（可以被感觉到），形成某一可感事物。所有的感性事物都是这样形成的。其中的“形式”来自于这四类几何结构。对照于无形无性的载体，所有可感事物都拥有某种形式，因而也就拥有某种性质。关于事物的形式和性质方面的讨论，可参阅康福特的注释，第 184 页注 1。总的来说，尽管事物的性质对我们理解事物很重要，比如，亚里士多德的形式质料因，但是，柏拉图没有展开这方面的讨论。对柏拉图来说，事物中的几何结构才是理解事物的关键所在。

这一点值得我们重视。εἶδος 一词在柏拉图的中早期作品中一直是一个重要概念，一方面指称事物的种属，另一方面也指称事物的原因。中文翻译有“理念”“相”等等，我自己则采用“理型”这个译名。在《国家篇》《斐多篇》《美诺篇》等对话中，εἶδος（理型）作为思想对象，虽然也有种属的意义，但更重要的是指称事物的原因。作为事物的原因，εἶδος（理型或类）当然就备受重视。

我们在本篇谈话中（48C）发现，εἶδος 作为事物的原因这一点被抛弃不用。失去了事物原因这一层含义，εἶδος 就是一个纯粹的指称种属的词，即类词。不过，柏拉图把水、土、火、气这四个类归为万事万物的总类，因而人们在理解上往往还会把 εἶδος 当作某种意义上的原因。也就是说，当我们把它们作为宇宙万物的原始几何结构时，还是会想到这四类东西的本原意义。不过，我认为，在理解这四类立体时，尽量避免归之为原因。这四种东西即是四个总类。在 51C 中，柏拉图谈论事物本身时特别提出一个有待解决的问题：“所说的理型”究竟是不是实有所指，或者只不过是一个说法而已？英语学界关于柏拉图在《蒂迈欧篇》中有多少“理型”问题有不少的讨论。我认为，这些讨论大都困惑于《蒂迈欧篇》和中早期对话对 εἶδος 的不同使用，未能充分注意理型几何化这一视角。这里就不展开了。参阅注 57 中的讨论。

55 柏拉图这里用黄金和黄金制品的关系来比喻载体和万物的关系，是要说明载体指一种无形无性的东西。我们也可以说，载体是事物的本来状态。这种说法类似于中国宋代哲学家张载的气本体论中的“气”的概念，就气聚而成万物，万物散而复归于气而言，气和万物的关系类似于载体和万物的关系。当然，这只是粗略的比较。柏拉图的载体并不包含张载的气所具有的阴阳相冲。张载对于万物的结构并不关心，而柏拉图更为重视的恰好是聚成万物的结构。也就是说，如果柏拉图见到张载，他极可能问的问题是：万物是在不同结构中聚集而成的，其中的结构才是我们理解万物的关键所在，那么，我们应该如何理解这些结构？

就事物的构成而言，柏拉图在此以前的著述中谈论的是形式（理型）和事物的关系。形式是模型，个别事物是摹本。然而，这里提出了载体。于是，要了解事物的构成就要考虑这三种存在：理型、载体和感性事物。简略来说，理型归结起来就是四种几何结构；当一个几何结构印在无形无状的载体上时，两者结合就产生个别事物。因此，个别事物包含了一定的几何结构和一定数量的载体。作为几何结构，其中的形式就已经不是在纯粹意义上的形式，同时也不是纯粹意义上的几何结构，而是作为纯粹几何结构的理型印在载体上的痕迹。形成个别事物之后，它拥有什么形式，就拥有什么性质。在柏拉图看来，理型（在几何结构意义上的水、土、火、气）是数学对象（可以归于一种思想对象）；感觉对象中的形式是不完善的；没有形式的载体不是感觉对象，却是实实在在的（也是在论证中呈现的对象）。这便是柏拉图在接下来的努力中呈现给读者的宇宙论。

56　对理型（四种几何化结构）、载体和个体事物三者的关系作如此理解，是首次在《蒂迈欧篇》中提出来的。有意思的是，这种理解避免了《巴门尼德篇》的第一部分对《国家篇》的理型分有说的批评。可参阅本书附录 2，第 4 节。这里由于引入了载体概念，个体事物的生成就不会导致理型被分割的逻辑结论。理型作为原型而压印在载体上；被压印的载体部分因而拥有一定的形式；于是，拥有形式的那部分载体就生成了一个个体事物。决定这个个体事物的仍然是理型，但是，个体事物的生成对理型的存在不会产生任何影响。于是，《巴门尼德篇》的理型分有说的逻辑困境得到了解决。关于这三种东西或三类存在的用词问题，参阅注 64。

57　这里涉及了“火本身”（τι πῦρ αὐτὸ ἐφ’ ἑαυτοῦ）和“事物本身”（αὐτὰ καθ’ αὐτὰ ὄντα）。在《国家篇》中，事物

本身和理型是在同一意义上使用的，作为思想对象，指称事物的原因。我们前面（参阅注 54）谈到，柏拉图在《蒂迈欧篇》基本上放弃了把 εἶδος 作为一个指称事物原因的哲学概念，而仅仅在种属意义上使用它。不过，这里确实出现了“所说的理型”（φάμεν εἶδος）这个提法，并把它和事物本身联系起来。但是，在行文中，柏拉图是以提问的方式提及“所说的理型”的，并带着中性态度。我认为，柏拉图实际上涉及了关于事物本身的两种提问方式：其一是种属意义上的原因。在他看来，这种提问方式是不合适的，因为种属不能成为事物的原因（如《巴门尼德篇》关于种属被个别事物分有而出现破坏自身同一性的论证）。其一是在几何结构意义上的原因。这便是《蒂迈欧篇》的思路。柏拉图没有否定事物本身作为思想对象，但否定了种属意义上的理型作为事物的原因。

也许，我们需要对“所说的理型”（φάμεν εἶδος）作一些语言分析。英文译文大都采用 intelligible Form 这种译法。我在 2003 年的译本中也跟随英译而译为“理智形式”。这个译法似乎没有充分考虑柏拉图在《蒂迈欧篇》中对 εἶδος 的使用。φάμεν 的原形是 φημί，有“我想”“我写”“我说”等含义。柏拉图此前的著作（《智者篇》等）中就已经开始放弃 εἶδος 当作指称原因的概念来使用了，现在却用 φάμεν 来界定 εἶδος，比较合适的解释是，这里的 φάμεν 不应该处理为“可理解的”这层含义；不然的话，等于要让 εἶδος 重新回归它在中早期作品中作为指称事物原因的哲学概念这一用法。因此，我这里采取更为中性的译法，意思是，这个 εἶδος 在此之前讨论了很多了。

58 这一段文字插入是有点奇怪的，柏拉图并没有在下文展开相关分析和讨论。就问题指向而言，如“事物本身”和“理型”问题，是和《巴门尼德篇》相关的。《巴门尼德篇》的第一部分对柏拉图早中期的理型论的批评是毁灭性的，认为理型（就其作为种属意义而言）不能成为感性事物的原因。而第二部分转向对各类理型（概念、范畴）的内在关系进行了相当深入的分析讨论。在其后的几篇相关对话中，如《智者篇》《斐莱布篇》等，柏拉图继续讨论这种概念关系。参阅附录1的讨论。如果 εἶδος 没有早中期的理型论所谈论的那种本原意义上的内涵，那么，这个词就不过是指称种属而已，从而可以把它们归为种属用词，即指一类事物，仅仅在语言上是有意义，比如，在 48E 中提到两类东西（δύο εἴδη，指思想对象和感觉对象）。就此而言，它们不指称任何思想对象。特别地，在载体概念和理型几何化思路上，作为事物本身意义上的种属（εἶδος）似乎就没有必要了。更多的分析和讨论请参阅注 57, 以及本书的附录 2。更为重要的是，柏拉图认为，感性事物的内在的几何结构才是理解的关键环节，而几何结构是通过数学研究来展示的。

59　这一段提出了"理性和真意见"的界定问题。首先，理性需要"教导"和"通过真论证"（μετ᾽ ἀληθοῦς λόγου）。论证是理性活动的主要工具，其目的是呈现造物者所造宇宙的秩序。这个秩序便是理性的认识对象，而不是感觉对象。也就是说，理性是在论证中进行的，而数学几何学的每一步都需要通过论证，因此，《蒂迈欧篇》的理性活动和数学研究是一回事。

和理性相对的是意见，柏拉图称之为"真意见"（δόξα ἀληθὴς）。这个组合词把意见和真这两个词联系在一起。柏拉图一直采用真理符合论，即主观认识符合对象。意见（δόξα）是关于感觉对象的知识。感觉对象是变动不居的，因而意见也是变动不居的。在中早期著作中，真理是关于变动不居的对象的知识，即关于思想对象的知识。然而，如果从真理符合论的角度出发，意见也可以提供符合感觉对象的认识。

这里提出的认识论问题值得重视。柏拉图提出的问题是：在感觉对象之外有没有思想对象？他的回答是肯定的。这个论证不难理解。柏拉图谈到，理性（νοῦς）所处理的思想对象，是稳定不变的，通过论证来呈现的；而意见（即使是正确的）

则是关于变动不居的感觉对象的描述。如果认识论上有理性和意见的区分，那么，认识对象就必须划分为思想对象和感觉对象。理性要处理的是思想对象。就这一点而言，事物本身之间是合理的。不过，这个事物本身应该从那个角度去谈论呢？在《国家篇》中，柏拉图区分了四种认识形式：关于理型的、关于数学的、关于感觉对象的，以及对现象的模仿。在理型几何化思路中，那个作为事物原因的理型（作为种属）不再起作用了，取而代之的是几何结构决定了事物的性质。当然，几何结构是思想对象。对于柏拉图来说，事物本身之间应该走向对存在于感性事物之中的几何结构进行数学研究。因此，柏拉图在《蒂迈欧篇》提出了三种认识对象：几何化理型作为思想对象（也是数学研究对象）、个体事物作为感觉对象（通过真意见来呈现）、载体作为介于思想对象和感觉对象之间的独特的认识对象（只能借助于结合理性和意见的认识方式来把握）。

60　“一类自身等同的东西”（τὸ κατὰ ταὐτὰ εἶδος）这个短语指作为事物本身的思想对象。由于这里出现了 εἶδος 一词，英译本大都把它作为专有名词或概念来处理，译为 Form 或 Idea。我在 2003 年的译本中，跟随英译本也把 εἶδος 译为“理型”了。不过，现在看来，这个处理是不合适的。如果是指理型，其中的 κατὰ ταὐτὰ 就有点多余。如果我们接受这个说法，εἶδος 在《蒂迈欧篇》已经不是专有的哲学概念了；并且，除了“所说的理型”（φάμεν εἶδος）这个特殊语境还有“理型”的含义之外；我要强调的是，这个 εἶδος 不过是指一类事物，或某个类。因此，我在翻译上也贯彻了这个观察。参阅本书注 54、注 57 中的相关分析。

61　这个第三种东西，柏拉图这里用 χώρα 一词。语言上，它指的是一个不占物体的地方，所以译为“空间”是合适的。柏拉图使用这个词不仅仅是一种类比说明，而且直接认为我们通常所看到的空间是充实的。在这个意义上，空间也就是载体。χώρα 的原意是容器，接受者，提供场所，通常用于指示那些能容纳人的地方。柏拉图用空间来指称载体虽然有类比说明成分，但他确实认为，万物都是水、土、火、气的相互转化；并且，转化就发生在载体中。就这个角度来看，载体完全可以在空间意义上去理解。在他的描述里，载体是无形无性的。对于这样一种存在，我们不可能通过纯推理的方式来论证。推理需要概念；但这载体无形无性，我们不可能通过它的形式性质来讨论它。但是，除了各种类比说明之外，柏拉图还是通过一些论证来呈现它的存在的。不过，因为不得不使用大量的类比说明，柏拉图总是觉得，这种说明以及相关推论不是纯理性的。所以他说，关于它的存在的推论不是纯理性的。不管怎么样，它的存在却是实实在在的。

在柏拉图看来，空间的存在特征也许有助于说明载体的存在状态。当没有任何物体占据时，空间表现出来的状态便是无形无性。然而，空间有时是充实的。虽然无形无性，但水、土、火、气的几何结构却可以和空间结合，而使被占有的空间表现为某种事物而有形有性。水、土、火、气作为几何结构在载体上的转化，便是万事万物的运动变化。因此，载体给水、土、火、气提供了转化的空间或场所。

除了 χώρα 外，还有两个与空间相关的希腊词：τόπος（指地方或场合），κενόν（指虚空或真空）。柏拉图没有用这两个词，显然有其用意。“地方”这个字太有限和具体，而虚空指的是虚无，无法说明载体的实在性。作为无形无性的材料，空间无疑是一个很好的说明词。德谟克利特的原子论认为，原子是在虚空中运动的，并在虚空中组合成各种结构而形成万物。原子论在界定虚空时，便是把虚空说成是没有任何原子。

关于古希腊哲学界对空间的讨论，可参阅吴国盛的论文《希腊人的空间概念》（《哲学研究》1992 年第 11 期），以及专著《希腊空间概念的发展》(四川教育出版社, 1994 年)。

62 柏拉图强调这三种存在是三个类，即纯形式的几何结构

（作为理型），无形无性的载体，以及这两者合成的个体事物。我想强调的是，柏拉图对个体事物的实在性的强调。比较一下，他在《国家篇》里把个体事物归为缺乏实在性的影子，通过分有理型而生成，缺乏自身的独立实在性。这里，他特别指出，个体事物是三种存在之一，具有独立的实在性。一方面，它拥有载体（材料）；另一方面，它在结构上拥有了自己的几何结构；这两者都是实实在在的。就其形成机制而言，作为纯粹的几何结构，它与无形无性的载体完全分离，通过映照载体而使载体拥有某种形式或结构，形成个别事物。在这种关系中，理型不存在被瓜分的问题，可以保持自身的完整性。载体则是一种新发现的存在。在柏拉图看来，正是这个载体概念解决了他以前的理型论所带来的困境。不难指出，柏拉图在《国家篇》和《蒂迈欧篇》中关于世界以及事物内在构成的看法有了相当大的不同。

对比一下原子论也许有助于我们理解载体概念。柏拉图的载体概念指称一种没有任何形式或结构的存在状态。在古希腊哲学史上，恩培多克勒的四元素说和德谟克利特的原子论都是在谈论结构上的原始状态。柏拉图批评过四元素说（参阅 48C），认为它没有找到真正的事物本来状态，因为这所谓的“四元素”本身是具有某种形状和性质的。但是，柏拉图对原子论没有直接点名。当然，就思路而言，他对四元素说的批评也适用于原子论。在柏拉图看来，一种无形无性的存在更有资格充当结构上的本来状态。如果一种存在具有某种形状或性质，人们就可以问它的形状和性质从何而来？比如，原子是有形状、有重量、有硬度、能运动等，原子的这些性质来源于何处？凭什么说这些性质从一开始就有的？在追究结构上的本来状态这个问题上，最简单的做法便是，把事物的形式结构一点点地消解掉，最后到达的只能是无形无性的载体状态。这样一种无形无性的载体存在当然也就不需要原子论的虚空设想。在原子论那里，虚空是为了界定原子而设定的，即原子需要虚空来分割。原子之所以是原子在于它在虚空中无法进一步地分割。如果载体是无形无性的，因而是连续的，那么，虚空就不存在了。或者说，虚空的设想是没有必要的，因为我们根本就不可能区分载体和虚空。

63 这个“界定者”（ὄν）在翻译上是争论不休的。英译大都采用 Being。就上下文来看，柏拉图用它来指称作为个别事物的形式结构的提供者，即几何化理型。载体是无形无性的，无法对个别事物进行界定，但可以提供材料性来源；几何化理型则是提供个别事物的形式和性质的来源。一个事物之所以区别于其他事物，在于它的形式和性质，几何化理型便是界定者。因此，我把这里的 ὄν 译为“界定者”。关于这个词的翻译问题，读者可参考我在《形而上学与西方思维》一书中对 ontology（系词论）的相关讨论。

64 从语言上看，柏拉图提到的三个词 ὄν、χώραν、γένεσιν 都是名词，指称几何化理型、载体、生成物这三种存在。康福特用 being、space、becoming 来翻译（其他译本大致相同）。其中 becoming 一词的翻译是有意模糊化，目的是避免这样一个矛盾：生成物或个体事物不可能在天空出现之前就有了。在这些译者的心中，用变化的或生成的（becoming）这种分词形式来代替生成物可以在解释上留有余地。就行文来看，柏拉图是在总结前面关于三类东西的讨论。但是，如果直译为生成物，并把它等同于万物，问题似可提出：万物的生成应该是造物者造天造地后才可能出现的，如何能说这三类东西“在天空产生之前就有了”？当然，理型（几何结构）和载体是永恒存在的，因为宇宙的生成无非是这两种存在的结合而已。但是，无论如何，柏拉图不会认为万物也是永恒存在。

我想可以从这个角度去处理这个问题。生成物和个体事物还是略有区别的。当纯形式刚刚压印在载体上时所形成的事物其个体性还是不明确的；就其已经压印而言，那部分载体就不再是本来状态，而是有一定形状的生成物了。作这种区分，我们就不难处理生成物在天空出现之前就已存在了这个说法，如焰化、液化、气化、土化等。当然，当生成者演化为万物时，那已是天空出现以后的事了。因此，我觉得还是还原它们的名词化形式，把 γένεσιν 译为生成物，指的是那些焰化或液化的东西。

65 δεξαμενῆς，接受器。指里头中空可以装东西的容器，如水缸等。

66 赫西奥德在他的《神谱》里对神的谱系进行追溯，一直到混沌之神，认为混沌乃是最原始的神。这种说法养成了一种流行观念，即把混沌当作宇宙的最原始状态。然而，柏拉图认为，宇宙的原始状态，或本来状态，即是无形无性的载体。于是，他就要回答这个问题：载体和混沌的关系是怎样的。柏拉图这里描述了从无形无性的载体如何转变为没有规则的混沌的过程。从语言的角度看，我这里使用了"化"字来翻译这个过程，即"液化""焰化"。但柏拉图没有想到用什么特别的字来描述这个过程。他只是说，水的样子出现了，火的样子出现了，等等。就这一段话而言，我喜欢乔维特的英文翻译："moistened by water and inflamed by fire"。作为比较，康福特的英文太强调"化"的被动过程："being made watery and fiery"。如果是被弄成水或火，人们就会问，谁把她弄成水或火？康福特的译文隐含了造物者参与了载体向混沌的转化过程。但是，我们接下来马上读到，混沌状态是造物者尚未参与进来时的宇宙状态。

欲理解这个过程，我想首先要注意的是，就混沌乃是有水、火、土、气的样子而言，它就已经丧失了其本来状态，而是一种生成物了。但就这一点而言，它们并没有经历完整的理型压印过程，因而我们在谈论它们时并不是在完整意义上的水、火、土、气。另一方面，柏拉图指出，在载体之外有理型存在。载体和理型是共存的。然而，载体是空间；它存在于自身之中。但是，理型存在于何处呢？柏拉图从未谈论这个问题。很明显，问题的提出方式本身隐含了理型的空间形式，而柏拉图的空间（载体）和理型是截然分立的。柏拉图认为，理型是非空间的存在，是一种思想形式的存在。柏拉图在谈论理性时，总是在强调它的全面渗透性，如他在谈论灵魂（理性）的工作时，指出："它的知道对于同和异来说都一样是真的，来自于无声无息的自我运动。只要是涉及感性物，和运动中的异的圆圈，整个灵魂都会触及，所形成的意见和信念都是确切真实的。"（37B）从这个角度看，在柏拉图的理解中，即使造物者还未参与进来，因着理型的渗透性，载体还是可能受到作为理型存在的水、火、土、气的影响而出现水的样子，火的样子等等。因此，我认为，乔维特的译文"被水液化，被火焰化"是准确的。不过，从中文的角度看，"被水液化"听起来有语赘的感觉，所以，我只译为"液化""焰化"。

柏拉图接下来讨论理型问题，即一套几何学理论。在他看来，这套理论对读者来说是闻所未闻的，尽管在学园内部也许有过不少的讨论。他这里指出的"有关学科"指的是数学研究。有记载说，柏拉图在他的学园大门上注明：不懂数学莫进此门。因此，他认为，数学是哲学的基本要求。Heath 对这一原则在数学研究上的重要性有很好的讨论。参阅他的《数学史》（Sir Thomas Heath, *A History of Mathematics*, New York: Dover Publications, Inc., 1981），第 24 页。

67 柏拉图提出了一个新的本原论，这是理型几何化后的一个值得注意的努力，即把人们的注意力引向对几何学进行纯粹的几何学研究，并在几何结构中找到原始图形。在柏拉图学园中，几何学研究是显学。几何学是讲究定理演算的。柏拉图这里通过几何学研究建构了一种建立在两个原始三角形几何学体系，认为我们可以从两个直角三角形出发来理解水、土、火、气，进而去理解宇宙万物的形成。据此，他把它们归为原始三角形。

我们分析一下这两个直角三角形：一个是等边三角形的一半所形成的直角三角形，一个是等腰直角三角形的一半所形成的直角三角形。毕达哥拉斯主义者十分重视这两个三角形，因为它们会出现 $\sqrt{2}$ 和 $\sqrt{3}$ 这两个无理数。相传这两个无理数被发现之后，在毕达哥拉斯主义数学研究团体内部引发一场巨大的震动。毕达哥拉斯认为，本原是数，强调每一个事物的存在及其性质都是由数来决定的。因此，数学研究乃是认识万物的根本途径。在这种思路中，通过数学研究来把握万物，包括人和社会，就可以使自己成为宇宙的主宰者。当他深入研究数学之后，发现其中的奥秘太深，因而组织了一个严密的团体来研究数学。对应于万物的数都是有理数。然而，当他们发现了 $\sqrt{2}$ 和 $\sqrt{3}$ 之后，感觉像是遇到了两个怪物，无法将它们归为任何事物，所以称之为无理数。同时，为了不让这个怪物出来破坏宇宙秩序，他们严格要求团队成员禁止泄露这个发现。后来，某位成员泄漏这个秘密，团队因此淹死了这人。$\sqrt{2}$ 和 $\sqrt{3}$ 被发现之后，在毕达哥拉斯团队中一直是挥之不去的困惑。

柏拉图也是在这个困惑中思考的。他充分注意到这两个无理数的特殊性，进而把它们归为宇宙的本原。作为本原，它们当然不同于万物，于是“怪物”之说就可以得到了很好的解释。这里，柏拉图一方面对毕达哥拉斯数学研究团体关于 $\sqrt{2}$ 和 $\sqrt{3}$ 这两个无理数的发现予以充分的肯定，另一方面也为他自己以及在学园中的同事们在这两个无理数中找到了宇宙本原而感到十分兴奋和骄傲。这种得意之情，我们可以在这种语言中感受到：“如果谁在检查这个问题时发现我们弄错了，那他会得到崇高的敬意。”（54B）

68 我们需要对柏拉图的数学研究方法有些讨论。柏拉图在51E—52A 中提到纯形式作为思想对象。柏拉图对感觉对象和思想对象之间的区分有比较明确的意识。在涉及那个为感性事物提供形式结构来源的几何化理型时，柏拉图认为它是思想对象，因而需要对它进行纯数学研究。这种研究是和感性事物没有关系的，或者说，作为数学研究对象的几何化理型和存在于感性事物之中的形式结构（作为意见的对象）是两类完全不同的认识对象，不能混淆。

这种数学研究方法摆脱了毕达哥拉斯学派企图在感性事物里寻找完善的数从而不得不依靠感性空间位置的思路。正是柏拉图的数学研究方法论的突破，数学研究从此进入一个新的阶段。这个方法论上的差别需要特别注意。关于毕达哥拉斯和柏拉图在数学研究上的差异性，以及这差异性对数学研究的意义，可参阅 Lawlor 的《神圣几何学》（Robert Lawlor, *Sacred Geometry,* New York: Crossroad, 1982），第 7 页。康德对这一点十分看重，认为这是数学所以立足的起点。他在《纯粹理性批判》第二版序言中提到：“当第一个人演示等边三角形时，不管这人是泰利士还是其他人，那是一道崭新的思想闪电。他发现他需要做的不是依据他所看到的那个图形……而是依据他对客体的思想来造一个这样的图形，并借助于在先的概念来（在构造中）表现它。”（参阅 Immanuel Kant, *Critique of Pure Reason,* tr. P. Guyer and A. B. Wood, Cambridge, 1998，第 108 页。笔者中译。）康德不敢肯定这人是谁。就我们接触到的文献而言，我认为，康德所说的这个人应该是柏拉图。这段文字可以作证。

69 历史上看，柏拉图这里提出的几何学是最早的几何学体系。关于柏拉图采纳这个体系的根据，我想有以下几点值得注意。

首先，柏拉图采纳这个几何体系跟 $\sqrt{2}$ 和 $\sqrt{3}$ 相关。无理数的理解问题是困扰毕达哥拉斯数学研究团体的大问题。如何理解它们在整个数学中的地位是一个不能忽视的问题。柏拉图的几何体系在本原位置上安置了它们，这就在根本上解决了毕达哥拉斯之惑。

其次，柏拉图反复提到，由这两个原始三角形所构成的立体最完善，因为这些立体都是正面体。作一点引申性理解，我认为，这里的完善性主要指它的简单性，而它的简单性来源于人的直觉。简单性是不可论证的。因此，当柏拉图邀请人们提出更完善的几何图形时，更多的是从美感的角度出发的。正面体在简单性和美感性上一目了然的，并不需要进行论证。寻找一种简单而有美感的几何学体系，是柏拉图学园的数学研究的主导性追求。这种数学追求通过一些离开学园而来到亚历山大里亚的学园成员，直接影响了欧几里得，并导致了欧几里得几何学的出现。

再次，柏拉图对数学（包括数论和几何学）的美妙性和复杂性怀有敬畏之意。数学的美妙性使他从未失去对数学的兴趣。柏拉图把数学当作宇宙的本质，并把它当作思想对象而进行纯形式的研究。这个方法论进一步展示了数学研究的魅力。柏拉图自己为数学 - 几何学的奥秘所慑服，不敢贸然声称他的体系就是最好的体系，要他的弟子们完全接受。相反，他不断邀请他的学生寻找更完美的体系。这种对数学的感受，我认为，乃是柏拉图学园里的数学研究久兴不衰的原因，也是西方思想史重视纯数学研究的动力所在。

70　　三个可转换的立体，指火、气、水，由不等腰直角三角形（等边三角形的一半）构成。土则由等腰直角三角形构成，所以和前面三类立体不能相互转换。亚里士多德对柏拉图的这种想法不以为然。他认为，把这四种东西归为四种几何立体缺乏足够的道理，因而无法接受柏拉图的这种几何化理型论。在这个问题上，亚里士多德主张性质说，即认为物体都是由其功能、特性和能力来界定的。他把性质归为四类，并以它们为原始性质，即冷、热、干、湿。这四种原始性质的不同组合便产生万物。这些性质之间的相互转换导致不同物体的产生。也就是说，万物在性质上是可以相互转换，而不像柏拉图所说的只有三种由同等三角形构成的物体之间才能，而土的转化却被排除在外。关于亚里士多德对柏拉图的这一批评，可参阅他的《论天体》306a2—307b22。后来的炼金术基本上是按亚里士多德的思路来找到使其他事物变成金子的途径。

71　　合成等边三角形的过程如图所示：

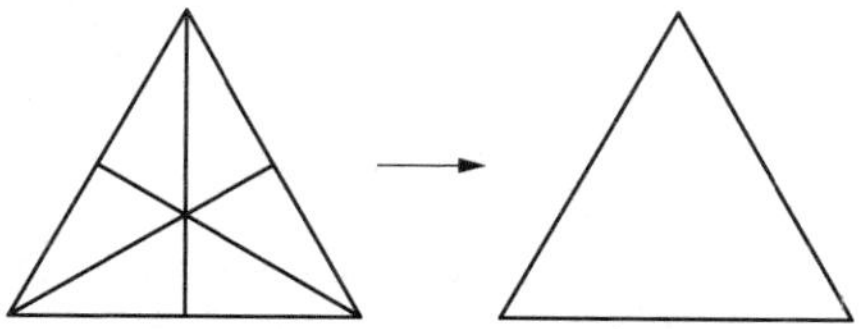

可以看到，合成这样一个等边三角形只需两个大小相等直角三角形就行了。柏拉图对此也很清楚，所以，在 54A 中他提到两种原始三角形时便用了这样的语言：“我们认为这样一个三角形是压倒性的完善者，即两个这样的三角形加起来正好成为一个等边三角形。”但是，柏拉图为什么要用六个这样的三角形来合成呢？康福特认为人们对这一点未能有很好的解释（参阅《柏拉图的宇宙论》，第 234 页）。我认为，原因在于柏拉图要对这个三角形的中点加以定位。对于他来说，中点是同的运动的依赖点；这些三角形能够合成一个图形乃是因为这个中点的存在。或者说，没有中点就无法形成同的运动。

72　火的几何结构是正四面体，如图：

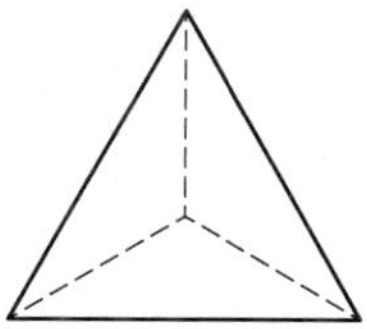

73　气的几何结构为正八面体，如图：

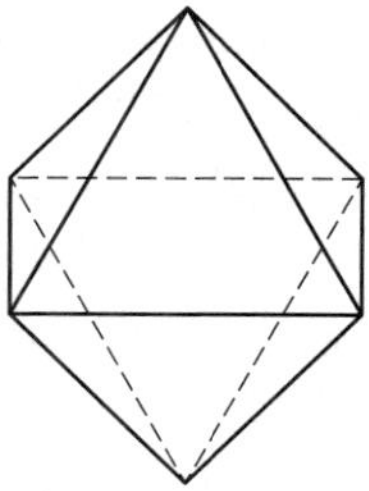

74　　水的几何结构为正二十面体，如图：

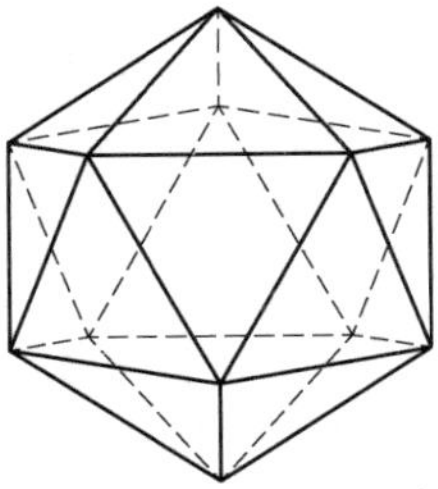

75　　土的几何结构如下：

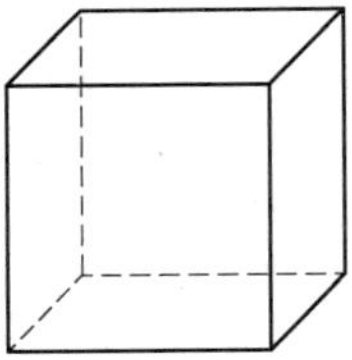

柏拉图为什么用一种不同类的三角形来作土的立体结构，人们从一开始就对此有争论。但从另一角度看，柏拉图提出正方体乃是因为他无法忽略另一个无理数的存在。正方体是由等腰直角三角形的一半那个原始三角形所构成的。两个无理数都是本原。不过，正方体无法和其他三种正面体相互转换。

76　　这第五个立体没有展开论述。柏拉图没有具体谈论它的合成机制。在翻译上我采取康福特的译法。康福特加了“作为动物体的原型”（making a pattern of animal figures）这一句，理由是原文有“διαζωγραφών”。这个词也可以译为“使它作为各种颜色的原型”（giving it a pattern of various colors）。康福特认为这里不是讨论颜色的地方。实际上，当柏拉图讨论整体的时候，乃是指整个宇宙；而谈论宇宙时，指的是生命体，即能够自己运动的存在。参阅《柏拉图的宇宙论》，第 219 页。这第五个立体乃是指动物、生命体或灵魂的原型，我认为是可以接受的。

这第五个立体的结构是什么？人们注意到，柏拉图谈到了正四面体、正六面体、正八面体和正二十面体，但显然漏了正十二面体。正十二面体不能从柏拉图的两种原始三角形中产生出来。如图，正十二面体由十二个正五边形合成：

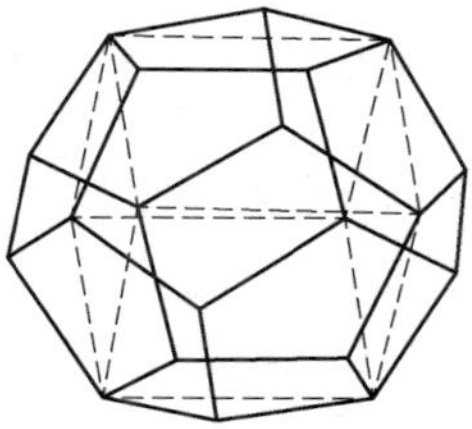

正五边形不能分解为柏拉图的两种原始三角形的任何一种。柏拉图在这里可能感受到了阻拦：球体如何从两个原始三角形中形成？显然，从正十二面体出发是可以推演球体的。但是，这个推演无法和两个包含无理数的原始三角形联系起来。柏拉图虽然对正十二面体的形成了如指掌，比如在《斐多篇》（110B）中，他就提到用十二块皮（正五边形）来拼成一个球，但在他这里的几何学基础讨论中，正五边形没有地位。也许，这是柏拉图的几何学体系的一个漏洞吧。

77 问题是针对五种立体作为原始立体或最大的类而发的。这五种立体在柏拉图看来是作为模型来参与宇宙生成的。因此问题在于，是否只需要其中一种就足够了，从而我们至少可以造五个宇宙？还是这个宇宙需要五种立体的共同参与才能完全？比如说，泰利士认为单凭水就能生成万物，阿那克斯曼尼认为这单一本原是气，赫拉克利特认为是火。要是有人说是土，那也不是奇怪的事。然而，柏拉图强调，它们作为原始立体是共同参与宇宙生成的。

为什么说那些提问“宇宙的数目是有限还是无限”的人乃是不了解问题因而需要多多受教呢？因为这种问题是从原

子论的框架里出来的。在德谟克利特看来，宇宙的基本单位是大小不一形状不一的原子。这些原子的组合可以是无限多样的。因此，问题就可以提出，我们现在所看到的宇宙是唯一的呢，还是无限多的宇宙中的其中一个？柏拉图认为宇宙的生成是造物者按完善性要求来进行的。这是一个目的论宇宙论。而德谟克利特的原子论则完全不谈宇宙生成的目的问题。这里的对抗，并不是一个可以彼此讨论、彼此融合的问题。毋宁说，这两种宇宙论是在不同的出发点上。就现有的材料来看，德谟克利特似乎没有对原子的形状加以研究分类。或者说，他对它们没有进行数学研究。这也许是柏拉图不满意德谟克利特的主要原因。从另一角度看，德谟克利特说基本单位是原子，原子有大小、形状的区分。柏拉图完全可以说，我们来推进德谟克利特的原子说，对它们的形状加以分类，等等。但是，由于在目的论还是偶然论这个根本问题上，柏拉图完全无法认同德谟克利特，以至于根本没有讨论余地。这桩历史公案需要有更多的讨论。

78　指它的构成所需要的原始三角形的数量最少。就大小而言，正四面体最小。柏拉图在这里提到“轻”这个概念。严格来说，他的意思是，正四面体的角最尖，运动时最少受到阻力，因而最轻。这里的轻重概念只是在这极狭小的意义上说的，和我们通常谈论的物体重量（在空间上的重量）不是一回事。柏拉图的意思并不是说，这些原始三角形是有空间重量的。关于空间重量问题，稍后柏拉图有专门的讨论。

79　柏拉图给出了四种立体的归属：土的立体图形是正方体，火的立体图形是正四面体，气的立体图形是正八面体，水的立体图形是正二十面体。他强调，这种分配是由“严格推理和相似解释”（κατὰ τὸν ὀρθὸν λόγον καὶ κατὰ τὸν εἰκότα）来保证的。在理解上，严格推理和相似解释是两种解释途径。“严格推理”指的是这些立体的设定是有数学根据的，在两个原始三角形中通过演算而推论出来的。“相似解释”则指，一方面，造物者在造宇宙时所选择的数学模型是我们这些被造者不能完全确定的；另一方面，我们是从观察的角度来谈论这些立体之间的归属关系，带着某种我们的主观态度用土、火、气、水来对四种正立体命名，因而不能完全肯定我们所给出的说法就是唯一的真理。把这两种解释途径并列在一起，柏拉图似乎有点底气不足。

也许，我们可以略为扩展一下关于这两种解释途径之间的关系的讨论。“严格推理”属于纯数学的，具有确定性；“相似解释”属于经验解释，具有不确定性。它们能否合为一体从而提供肯定性的结论呢？把数学推论和经验解释结合为一种认识方法，我们在伽利略（1564—1642）的数学—实验方法中看到了一个实例。伽利略究竟是在柏拉图的这个说法中得到启示，还是说伽利略的科学方法论有其他来源？这是一个很有意思的思想史问题。有一点可以肯定，伽利略是一个柏拉图主义者。参阅 Alexadre Koyré 的文章《伽利略和柏拉图》，载于《形而上学和量度问题》（*Metaphysics and Measurement,* London: Chapman&Hall, 1968）。Koyré 对柏拉图的数学思想在伽利略的物理学研究的关键性地位进行相当深入的考证。简略而言，伽利略接受了柏拉图关于宇宙万物的本质是数这一说法，认为我们要对宇宙万物进行真理性认识，就必须对它们进行数学研究。进一步，为了检验我们关于物理的数学认识是否正确，我们需要通过实验来验证我们的知识是否正确，即在实验中重复我们的数学知识。如果实验结果（或回答）和我们关于它们的数学知识吻合，我们就可以宣布我们的知识的真理性。如不吻合，我们就需要进一步研究。可以看到，在伽利略的思想中，“严格推理”和“相似解释”是可以合为一体的。从柏拉图到伽利略是有某种思想上的传承的。当然，柏拉图的相似解释离实验概念还相去甚远。基本上，相似解释仅仅是在某种理论框架中观察经验对象，并不追求满足实验设计，控制外在条件，强迫对象作出回答这些要求。

80 柏拉图从这里开始讨论与载体结合在一起的立体，即不是纯形式的立体。这是从载体—理型走向感性对象的开始。在他看来，现实的水、土、火、气（纯形式立体影印在载体上）是完全由纯形式的立体来决定。因此，我们在下面的文字中会读到，柏拉图好像是在谈论纯形式的东西，其实是发生在感性事物的变化。柏拉图省略了纯形式立体如何影印在载体上这一过程的讨论。

81 这里的转化可以用数学来计算，因为火、气、水三者的三角形是相同的，而且它们的结构是规则和固定的。不难注意到，柏拉图关于火、气、水之间的相互转换的说法，都有相应的观察事实作为基础，尽管这些观察事实缺乏精确度。但是，人们可以提出这样的问题：一个水被分解后的重新结合能够真的产生两个气和一个火吗？从观察上看，在煮水时，火加热使水分解于气中，气是热的因而有火在其中。但是，我们如何能够在量上对热气中的气和火的比例加以确定呢？比如说，我们能不能对这种量上的转化进行控制从而给出定量测量呢？柏拉图没有这种定量实验的想法。

从另一角度看，这种定量实验的设计是十分困难的。当伽利略提出数学—实验方法后，柏拉图的数学思想受到极大的重视。上述关于火、水、气之间转化的说法导致了当时科学界的“热素说”。这个理论认为热乃是一种热粒子或热素（calorie）。柏拉图的火就是这样一种有正四面体结构的穿透力极强的粒子。热素说在欧洲科学界一直盛行，直到18世纪末。大化学家布莱克（Joseph Black, 1728—1799）甚至给出了热素计算方式。参阅 Peter McIntyre, *The University Portraits: Joseph Black*（Edinburgh, Edinburgh University Press, 1957）。这一计算方式现在仍然在食品学的热卡计算上使用。科学家在数学—实验上对热现象给出准确的定量研究是在人们发现热是一种能量形式以后的事了，即热力学定律。

82 在均同状态中没有运动是一个观察事实。比如，静止的水和气都可以提供例证。打破均同状态的唯一办法是引入不均等性。换句话说，不均等性是运动的起源。从思想史的角度看，这一物理运动命题是柏拉图首次提出来的。为了解决运动的起因问题，阿那克萨哥拉和恩培多克勒分别提出心灵和爱恨作为运动的原因。这种做法把物理运动问题和精神问题混在一起了，结果无法很好地说明物理运动。德谟克利特把原子运动看作是本身固有的，并提出“虚空”作为原子运动的场所。这里，德谟克利特的原子在虚空中是不均等的，因而在他看来运动不是问题。但是，我们所看到的德谟克利特残篇没有对运动问题作特别的讨论。在此之前，柏拉图在谈到运动时，强调造物者把灵魂作为运动的原因。这些讨论适用于生命体运动。然而，纯物理运动是如何发生的呢？柏拉图说，这是由于不均等性。

关于这不均等性的起源，柏拉图说他已经谈过了。我们在前面的讨论里读到至少三种关于不均等性的讨论。第一种讨论认为，神按数划分宇宙并按美的原则把比例给了宇宙（参阅造物者制造天体，制造灵魂和分配灵魂的讨论29E—47E）；同时，这种划分带来了不均等性。不过，在柏拉图看来，神和灵魂带领的方向是走向有序化，和这里谈论的运动（有序和无序兼有）不同。另外，柏拉图的造物者不是在无中生有地制造东西。比如说，造物者在造宇宙时用了火和土（参阅 31B—32A）。当火和水出现时，不均等性已经在那里了。而且，把运动原因归于神（或灵魂），所给出的解释就不是纯物理解释。第二种看法则把不平等起源归于原始三角形的形状大小。即使所有原始三角形的大小都是一样的，运动仍然是可能的。设想同样大小的三角形构成的火、水和气；当水在火中和气在火中时，运动就不可避免。这里，我想提出第三种说法，即柏拉图关于运动起源的讨论应该指的是 52E—53A 中：“变化的养育者先是液化、焰化，并有土和气的样子，以及伴随而来的各种性质。于是，有彼此不相似，也不相等的能力不均匀地分布在各处。这种不平衡导致她的晃动；而她的晃动反过来又推动更大的不平衡。这样的运动使拥有各种性质的部分彼此分离，就像用簸箕或其他筛选谷物工具筛物一样，密者重者一边，疏者轻者另一边。”不难发现，在柏拉图看来，最初的不均等性起源于“化”：由于“化”，均同的载体就开始出现不均同，载体就转化为混沌，从而运动就出现了。在载体开始“化”时，造物者尚未开始活动，四种立体（纯形式）尚未压印在载体上，尽管这两者都已经存在了。因此，这个“化”乃是最初出现的运动。

83 柏拉图这里所说的循环圈指宇宙的圆形。值得注意的是柏拉图对真空的否定，虽然他并没认真处理真空问题。我们看到，柏拉图提出载体即空间。载体是事物的本来状态，是当立体（纯形式）尚未压印其中时的无形无性状态。也就是说，当立体未被压印时，宇宙内就有空间存在；当它的每一处都被压印时，空间就被占满了。因此，柏拉图这里说的“不留空间”指的是载体的每一处都被压印了。然而，尽管空间已被充满，但是，由于其中的不均等性，运动仍然是可能的。这一对运动和空间关系的理解，正好和德谟克利特的原子论把虚空看作原子运动的必要条件的假设完全相反。根据这一思路，亚里士多德在《物理学》的第四章对真空的不可能性给出了详细的论证，并最后引申为“自然界讨厌真空”原则，成为他的物理学的重要原则之一。

84 原始三角形的不等性如何导致同类立体的多样性呢？简单而言，光的结构是完美的；这意味着组成光的三角形大小一致。余烬只是散发出热，因而它的结构是不完美的，组成它的三角形有大有小。柏拉图从物体内几何结构的不同来解释同类物体的差异性，就物理学的角度看其方法论上是颇有新意的。但是，在解释上，由于没有实验的支持而无法给出量的描述，所以，他的一系列说法就显得特别武断。我们可以问，我们凭什么说组成光的三角形大小一致，而组成火焰的三角形大小不一？不难发现，柏拉图在解释时引入了另一条原则，我称之为美学原则。也就是说，在他看来是美的、好的、悦目的，其组成三角形的大小是整齐的；而那些丑的、难看的、令人讨厌的就必然由大小不一的三角形组成。以下关于水的种类的讨论也是采取这一原则。参阅《柏拉图的宇宙论》，第 247 页。

85 “黄金苞”，在康福特看来，可能是指一种钻石，参阅《柏拉图的宇宙论》，第 252 页。我想柏拉图在这里谈论的都是一些比较常见的物质，因而不会提出某种少见的钻石来作解释对象。因此，更可能的是，“黄金苞”即是指黄金矿，乃黄金形成的初级阶段。

86 这里提供的关于在变化世界中的个体事物的分类和转化的几何学解释被称为“相似解释”，它和关于永恒的知识是不一样的。人们或者会提出问题，两者究竟有什么关系呢？柏拉图在这里没有直接回答这个问题。不难发现，柏拉图的认识论从早期的“回忆说”（《美诺篇》《斐多篇》等）开始，到《国家篇》中的知识四分法（即模仿、意见、数学、理型四种类型的知识形式），到《泰阿泰德篇》对真理标准的讨论，《智者篇》提出事实对学说的判断作用，然后是这里的所谓“相似解释”，其中的发展变化显而易见。简单追溯这里的发展线索可以帮助我们理解柏拉图在这里为什么煞费苦心地解释各种感性事物。

我们在前面的有关注释里已经谈到，柏拉图借助“相似”二字而回避了真理标准问题。这一回避给他带来了相当大的解释空间。也就是说，他不需要不断地回答人们关于真理问题的追问。既然是“相似解释”，只要人们不能提出更好的解释，我们就按这种解释。但是，“相似解释”并不是随随便便的解释。在柏拉图的心目中，作为一种对宇宙的认识，“相似解释”有真理性，只不过是因为我们的有限认识能力无法对它给出最终判断而已。而且，在他看来，人们接受一种“相似解释”还是拥有一些固定指标作为参照数的，比如，他在几何学研究上的简单性原则和美学原则便是其中的两个指标。当然，要了解这两个指标就必须懂数学。

而且，柏拉图在《智者篇》（240A—B）还提到另外一个指标，即“事实”在真理判断上的重要性。“事实”包括我们经历过的事件和观察到的现象，一种学说的确立不能违背事实，或者说，它必须解释事实。从这个角度看，“事实”在认识论上的地位就显得特别突出了。

柏拉图的“相似解释”对现象界的重视，按《智者篇》的思路，乃是顺理成章的事。换句话说，柏拉图的“相似解释”放弃了《国家篇》中在认识论上对现象界的轻视。

在本篇对话中，现象界是受到重视的。“相似解释”就其内容而言，主要指柏拉图所建构的几何学体系。如果人们要去研究永恒的存在，他们可以去对几何学作纯数学研究。如果有人提出一套新的几何体系，我们可以首先通过简单性和美感性原则来判断其优劣，进而看看它对事实的解释力。换句话说，任何一种新的几何体系如果要成为优胜者，就必须是更简单和优美，也更能解释现象界的事实。再简单优美的学说，如果不能解释事实，就会被“生活的事实”所推翻，如智者们所编造的各种论辩一样。从这一点上看，在“相似解释”的名义下，柏拉图从解释的角度对两种认识对象的划分和联系给出了新的理解。一方面，任何个别事物的形状和功能都是由它的内在的几何结构所决定的。我们对这些几何结构的认识是通过纯数学研究来达到的。另一方面，当我们根据这些数学知识来对这些现象给出“相似解释”时，我们就不是给出不确定的意见，因为它是能够解释事实并和事实相符的。一种几何学知识是确定的，而不是随便变化的意见，因为它能够解释事实。这样的知识属于真意见。总结起来，柏拉图认为，“相似解释”不是完全的真理，却拥有真理性。

87　康福特认为这种暗色的东西指的是火山岩浆。参阅他的译文。不过，他对此也不肯定，因而加了一个问号。其他译本大都用不确定的说法。

88　参阅《伊利亚特》，9 章 214 节。

89　土的固化过程参阅 60B—C。

90　　水的固化过程参阅 58D—59E。

91　　柏拉图没有讨论过气的固化过程，但在前面讨论各种固化过程时常提到气被挤压后而形成强大的冲击力。从这个角度看，气在被挤压的过程中不会被分解，而是形成一种冲击力量。当然，如果出现分解的话，那一定是分解为构成自身的原始三角形。这种现象被理解为“分解为自身元素”，即气的内部交换过程。

92　　关于不朽的灵魂，柏拉图已经给出了一些讨论。在 42A—45B 中，他描述了造物者播种不朽的灵魂，以及灵魂的可朽部分的生成过程。从 45B 始到 47E，他对眼睛的构造和视觉的形成作了一些说明。

93　　宇宙如何分配火、水、土、气的领域？亚里士多德在他的《论天体》（第二章）中有这样一种说法：土在中心，其外层为水，再外层为气，最外围是火。亚里士多德这样说是要支持他的地球为中心的论断。康福特认为，结合 58A—C 的说法，这一阅读是准确的（第 265 页）。然而，我们在前面讨论地球的位置（见 40C 及其注释）时已经指出，地球虽然离宇宙中心轴最近，但不是宇宙中心。而且，地球是一个行星（参阅 39B—C），就其质地而言，它和其他行星也许并无区别。也就是说，充其量地球不过是许多土堆之一。所不同的是，造物者在把太阳点着了（见 39B）。当然，从地球居住者的角度出发，我们可以把地球当作中心。但是，对于一个在火堆（如太阳）里的存在物来说，火是有重量的，而其他种类的存在则是轻的，向“上”的；因而对这一存在物来说，他所在的火堆是中心。如果亚里士多德是从我们生活在地球上因而应该从地球人的角度来谈论宇宙的构成，说地球是中心是说得过去的。但在亚里士多德的理解中，地球从宇宙整体的角度来看是中心，因而也是土在宇宙中的分配领域。因此，亚里士多德谈论的是他自己的想法，而不是解释《蒂迈欧篇》。

　　柏拉图认为四个原始立体或四类东西在宇宙中有它们的

分配领域，却不强调研究它们的具体位置。我想，可以作这样的理解：柏拉图认识到这个问题并不是靠假设推论所能解决的。如果我们能够到宇宙的各处走一走，简单的观察就可以弄清楚它们的领域分配。但是，我们无法这样到处走，因此就不必对此作无谓的努力。这个问题到此为止。

94　　柏拉图在《斐莱布篇》从概念的角度对痛苦和快乐给出许多讨论，其主要原则便是常态被扰乱则为痛苦，恢复正常为快乐。比较而言，本篇运用他的几何学原则对痛苦和快乐所作的解释显得简单明了。

95　　希腊文中的 χυμός 既指味道，也指拥有味道的“汁”。柏拉图在 59E—60B 中在讨论水的种类时涉及了 χυμός，乃是从后者即“汁”的角度上看的。在 60E 上，柏拉图还提到盐（作为一种土）的味道。因此，在柏拉图的用法中，χυμός 作为味道的指称其范围比“汁”大。

96　　这里关于酸的讨论并没有像前面的讨论方式那样涉及身体感觉和客体作用。柏拉图观察到一些酸反应，如起泡和发酵过程。因为这些物质放在口中会有酸的感觉，在柏拉图看来，引起酸觉的机制和酸物质在水中的反应过程是一致的。

97　　参阅 80A。

98　　柏拉图对颜色的解释是相当独特的，他从他的元素几何说的角度来解释白和黑的产生，这种解释在理论上的前后一致性还是比较明显的。但是，当他转而解释各种颜色的产生时，其理论一致性就不那么清楚了。康福特在谈到这一点时指出，柏拉图谈论颜色的生成在方法论上出现变化，即不再用火微粒来解释颜色的产生。参阅他在他书中第 278 页的讨论。然而，我们仔细阅读柏拉图的讨论，发现，柏拉图还是遵守了理论一致性原则的。我们可以这样来读：火是作用者，作用于眼睛而产生颜色。火有各种各样：使视线放大者产生白；使视线压缩者产生黑；一种能够进到眼球而与其中湿气相混的火则产生红。强光和闪光会产生各种颜色的混合，即眼花。这里，白、黑、红是三种基本色，其他颜色都由此生成。比如说，橙色是由强光和红白两色生成的。它的生成机制是这样的：两种火（放大视线的火和产生红色的火）在强光之下发生混合而产生一种火微粒；它的压缩度或放大度达到一种程度时，所产生的颜色称为橙色。因为火的种类很多，强度不一，它们的压缩度或放大度也不一，由此产生的颜色也就不同。不过，柏拉图认为，这里所说的“度”对于人来说是很难测度的，是神才会知道的知识。

99 这里提到实践检验问题。在《蒂迈欧篇》中，柏拉图虽然从纯理论的角度来讨论他的宇宙论，但他并不是只谈理论。在他看来，他所提出的这套理论不是从经验观察中总结出来的，而是从理论的完整性和美满性的角度来推演的。然而，这并不是说，这个理论对所观察到的世界是无关的。在59C—D中，他指出，用他的这套理论来解释感性世界的事物是有意义的。当然，每一个哲学家在提出一种理论时都会用他的理论来解释感性事物。不能说明感性事物的理论是不可理解的。但我们也注意到，哲学家在解释事物时往往是举例子，也就是说，解释事物是为了帮助听众读者来理解理论。然而，柏拉图在这里却不仅仅是举例子。他不需要通过例子来帮助读者理解他的宇宙论。相反，他认为他的理论自身是圆满的，可理解的；倒是感性事物需要借助他的理论来解释。他从他的带有数的量度的理论构架出发，力图前后一致地解释每一种感性事物，并尽量给出量的规定。这里，理论是在先的，感性事物是被解释的对象。这一方法论在思想史上具有深远的意义。

就思想史而言，从巴门尼德开始，人们就不断在谈论感觉的不稳定性。芝诺通过“飞矢不动”这样命题和论证来否定感觉的可靠性。柏拉图的《国家篇》则从认识论的角度把这种谈论方式推到了极端。在那里，世界被一分为二：感觉世界和理型世界；只有理型世界才是真实的，而感觉世界是模仿和分有了理型世界，缺乏自身的真实性。如果感觉世界是不真实的，它在认识论的地位就无足轻重了。这里，柏拉图提出了三种真实的存在物，理型、载体和个别事物。其中的个别事物属于感性对象。从他的几何化理型论出发来解释感性世界，甚至努力从定量的角度来理解感性事物，显然，感性世界就不再是不真实的了。柏拉图思想的这一转变是需要特别重视的。事实上，柏拉图对感性世界的重视，从篇幅上看，不亚于他建构理型论（几何学结构）的用心。当柏拉图用定量的理型论来解释感性事物时，这些感性事物就不再是变化不定的不真实的事物。相反，它们真实性不低于那些立体（理性对象），因为理性对象和感性对象在同一种理论中被解释了。这种重视感性现象的倾向显然影响了他的学生亚里士多德，以及以后的哲学家，对感性事物的研究兴趣。

感觉的真实性，在柏拉图看来，在于它是被理论解释过了的；也就是说，它们在解释中被赋予了理论的真理性。这样一种在理论真理性中谈论感觉的真实性的谈论方式，在后来的哲学家那里被用来证明感觉的可靠性。比如伊壁鸠鲁在谈论物理世界的真理标准时，提出“预知感觉”（προλέπσις）概念。“预知”有两种基本组成：感觉和从感觉而来的一般观念。在一般观念中的感觉就不再是个别的不稳定的感觉，而是被解释过或被理解了的感觉；因而“预知”是确定的可靠的感觉，可以充当真理标准。参阅 A.A. Long 和 D. N. Sedley 编译的《希腊化时期的哲学家》其中的伊壁鸠鲁部分。斯多亚学派对感觉进行了更详细的谈论。他们认为，感觉是可以分类的，最原始的感觉是直接印象；印象可以划分为有说服力的和不可信的。有说服力的印象也称为认知印象（καταλεπτόν）。认知印象也即是被一般观念解释过了的感觉，从而分有了理论的稳定性和可靠性。参阅同上，斯多亚学派部分。

从定量的理论出发对感觉作定量的解释，这种想法在科学史上的影响是难以估量的。进到文艺复兴时，近代科学之父伽利略提出的实验方法，就思想传承而言，有浓重的柏拉图痕迹，特别是这里的相似解释。伽利略是一个柏拉图主义者，完全接受了柏拉图用数学来理解宇宙的结构想法，认为上帝就是用数学结构来生成宇宙的（参阅 Alexadre Koyré 的《形而上学和度量》，第二章“伽利略和柏拉图”）。而且，他进一步认为，我们能够完全准确地用数学来解释物理现象。伽利略认为，准确的解释是这样得到的：用数学关系来描述物理现象，从而得到一种假设；运用这一假设于自然，让自然来回答假设是否准确。如果与自然符合，则我们得到了一种准确可靠的解释或理论。这样的解释是感性经验的，又是理论的。

不过柏拉图指出，我们不应该把我们的相似解释付诸实践检验，考虑到实际情况的复杂性。当然，人们问，如果不加以实践检验，我们何以认定所给出的解释就是可靠的呢？柏拉图说，这里提供的是相似解释；如果谁能提供更好的解释，那他是作为朋友而不是作为对手而成为胜利者的。因此，柏拉图所强调的是问题的复杂性。当然，柏拉图时代，数学研究也是刚刚开始。他缺乏足够的数学工具。

100 人在本性上是追求善的。在前面讨论灵魂的内在组成时，造物者把秩序（概念的和数学的）当作原始材料置入其中。因此，灵魂在本性上就是追求秩序的。秩序、理性和善这些词，对于柏拉图来说，是在同一意义上使用的。人皆求善这一条原则在柏拉图的思想中一直没变。这个原则在《美诺篇》（77B—78B）中有详细的论证，他认为，人可以分为三类：以善为善而求善；以恶为善而求善；虽知乃恶但有利而求善；没有人明知为恶且无利而求恶。在《普罗泰戈拉篇》中，柏拉图则从不同侧面论证了人不可能追求恶。不过在《蒂迈欧篇》中，从灵魂内在结构出发来阐述“人皆求善”命题，倒有一点“人性本善”的宣称。就柏拉图的目的论而言，他似乎更关心宇宙从秩序缺乏进入秩序完善的过程。换句话说，造物者是按完善的原则来造物的，并通过说服“必然”来实现他的原始目的（造最好的世界）。因此，当我们来认识这宇宙时，就必须去追溯这神圣原因，才能看清宇宙的发展方向。

101 指理型尚未压印时的混沌状态。参阅 53B。

102 柏拉图在《国家篇》第四卷对灵魂的三种品质及功能有详细的讨论，认为人的灵魂分为三种：理性部分居于头部，激情部分居于胸部，欲望部分居于腹部。这里强调这三种灵魂之间有屏障分隔。所指的隔膜指的是腹部和胸部的中间部位。

103 在 69A 柏拉图提到要考察理性和必然性的交错作用。这里，肺的设计是目的论的，即肺的存在是帮助缓解心脏运动。这是理性的作用，没有必然性的地位。当然，要理解血的运动就不能不引入必然性的解释。

104 柏拉图认为梦是由灵魂的欲望部分引导的。欲望灵魂没有理性，也不听理性的指令，那么，它如何能够作为灵魂呢？造物者是按着神圣性原则来造灵魂的，这神圣性也称为理性。灵魂的理性部分和激情部分都有理性的表现；因此，欲望灵魂的神圣性也需要某种表现形式。柏拉图认为，人在梦中（欲望灵魂的活动）有神圣性的表现，这里说的在梦中或着魔状态时的预示能力。柏拉图在《国家篇》对梦的理解比较消极，认为人的意见就像梦的不稳定性一样不可靠。参阅第五卷 476C—D。但在《斐多篇》，苏格拉底做了一个梦，醒后记住了这句话："去创造音乐。"这个梦对于苏格拉底的一生至关重要，因为苏格拉底不断在追究这梦的含义。于是，这梦的神圣性（作为兆示）就表现出来了。柏拉图这里关于梦的理解和《斐多篇》一致。有意思的是，柏拉图在《斐德若篇》（248D—E）把预言家列为第五等级，在诗人、艺术家和工艺家之上。亚里士多德在他的《论梦》一文中认为，梦是醒时知觉在睡眠时的不完整重现。

105 "各种灵魂"应该指的是理性的（νοῦς）、激情的（θυμός）、欲望的（ἐπιθυμία）这三种。

106 这里谈的相争，指人在幼儿成长时骨缝的长合过程。在柏拉图的观察中，脑壳在包住脑浆（骨髓）时并非完全密封。因为头皮的密封，当由脑浆出来的湿气就被挡住，并帮助密封骨缝。生长运动和营养供应的相争主要有两种情况：生长运动快而营养供应不上，这就会有激烈相争；生长运动和营养供应相适，则相争缓和。参阅 43A 以下的灵魂生长过程的描述。

107　柏拉图认为人脑是一种骨髓，而骨髓是由火、水等按一定比例合成的。参阅 73C。这其中的火，就其本性是趋向其同类所在区域的；因而它要离开骨髓，并冲出头皮的限制。

108　亚里士多德在他《论动物的组成》(*On the Parts of Animals*) 中沿用了柏拉图的说法，认为人的头发最多，其功能是保护头颅，以防过冷过热。参阅 658B。也许这是当时的流行说法，也是可以在经验中感受和观察到的。

109　这里的"硬皮"指人的指甲，而兽类的指甲就只能是蹄和爪了。人的指甲是动物的蹄爪的雏形。这种说法似乎是说，从男人到女人到兽类是一个过程，当然是一个退化的过程。但是，我们在柏拉图的其他著作中读不到这方面的讨论。在《国家篇》的结尾（第十卷），柏拉图描述了人死后灵魂所去的天堂地狱。他谈到，人在生前若不努力认识真理，不知好坏，那么，在灵魂再次投胎时就会作错误的选择，比如，成为一个以恶为善而求善（实际上则是求恶的人）等等。但是，男人如何成为女人，或成为其他动物，其具体生成过程是如何进行的？柏拉图没有给出专门的说明。

也许可以这样理解。灵魂是具有理性的。在人的生存过程中，人在理性的帮助下进行判断选择，而走向不断完善。这个过程也就是一个说服的过程。在这个方向上，人的身体的各个部分都能够得到平衡的供给和发育，健康强壮。然而，当人拒绝听从理性的说服而听从激情或欲望的支配时，人的身体结构的发育就会朝着不同方向发展。受某种激情或欲望的支配，相应的器官得到更多营养，也更加发达；那些被忽略的身体部分则营养不足而不断退化，最后消失。于是，在那些非理性的灵魂的主导下，人的身体发育是不良的。当诸神收回这些灵魂之后，不得不为它们造就相适应的身体，即各种动物的身体，让它们在其中居住。听从理性灵魂而不断完善自己；听从非理性灵魂而退化为各种动物。

110 我把柏拉图的这一原则称为循环挤压原则。柏拉图并没有专门讨论这个概念。在行文中，他使用 περιωθέω 这个动词，意思是推动，或在人群中推来推去。不过，他在这里努力想说的是，这种推来推去的运动是一个循环运动。

亚里士多德根据柏拉图的这个思路提出一个专名，即 ἀντιπερίστασις（回转推动），参阅《物理学》（215a）。亚里士多德在《物理学》的第四章第八节，从“回转推动”的角度讨论“真空”的不可能性。因此，“回转推动”作为一条物理学原则常常被说成是“自然界讨厌真空”原则，在中世纪思想界是一个普遍接受的观念，这一原则在科学史上引起了广泛的讨论，特别引导了伽利略的“惯性运动”实验。关于这一段历史，可参阅 Roverto Rorretti 的《物理学哲学》（*The Philosophy of Physics*, Cambridge University Press, 1999）。

普罗塔克在他的《论道德》（英译文参阅 William Goodwin, *Plutarch's Morals*, Little, Brown & Co., Boston, 1870—1878）的第三卷以“柏拉图问题”为题进行问答式的讨论。其中的第七个问题便是针对拔火罐、吞咽和抛物运动。普罗塔克认为，柏拉图的意思是：1. 拔火罐的原理是，在缸内的皮肤表层的气被加热、稀释，以至于比缸的孔更小，从而能穿出缸外，留下空地，并挤压周围的气，使体液被挤入缸内。2. 吞咽的原理是，嘴和肚子是充满气的；当食物被舌头推进肚子时，被挤压的气循环挤压食物，使之下咽。3. 抛物运动原理是，当一物被抛出去时，它会挤压气，而气循环挤压使此物继续向前。

111 这种关于声音的解释，细细读来，我们很难找到循环挤压原则的痕迹。据康福特的看法（第 322 页），柏拉图的这一说法可能来自他同时代的毕达哥拉斯主义者亚奇特

（Archytus，约公元前 4 世纪）。柏拉图可能和此人相识，而亚奇特的残篇中有相似的关于音乐的说法。

112 柏拉图认为，循环挤压原则足以说明吸引现象，因而没有什么好稀奇的；吸引现象的神奇性在于人们的虚幻的真空观念。值得注意的是，柏拉图提到“仔细研究”。这表明当时在学园内已经有了许多讨论，而且取得了一致意见。所以，柏拉图从一开始就觉得没有必要给出具体陈述。亚里士多德觉得有必要对真空问题加以讨论，所以在《物理学》第四章（以及其他章节）中提供了没有真空存在的详细论证。至于有多少论证来自学园内的讨论，已无可考证。

113 柏拉图这里说大家（读者）都清楚疾病的原因。这说明当时医学界对疾病的原因的看法是相当接近的，即认为病起源于体内原始物质（或性质）的失调。不过，不同学派对何为原始物质（或性质）并无一致看法。比如，公元前 5 世纪时受毕达哥拉斯影响的阿克米安（Alcmaeon）认为四种原始性质是冷、热、干、湿；希波克拉底（Hippocrates，公元前 460—前 370）以及他的库安学派（Coan）认为是四种体液，即血液、黏液、黄胆汁、黑胆汁；西西里医学学派则认为是火、土、水、气四种元素。柏拉图跟西西里学派有过交往，他在 48C 批评那种把水、土、火、气归为元素的说法时，也许是针对这个学派的。关于当时各医学学派对疾病的看法，可参阅 Henry Ernest Sigerist 的《医学史》（*A History of Medicine: Early Greek, Hindu, and Persian Medicine,* Bristol Classical Press，2002），第一章，第四节。

114 血纤维（ἰνῶν）是一个比较特殊的用词。关于血纤维的作用参阅 85C—D。

115 这种流体即 82D 所说的由肌肉和腱合成的一种中间体。按照柏拉图的描述，有点像骨刺的形成机制。

116 指癫痫，希波克拉底有篇文章，叫《神圣的疾病》。

117 指骨髓或者由前面提到的种子所分出来的东西。就其具体形态而言，指的是男性的精液。当精液太多时，如能排出就不会影响身体和灵魂；如不能，则导致身体和灵魂的病乱。

118　一般认为，柏拉图关于治病靠运动和饮食而不是药物的想法来自西西里医学学派。这里，柏拉图认为的四种立体在体内分布平衡是健康的保证这种说法，也许和恩培多克勒的四元素说（对西西里医学学派的影响很大）有关。当然，柏拉图并不把四种立体归为元素，而是强调构成立体的原始三角形才是真正的元素。关于柏拉图和西西里医学学派的关系，可参阅James Longrigg的《古代世界的医学》（“Medicine in the Classical World”），载于Irvine Loudon的《西方医学》（*Western Medicine*, Oxford, 1997），第25—39页。同时参阅《柏拉图的宇宙论》，第352页。

119　古希腊医学通常认为疾病是体内各基本物质（或性质）间的平衡错乱。柏拉图也同意这一说法，但强调是四种立体在体内的平衡问题。参阅82A以下的讨论。但这里柏拉图突然提出，病乱本身也是一种生命体。这样一种思路在医学史上是新的。就概念的角度看，这里已经有了细菌和病毒的想法，是最早的医学上的微生物概念。当然，微生物学（包括细菌学和病毒学）作为完整概念是近代医学的产物，即由巴斯德（Louis Pasteur, 1822—1895）在1857年提出。参阅Brian Inglis的《医学史》（*A History of Medicine*, The World Publishing Company, 1962），第155页及以后。

120　理性生活（κατὰ λόγον ζῷη），直译：根据推理的生活，或在推论中的生命。

121　值得注意的是，柏拉图这里说的“气”并没有用ἀέρα这个词，而是用了πνεῦμα。《蒂迈欧篇》多处使用πνεῦμα，并和ἀέρα连用，比如49C。也就是说，这两个词具有相近的含义。不过，在更多的语境中，柏拉图用πνεῦμα来指称呼吸以及与生命相关的气。在多数情况下，我都译为呼吸，如，66E、79B等处。也就是说，πνεῦμα一词和生命直接相关，是一种特殊的气。这个能够击穿骨头而形成小洞的 πνεῦμα 应该拥有特殊的能力。柏拉图在文字中没有展开进一步的分析。可以说，柏拉图并未把 πνεῦμα 当作一个概念来处理，尽管他在使用时给予它某种概念的含义。

把 πνεῦμα 概念化的是斯多亚学派。参阅 A.A. Long, *Hellenistic Philosophy*, New York: Charles Scribner' s Sons, 1974, 第 152、158 页。斯多亚学派把 πνεῦμα 当作一种精气，指生命的原始形式，如在胚胎时的样子。在基督教思想中，πνεῦμα 是一个核心概念，指的三位一体中的圣灵，作为生命的终极源泉。

122 συμπεπηγότα[紧缩骨髓]是不好译的词。康福特译为"compact marrow"（其他译本也有用"condensed marrow"），这种骨髓是在出口处形成，因而和其他仍在骨头里的骨髓不同。这部分骨髓是通过一个小孔（由上面提到的那种在气挤压下有压力的液体凿穿骨头而成）流出来的。流出的同时就和那液体相混，形成精液。

123 柏拉图在这一段谈到"我们"时，指的是男人。然而，在《国家篇》涉及男女的社会地位和责任时，柏拉图倒是很强调彼此平等的，参阅该篇谈话 18C，以及《国家篇》的第五卷。这里柏拉图似乎换了个态度，认为女人在自然构造上低男人一等，因而"所有胆小鬼和老做错事的男人，根据我们的相似解释，来生都转化为女人"。但从他所给出的讨论来看，我们得不出这个结论。这里只提到男女的性功能方面的不同，而且男的传种欲望和女的怀胎欲望都是不听从理性的。如果是这样，从理性灵魂的角度看，男女的性功能不同就不能说明他们在构造上的高低。我想，这个问题或者应该这样来处理：在柏拉图的心目中，理性的本性是追求善；或者说，主动追求真理和秩序是理性上的最高的善。这种主动追求善的生存态度隐含着这一原则，即主动高于被动，追求高于接受。从这一原则出发，男的传种欲望具有主动性，因而高于只有接受性的女性怀胎欲望。因此，结论反而应该是，如果一个女人拥有生存上的追求态度，她就是向上向好的，在社会上就有她的地位和作用。反之，要是一个男人失去了主动追求性，他的社会地位和作用都无法显现出来。

124 柏拉图的灵魂向善原则在他的“退化论”中乃是基本原则。不难指出，他的“退化论”是相当粗糙的。但柏拉图自有其用意。在谈论灵魂的生成时，他指出灵魂的本性是按一定的完美之数来设计的（参阅 35A 以下）；灵魂的完美性被打乱乃在于骨头对它的束缚（参阅 42D—44D，73E—74A）；当骨髓不再能拴住灵魂时，灵魂就可以脱离骨头对它的束缚远走高飞（参阅 81D—E）。远走高飞的灵魂是不受束缚的。对于那些恢复了完善性的灵魂，它们将被诸神接纳而回到其原初的天体上。对于那些没有恢复其完善性却有已经摆脱了骨头束缚的灵魂，因其在世期间不注意追求理性，诸神不接纳它们回归，而是要惩罚它们，即诸神把它们放到与其理性结构相应的低级动物那里去。从这个角度看，各种动物形式的功用乃是诸神的惩罚工具。柏拉图没有明说这一点，但这是自然而然的结论。诸神的旨意，以及他们的判断标准，在柏拉图看来，就是看你有没有努力追求真理。追求真理者，诸神让他一级一级上升；反之，就一级一级下降。从这个角度看，柏拉图的“退化论”就是要促使人们理性思考，学会节制，过有秩序的生活。

附录 1：《智者篇》和柏拉图的理型论发展*

《智者篇》是柏拉图的晚期著作。① 在目前我国较流行的见解中，柏拉图的哲学思想就是理型论②，而理型则被理

* 本文原为我在广州中山大学做的学士论文（李佩玖老师指导），后发表在《外国哲学》第五辑，商务印书馆，1984 年。2003 年收入本书的第一版时有修改，增加了一些脚注。这次再版时，做了一些格式调整，基本保持原貌。本文写作使用的中译文是严群的译文，《泰阿泰德　智术之师》，商务印书馆，1963 年；也参考了乔维特（Benjamin Jowett）的英译文。

① 英语学术界关于柏拉图的著作分期有两种看法。第一种是，柏拉图的思想是发展的；根据这一发展过程，我们可以把他的著作划分早中晚期三期。参阅 Gail Fine 编的《柏拉图 I，形而上学和认识论》（*Plato 1. Metaphysics and Epistemology,* Oxford, 2000）中的导论。虽然这种说法并非人人接受，但已在当代柏拉图学术界居主流。第二种则仍然坚持传统分法，四部曲或三部曲，认为柏拉图在写作时仿照了文学界流行的四部曲（三个悲剧和一个喜剧）。参阅 John Cooper 编《柏拉图全集》（*Plato, Complete Works,* Hackett Publishing Company, 1997）。我这里采用前一种说法。

② 关于理型（εἶδος，ἰδέα）这一概念的翻译问题，中文通常译为理念，也有主张译为相。英文学界开始时也用直译：idea，后来发现 idea 一词主要是表达主观观念，无法表达柏拉图的原意；特别是，亚里士多德对这个词的使用更多地传递了某种结构性的存在，于是改译为 form（形式）。我们当然也可以采用英文译法。但是，中文的“形式”一词往往和内容对应，以形状的意思为主，并不强调“结构”这一层含义。这和柏拉图的使用相去甚远。因此，我主张译为理型。

解为神圣、纯洁、单一的本原。然而当我们持此理解去阅读《智者篇》时，却处处感到难处，似乎这里的理型完全不是柏拉图的理型。它的神圣性消失了，善这个最神圣的理型在这里没有立锥之地。议论得最多的理型是：存在与非存在、动与静、同与异，它们并不具有神圣的性质。这些理型也把纯洁性驱逐了：摆在我们面前的是一幅理型相互联系、相互渗透的图景，它们各自具有其他理型的性质：存在是存在又是非存在，是动又是静，是同又是异。如果单一性意为孤立性——单一性和纯洁性联用，它包含了自身不变绝对等同之义，那么，由于其中的动和异的性质，亦使理型丧失了单一性。看来，本篇中的理型与所谓“柏拉图的理型”相去甚远。而当我们又不得不承认本篇谈话完全是柏拉图的著作时，我们就陷入了困境。当然，只要我们能指出这两种理型之间有着一脉相承的关系，其中反映了柏拉图思想的发展，那么我们就能立刻摆脱困境。关于这一点，陈康先生早就深刻地指出来。[①] 近来又有人站在不同角度提及[②]。这就要求我们用发展的眼光把握本篇谈话的思想，此乃本文之企求。

---

① 参阅陈康译注，《巴曼尼德斯篇》，商务印书馆，1983 年，注 393（1）。

② 参阅汪子嵩，《古希腊哲学史研究中的一些问题（六）》见《外国哲学》第一辑。

（一）

我们先来考察一下本篇谈话的主题。就话题而言，苏格拉底（谈话的主讲者）提出对智者这种人下定义的问题。他谈到，人们都认为智者专搞幻象术，是颠倒真假掩人耳目的人。但是，他话锋一转，说智者是不承认“假”的存在的。这就引出了关于假－非存在的论证。进一步，非存在的对立面即存在又有些什么性质呢，于是有存在问题的讨论。如果我们先读过《巴门尼德篇》，则容易发现，柏拉图这里关于非存在和存在的讨论基本上重复了《巴门尼德篇》的思想，例如“非存在存在”这一推论，在《巴门尼德篇》有更为详细的讨论（157B—159B）。命题“二是一”和“一是二”在《巴门尼德篇》有相同的推论（142D—143A）。而“存在非存在”正是《巴门尼德篇》第二部分第一组推论的核心；这个推论说，如果存在是单一的孤立的，则存在什么也不是，只能是无（137C—142A）。推论“如果把存在理解为绝非静止或绝非运动，都将导致认识的不可能”，这正是《巴门尼德篇》第一组推论的认识论结论。[1]这里引起我们关注的是：柏拉图为什么要复述《巴门尼德篇》的讨论？我们发现，本篇谈话的中心思想正是由此引导出来的。

① “存在”和“一”在柏拉图的理解中是彼此相通的。参阅本篇谈话244B。

《巴门尼德篇》的第一部分，柏拉图借“巴门尼德”之口，相当彻底且不留情面地揭露“少年苏格拉底”的理型论（即柏拉图本人的早期思想）。在这里，理型的神圣性、纯洁性和单一性遭到彻底的破坏；“分有”概念作为理型与具体事物联系的桥梁亦同毁不免，从而使理型的本原意义丧失掉。理型本身的存在面临危机。理型最先由苏格拉底提出，是人们对事物共性的把握。但经过柏拉图的推广和夸大，理型一跃而为世界之本原。这里的批判矛头指向为柏拉图夸大了的理型，而作为事物共性这一意义并未受到任何冲击。因此，“巴门尼德”不无理由地说，如果人们因为顾及“少年苏格拉底”的理型论之破坏而远离理型，否认个别事物有共同的理型（共性），那么，他将使他的思维空空如也，他将毁灭理性的能力。[①]

为使理型保持活力，为了使哲学研究得以进行，柏拉图在《巴门尼德篇》的第二部分，广泛而深入地考察了许多理型，这就有其中的八组推论。归结起来，理型的关系主要有两种：极端相反的理型不能结合；极端相反的理型相互结合。陈康先生认为，只有后一种情况才与实际情况相符合，因而是肯定性结论；而前一种情况则只有思维的可能性。[②]本人不同意这种解释。在《智者篇》中，我们读到了否定这种解释的论述。柏拉图指出，关于理型之间的

① 参阅其中第一部分的讨论。

② 参阅陈康，注 344（2）。

关系可以归为三种情况：1）使它们各归各，彼此没有联系；2）彼此无条件地相互联系和渗透。这正是上述两种情况。柏拉图明确指出这两种情况都与实际不符合，不能接受。可接受的只是3）彼此间有的可以相互联系和渗透，有的则不行。[①] 因此，本人赞同把《巴门尼德篇》中八组推论看作只是柏拉图为我们提供了八种思维的可能性而已。《巴门尼德篇》的主要结论便是这八种思维的可能性。

因此，从另一个意义上看，《巴门尼德篇》是没有结果的。它所进行的讨论需要作进一步的推进以得出肯定性的结论。这就是《智者篇》谈话的中心问题。本篇谈话与《巴门尼德篇》有一种衔接的关系，我们可在“谈话”中寻得一些支持。在217C，柏拉图有意识地提及《巴门尼德篇》中发生的谈话；进而在讨论存在和非存在时，以简练的方式重复了《巴门尼德篇》中的讨论要点。[②] 所以，柏拉图便能充分利用《巴门尼德篇》中的八组推论，使讨论纵深进行。

柏拉图认为，关于理型关系的两种情况都是走向极端，矛盾而不能成立，因而不能为人接受；唯一可走向光明的道路是折中，即有的理型可以相互渗透，有的则不行。但是，如何去把握理型的相互渗透呢，柏拉图觉察到这是一个非常奥妙的难题，非一时半会而能解决。对此，他采用比喻的手法来阐明他的思想。他谈到，把握理型间的渗透需要

---

① 参阅251D—252D

② 陈康对这一点亦有所论述。参阅他的译注，绪论（1）；注393（1）。

一门专门的技术，称之为“辩证法”，这门技术与字母的组合技术，音调的谐和技术等极为相似。字母组合需要元音字母作为撮合者；理型则要求独立性，不能混淆。例如“动”这个理型，它是动就不能是其他的理型，不能为其他的理型取代。在字母组合中，字母在元音字母的撮合下，彼此相拼结为一体；理型则可以相互渗透，动可以具有“存在”“非存在”“静”“动”“同”“异”等性质（理型）。在字母组合中，有的字母能组合，有的则不行；在理型关系中也有同样情形，有的理型相互渗透有的则不行。不同的是，在理型关系中，有一些理型可以渗透入一切理型中，如存在与非存在、动与静、同与异。柏拉图详细研究了这三对理型的独立性和普遍性①，认为它们便是贯通于一切之中的理型。柏拉图的这些思想通常称为“通种论”。由此看来，柏拉图的辩证法，归根到底是一种界定概念的方法，即通过分析概念关系来达到对概念的理解。

可见，柏拉图在这里企图通过“辩证法”来把握理型之间的关系，了解理型的渗透规则。关于最普遍的理型的问题，他认为是“辩证法”的主要问题。因此，我们可以在谈话中读到详细的有关论证。此外，柏拉图在谈话中还讨论了一些非最普遍的理型，如知识、美、大、公义、言语、思想意见等，简略提及了它们与存在、异等最普遍的理型

① 参阅本文第三部分。

的渗透情况。由此可以明了，本篇谈话的中心问题应该是：柏拉图企图建立一种新的“辩证法”。[1]

“辩证法”在柏拉图那里乃是最高贵的学问。在《国家篇》等对话中，“辩证法”是哲学家追求“善”理型的通道。哲学家努力对理型进行“回忆”、窥视，由较低级的理型跃向较高级的理型，一步一步往上爬，终而达到“善”的境界，其中台阶便是由“辩证法”提供的。哲学家只有掌握“辩证法”后才能窥视到宇宙的终极本原，即“善”。[2]这种“辩证法”虽然有如此美妙的作用，但它的内容是什么，我们在他的早期著作中难以获得一个稍微清晰一点的概念。理型内涵了共性的意义，而作为共性的理型，其中有着微妙的关系。大概柏拉图对这种微妙的关系有所直觉，因而提出“辩证法”来研究和把握。但他囿于理型的本原性质，努力捍卫理型的神圣性、纯洁性、单一性，这就不可能对理型的内在关系作深入的考察。因此，理型世界是神秘的，“辩证法”也是神秘的，只能在直觉中加以把握。

由于《巴门尼德篇》破坏了理型的本原性，并对理型之间的关系作了深入的探讨，抛弃了理型的神秘外衣，以理型世界为对象的“辩证法”也就可以给出确定的内容。当然，这里的“辩证法”完全是一种新的“辩证法”。首先，

---

① 参阅 237A—264B

② 参阅北京大学哲学系编译《西方哲学原著选读》上卷 10：06，吴献书译《理想国》第七卷，第 36—37 页；第九卷，第 24—25 页。

柏拉图对“辩证法”作为一门学问的必要性进行了论证。在本篇谈话中，他对非存在和存在这两个概念反复推敲，简练地重复《巴门尼德篇》中八组推论的实质，把问题推向这个地步：理型或者不能相互渗透，或者无条件地相互渗透：并使这两种可能性都不能成立，进而提出“辩证法”以摆脱困境。柏拉图这一推导是要说明：只要人们认真地考察理型的性质，就必然要提出“辩证法”。[①] 其次，他还企图给出关于“辩证法”性质的说明。他用字母结合技术，音调谐和技术来比喻“辩证法”，表明“辩证法”并不神秘，它与这些平凡的技术并无贵贱之别；所不同的只是“辩证法”这门关于理型结合的技术尚处于开始发展阶段。再次，他还谈到，“辩证法”要研究理型的独立性，不使理型相混淆；要研究理型的关系，把握它们相互渗透相互结合的规则，等等。[②] 柏拉图深信“辩证法”能建立一个可理解的庞大的理型体系，不过这应该逐步进行。首先应研究一些主要的理型，分析它们的性质，把握它们的渗透能力。有了这一步工作，便可以为进一步的研究开辟道路。柏拉图的这一研究得出了通种论的结论。[③]

在稍后的《斐莱布篇》中，柏拉图的“辩证法”思想有了进一步推进。这里简略提一提其中的有关思想。我们

---

① 参阅 237E—252E。

② 参阅 252E—253E。

③ 参阅 254C—259D。

可以发现，《斐莱布篇》的讨论是紧接本篇谈话的。本篇谈话提到，人是“一”又是“多”，并认为这是个大问题。因为“辩证法”还有更重要的问题需要研究讨论，所以没有深入展开这一问题。[①]而《斐莱布篇》正是以“一”和“多”、“有限”和“无限”为中心问题展开讨论的。这里的“多”，意指众多的个体，而“一”则是指事物的共性、类、范畴等等。《斐莱布篇》把“辩证法”理解为连接一和多、有限和无限的中介。意思是说，理型按其普遍性程度不同而划分出一系列等级，从高级理型到芸芸个体是由这些有层次的理型等级来连接的，因而不能简单地一次跃过。而这些等级之间的关系正是“辩证法”的研究对象。柏拉图还企图具体运用“辩证法”，对善这一高级理型和芸芸生涯连接的等级作详细的具体推导。柏拉图这些思想的提出，有理由认为是建立“辩证法”的进一步努力。

（二）

我们说《智者篇》谈话的中心问题是企图建立“辩证法”，而“辩证法”则界说为研究把握理型关系的学问。当我们这样说时，人们对“辩证法”的理解仍然相当模糊。因为这里使用了理型这个概念，理型是什么东西呢，如果

① 参阅 251A—C。

我们先读过《斐多篇》《国家篇》等对话，对其中的“理型”有所了解，然后直接读本篇谈话，则一定会觉得柏拉图使用的概念相当混乱。研究表明，柏拉图的“理型”及与此相关的“分有”这两个概念在其前后期著作中发生过彻底的革命。要理解本篇谈话，理解柏拉图的“辩证法”，就要了解这场革命。

古希腊哲学家都很喜欢探讨世界的本原。柏拉图的理型一开始便是以世界本原为其第一义。在他看来，每类具体事物都有自己的相同本原——它们的共同理型；而整个世界的基本原则由这许许多多的理型组成。这些理型组成另一个超然的世界。在那个世界里，最高一级的是“善的理型”；它是世界最根本和高级的理型，既是万物的最终原因，又是认识的最终根据。关于这一点，柏拉图有个关于太阳、物体、影子的比喻。太阳是善的理型，物体喻为一般理型，影子则如世间万物。只有太阳才能使物体有影子，只有物体才能有影子，而影子是源于两者的。人们的认识如同观看物体，这也需要阳光。①

柏拉图关于理型的论证是本原论式的。他在《斐多篇》谈到，在具体事物中，一物总是伴随着它的反面，如高总是和低相联等等。如果没有“高本身”使之为高，“低本身”使之为低，那么就会出现怪论：高之所以高是因为低，低

① 参阅吴献书译《理想国》第六卷，第109—118页。

是高的原因。相应地，高是低的原因；二是十大于八的原因，又是八小于十的原因，等等。这当然是不可理解的。既然这是不可能的，由此推出，高之所以高是“高本身”使然，十大于八是大本身使然，等等。[1] 从本原论的角度看，这个论证是有力量的。

然则理型和具体事物是如何发生联系的呢？虽然有太阳、物体、影子之喻，但这毕竟是比喻，人们需要理论的说明。柏拉图提出“分有”这个概念来指示理型与具体事物的关系。他谈到，具体事物之所以能成立，是因为它分有了理型。“分有”概念的提出正是作为本原的理型所必需的。早期著作中，柏拉图使用“分有”概念时带有神秘的色彩，对概念本身的确切含义不感兴趣。也许就在这个意义上，亚里士多德讥此概念为“诗喻和虚文”。[2] 亚里士多德的讽刺很有些道理。我们发现，我们努力去把握这个概念时，它总是要从我们手中滑走。柏拉图似乎很高兴让读者跟他捉迷藏。不过，在《巴门尼德篇》中的“少年苏格拉底”那里，“分有”概念获得了较明确的规定性。因此，我们主要地通过“少年苏格拉底”来把握这一概念。柏拉图认为，“分有”是连接理型和具体事物的桥梁。通过它，理型派生出具体事物，把自己的性质赋予具体事物，而具体事物作为派生物则获得了理型的性质。关系是单

---

① 参阅《西方哲学原著选读》10：02。

② 见《形而上学》991a21。

向的本原的。柏拉图还把“分有”理解为模仿。具体事物如同图画雕刻等摹本，而理型则是原型。原型当然就是本原，摹本只能模仿原型；其中的模仿这个动作就是分有。[①]

柏拉图使用的理型和分有在上面讨论中都是本原论意义的概念。柏拉图早期著作中对理型有一种虔诚的信仰，想象成分甚多，因而很有神秘的色彩。随着他的思想发展，柏拉图开始认真地研究理型。一旦他这样做，理型作为本原便难以立足。这便是《巴门尼德篇》第一部分的结论。在那篇谈话中，柏拉图从逻辑上检讨了理型的本原论性质。讨论其中的推论是很有意思的：这里尝试大概地归纳其推论实质。

这一点看来很显然，理型作为本原，首先必须使自身具有单一性；没有单一性，则“原”不成源。所以，谈话的主角“巴门尼德”着力攻击的便是理型作为本原的单一性。“巴门尼德”指出，如果理型是本原，通过分有而把性质赋予个别事物，那么，它是把自己整个地赋予个别事物呢，抑或只是赋之以部分？如果是整个地赋予，情况将是：一类事物有共同的理型，这类事物中的每一个都获得一个理型，从而出现许许多多相同的理型。这样，理型的单一性就丧失了，从而不能成为本原。如果是赋之以部分，

① 参阅《西方哲学原著选读》10：07。

问题也很严重：每一个别事物都从共同的理型那里取得一份，理型立刻被它们撕得粉碎而丧失单一性。或者，这里讲的分有是模仿的意思，即理型是原型，具体事物是摹本。摹本模仿原型但不影响原型，从而理型的单一性或者可以避免被破坏。“巴门尼德”指出，这也免不了。这里提出了一个“无穷后退”论证：如果一类个别事物模仿理型因而和理型相类似，那么，谁来保证它们之间是类似的呢？这只能借助一个“类似理型”来保证；因为类似之所以类似是因为它分有了类似理型。但是，问题马上提出，谁又能保证个别事物及其理型原型和那个“类似理型”相类似呢？这又需要另一个“类似理型”。于是，理型将无尽地涌现出来。[①] 因此，“巴门尼德”得出结论说，理型作为本原实难继续维持。不难理解，这里的推论在逻辑上是有力的。正是这里的批判性检讨，柏拉图的理型论发生了根本性的转折。

柏拉图否定了作为本原的理型，却不愿意全盘抛弃理型。我们曾谈到，理型是人们对事物共性的把握，它有坚实的认识论根据。只是由于柏拉图前期把理型和事物这种一般和个别的关系片面化，把理型夸大为事物的本原，从而在解释理型与具体事物的关系时陷于矛盾，不能立足。这就要求理型还其本来面目，还其共性的意义，是属于概

① 以上参阅陈康译注《巴曼尼德斯篇》，第 10—58 页。

念范畴之类的东西。这是《巴门尼德篇》第一部分的建设性成果。从此，柏拉图的理型论开始有了范畴论的性质。这在哲学史上是有积极意义的。《巴门尼德篇》第二部分正是在这革新了的意义上继续使用理型概念的。由于理型被理解为范畴（即事物的共性、属、种等等），这就为研究理型的关系开辟了道路，使“巴门尼德”所讲的“哲学训练”成为可能。与此同时，“分有”也继续使用，当然也丧失了本原论意义。柏拉图专注于理型关系的分析，“分有”使用来指示理型之间的渗透关系。[①] 由此看来，我们讲的那场“革命”正是发生在《巴门尼德篇》中。

本篇谈话继续使用“理型”和“分有”，其性质与《巴门尼德篇》中的概念一脉相承。我们说柏拉图在《巴门尼德篇》使用的“理型”和“分有”具有范畴论性质，主要是根据其实质进行推导；在那篇谈话中，这两个概念都未加说明。而在这里，柏拉图企图给出一个说明。分析这里的“说明”表明，“理型”和“分有”只能是范畴论意义的概念。

在柏拉图看来，“辩证法”必须讨论理型。理型有这几种：完全贯穿于个别事物之中的理型，如人、马、桌子等，这是概括程度最低的理型，是对具体事物的共性的最基本把握。在这些理型之上，有概括程度更高一级的理型，

---

① 参阅陈康，注 275（2）；注 393（2）。

它统辖着那些低级理型，如动物统辖着人和马等。如此类推，即可证明有最普遍的理型。这些理型如果在同一水平，则彼此界限划清，相互独立，如人与马互相独立等；而在自己的领域内，则赋予各个部分以统一性。①

柏拉图在这里重提理型与事物的关系，却另有一番新意。“革命”前，理型总是作为事物的“本身”和原因而经常提及；事物如同影子跟随物体一样追求着理型。而这里，理型明确规定为贯穿于个别事物之中的东西。显然，个别事物必须首先存在，理型才有可能贯穿其中，也就是说，个别事物不是派生物。理型存在于个别事物中，是个别事物的统一性，是一种性质。我们说，对理型作如此理解，它只能是概念范畴之类的东西。其次，“革命”前的理型是分等级的，真善美是最高一级的理型，最神圣，是为一切之根本。而这里，理型也分等级，却是依其概括程度的差别来划分。概括的普遍性越高，理型也就越高级；存在与非存在等三对理型概括的普遍性最高，因而是最高级的理型；至于美、公义等，曾经奉为极神圣、极高级的理型，也只能是次一级的理型。这样的理型显然应理解为概念范畴之类的东西。②

柏拉图还解释了“分有”概念。他是在谈到人的认

---

① 参阅 253D—E。

② 我们还可从旁对此说明。柏拉图后期著作中措词还见于“种”“属”“类”等等，但几乎没有“事物本身”之类的本原论提法。

识能力时，转而讨论这个“分有”概念的。他特别把“分有”概念与事物间相互影响的能力联系起来。“分有”这个概念在这里使用得十分广泛。它适用于理型、事物、认识等领域。在他的理解中，“分有”指任何东西在与其他东西发生关系时所具有的一种能力。这种能力表现在两个方面：其一是施影响于他物，这是主动的方面；其二是受他物的影响，即接受影响的能力。[①]比如，“存在”既能“施”又能“受”，有去有回。这种情况只能发生在互相独立而又互相联系的“存在”之中。“革命”前，讲理型为事物分有，作为本原论的概念，它指本原向生成物的过渡；只有本原对生成物的单向影响；具体事物没有独立性，只有被动性依赖性。这种关系于此再不可见。分有的双方既影响对方又受对方影响。把这种关系应用于具体事物中，我们看到的将是一幅互相联系、互相作用的图景。对此，柏拉图仅仅提到万物相互渗透之类的话，并未详细论及。把它应用于认识领域，向我们显示的将是认识主体和认识对象相互作用的过程，柏拉图注意到了这种情况，但也未深入讨论。[②]把它应用于理型世界，展示于我们的就是理型与理型相互联系和渗透的关系，柏拉图正是对此感兴趣。

我们讨论柏拉图的“辩证法”时，曾提到理型与理型

---

① 见 248B。

② 参阅 248B—249C。

的关系有三种可能性：一种是相互分离，毫无关系；一种是无条件地联结；还有一种是有条件渗透。这里说的渗透，正是由于理型具有分有能力使然。因此，换个角度即可得到以下陈述：理型不可能没有分有能力；理型也不可能具有无条件地分有一切的能力。所以，理型具有分有能力，但受一定条件限制；理型的相互渗透是有条件有规则的。容易理解，作为理型的一种性质，分有的范畴论意义是显然的。

我们在讨论柏拉图的“辩证法”时，曾小心翼翼地提到，柏拉图在本篇谈话中使用的理型是范畴论性质的。我们开始这样讲时，觉得把握不足，现在我们再这样肯定时，就显得自信的多。柏拉图在本篇谈话中使用的理型正是范畴。他企图建立的“辩证法”，用现代的话来说，是一种范畴论。他的“通种论”，无非是对六个在他看来是最主要的范畴以及它们的关系作了详细的研究。

（三）

在以上讨论中，我们经常涉及柏拉图“辩证法”的主要内容，却一直未能系统地叙述这一思想。以下讨论试图提供这样一个“叙述”。

柏拉图企图建立“辩证法”，乃是《巴门尼德篇》第二部分对一系列范畴之间的关系作全面探讨后自然而然的结果。仔细考虑柏拉图的那些推论并非毫无意义，虽然这里不可能回到《巴门尼德篇》中去，但在本篇谈话中，由于其中重复了一些重要推论，因而还可以略见一斑。柏拉图关于范畴的研究是相当深入的，虽然其中的许多推论不见得经得起详细推敲。以本人之见，柏拉图在《巴门尼德篇》中对范畴关系的推导，其逻辑往往不能统一。经常地，只要能得出预定的结论，柏拉图可以采用任何方法。或者说，在柏拉图的讨论中，结论高于逻辑。所以，在那些推论中，有字义推导，有字面形式推导，也用常识作论证，等等。因而那八组推论，其结论相互对立，却并不困难地推导出来。不过，这种情况在本篇谈话中已较少见到；柏拉图在这里更多专注于范畴的内在关系推导。

关于“辩证法”的讨论，放宽点说，应该由三个部分组成：第一部分，通过存在和非存在关系的讨论，重复《巴门尼德篇》第二部分的推论实质，为“辩证法”的正式提出奠基（236E—250E）。第二部分是讨论的核心。柏拉图讨论了“辩证法”的性质任务；详细推导了三对最普遍理型的独立性、普遍性，建立了“通种论”（251A—257A）。第三部分则简略地提及一些次级理型对“存在”“异”这两个最普遍的理型的分有情况；其中较详细地讨论了言语判断的真假问题（257B—264B）。我们依次进行讨论。

第一部分讨论了两个问题：存在和非存在、非存在和存在。柏拉图提出的问题是：人们经常说某人主张某意见是假的，是关于非存在的，如我们对智者的评价。巴门尼德再三叮咛“非存在”存在的意见绝不可听。然而，人们还是一再听智者的话。为什么呢？柏拉图谈到，原因在于人们对“非存在”问题想当然，从未曾认真地推敲过。比如，究竟什么是“非存在”呢？如果把非存在理解为“非某物”，“无可想、无可名、无可说、无意义”，我们同时就把这个“非某物”说成是一个“非某物”。说它无可想、无意义，正是把它说成是一个“它”，因而把“一”与“非存在”联系起来。“一”是数，而数则反映了存在的一种性质；现在“一”与“非存在”相联，那么就赋予“非存在”以存在的性质。如果把“非存在”理解为那些影像、画像之类的东西，它们不是原型，即非真；但是“非真”虽然不如真的那样，却也算是存在；因此“非存在”也算是一种存在。如果把假意见理解为混淆了存在和非存在，即存在的被当作非存在的，非存在的当作存在的；这就等于承认非存在可以言说可以规定，亦即等于承认非存在是一种存在，因为可以言说的只能是存在的。[①]

“非存在”难以把握，然而对“存在”的定义，其困难并不小于“非存在”。“存在”这个概念在古希腊哲学中往往带有本原论的意义；但柏拉图却通过对“存在”作

① 参阅236E—241B。

范畴意义上的逻辑分析，着力揭露人们关于“存在”的种种见解不能成立。有这样的见解：“存在”是冷和热或其他的两种东西。这就要承认存在既不是冷也不是热。因为，如果只有这两者共同地才是存在，则两者之一单独地不能是存在；既然这两者是存在，显然只有一种存在。这个结论说明：任何把存在归为两个或多个的观点，必然终而承认存在是一。这一推导反映了巴门尼德之前古希腊哲学关于世界本原思想的逻辑发展。

然而，巴门尼德说存在是一也不能成立。对此，柏拉图有三个推论：（1）说一是存在，“一”和“存在”是两个名称同指一个东西，因而“一”分为二。（2）当我们说“存在”时，“存在”作为一个名称和作为名称所指的东西，两者是有区别的，这又导致“一”分为二的结论。如果名称和名称所指相同，没有区别，则有怪论：名称是名称的名，存在是存在的名，存在是名的名，等等，这是不可理解的。（3）存在是非存在。这个结论最严重。论证如下：如果存在是一，并且这“一”乃是整体；整体是由部分组成的；这就否定了单纯的“一”，因为真正的“一”是没有部分的；因此，“存在”作为整体便等于否定自身而成为非存在。如果“存在”应理解为不是整体，那么“存在”就不能成为存在，因为成为存在只能是整个地成为；而且“存在”也将不能为大小规定，因为大小只能是相对整体而言；

没大没小的“存在”只能是非存在。[①]

还有一种关于存在的常识见解，认为只有可感觉的有形体的东西才能是存在的，否认无形体的存在物。柏拉图觉得这种观点很肤浅，讲不出多少道理，因此，他的反驳方法采用了例举反证法，举出一些无形体的存在实例，使持此观点的人不得不承认其存在，从而否定这种观点。柏拉图认为，诸如公义、智虑等品德，它们都必须是存在的，而它们又是无形体的；所以说上述观点不能成立。尽管如此，柏拉图还是认真讨论了这种观点。这一点应该引起我们的注意：为什么这样一种甚乏理性批判的常识也值得柏拉图重视，甚至与他早期的理型论相提并论？因为在柏拉图看来，这种常识的观点有一定道理；它是对存在自身具有的某种能力的模糊把握。[②]这种能力便是分有能力，它在尔后的讨论中成为一个关键性的概念。

柏拉图接着对他自己早期的理型论进行批判。批判的角度是认识论，旨意说明：承认了那么一种理型论，把“存在”理解为不生不灭，不动不静，绝对永恒而神圣的理型，则“存在”将不可认识。证明：认识是一种能动的作用，因而认识对象是被动者。根据这种观点，存在作为认识对象是被动者，它被知到什么程度，就被动到什么程度。如

① 参阅 242D—245E。

② 参阅 247D—E。

果“存在”是自在的、不动的，没有接受作用的能力，那么认识将没有作用对象而不能发生，从而“存在”亦不可认识。这个结论说明：要使认识成为可能，“存在”必须是动的。但柏拉图马上指出，作为动的“存在”也不能认识。证明：认识是探究事物相同性质、相同形态、相同关系的活动，因而需要有静止的对象。因此，存在应具有静的性质，否则认识亦不可能。由此得到结论是：“存在”作为认识对象必须是既动又静。[①]

但是，存在又动又静将导致存在不动不静的结论。证明：动与静是极端相反的，把它们集合于一个整体时，这个整体就不能是动，也不能是静，因为归之为动或静都将毁灭这个整体；因此，这个整体是不同于静或动的另一存在物。由此即可推出：这个存在物不动不静。[②]

至此为止，柏拉图为“辩证法”所进行的奠基工作完成了。我们发现，上述推论中的每一个结论都遭到否定：关于存在与非存在、动与静等，它们本身是什么，究竟具有些什么性质等等，我们仍然没有肯定的把握。柏拉图奠基的目的似乎在于，人们关于概念范畴的理解是缺乏理性批判的。简单地认为存在就是存在，与非存在无关；动就是动，与静无关；一就是一，与多无关等等，这些思想在理性批判之下只能谬论百出，不能立足。这

① 以上两段参阅246A—249D。

② 参阅250A—D。

就要求对概念范畴有一种新的理解，尔后的“谈话”中，其主题便是企图提出一种新的理解，即他称之为“辩证法”的理解。

既然要给出新的理解，怎样开辟这条途径呢，柏拉图谈到，人们关于范畴的理解无非有三种情况：或把它们孤立起来，互相不发生任何关系；或把它们无条件地联结起来；或把它们理解为有条件、有规则地互相联系和渗透。对于第一种情况，将得出否定一切的结论，连使用这些概念也不行。对于第二种情况，将使概念范畴丧失其独立性，如动是静，静是动，这是没有意义的。这两种情况前面都有论证，证明不能成立，不能接受。余下的只有第三种情况：有的理型能相互渗透，有的则不能。这种情况“几乎同字母一样情形——字母有的能彼此相拼，有的则不能相拼”（253A）。字母的相拼是需要技术的：音调的谐和也是如此；等等。在各个领域，只有内行的人才能辨别其中规则，掌握其中的技术。在理型关系中，指出哪些理型相互渗透，哪些不能，这也需要一门技术，这门技术就叫“辩证法”。“辩证法”的任务是：确立理型的独立性，不使它们相混淆；从事物中分化出理型；从低级理型中分化出更高级理型；揭示理型间的渗透关系；等等。[①]

在讨论“辩证法”的任务时，柏拉图着意指出，探讨

① 参阅253A—E。

最普遍的理型也应是“辩证法”的任务（253C）。因而他接着便讨论了三对在他看来是最普遍的理型之独立性和普遍性，“选些所认为最主要的理型，先看它们每个是什么性质，再看它们彼此参合渗透的能力如何”。[①] 柏拉图谈到，最主要的理型，按前所讨论共有三个：存在、动和静（柏拉图似乎是有意忽视“非存在”，他觉得非存在可由这三个理型中推导出来，所以有意把它置于最后来讨论）。前面所讨论的结果是：存在与动静相互渗透，但动不能分有静，这三个理型相互独立，各自同于自己异于其他两个。但请留意，这里使用了“同”和“异”，是否它们也是最主要的理型，柏拉图接着便考察了“同”和“异”的独立性问题，给出以下的论证：

1. 动与静不是同，因为动不分有静（已证）。

2. 动与静也不是异，因为动与静是存在（已证），其为存在一也。由此进一步推出：动不能是同或异，静亦然。

3. 存在不是同。证明：动静不是同（已证）；动静是存在（已证）；所以存在不是同。

4. 存在不是异。证明：存在有“自在”和“赖他而在”两种情况；如果异是存在，则异有“自在”的

① 254C。

性质，而“自在”是自身等同之意，这与异的定义相冲突，所以存在不是异。

于是这五个理型的独立性得到了证明。[①]

要全面证明这五个理型贯穿于一切理型中，就必须将全部理型拿来逐个考察，指出其中具有这五种性质。这恐怕是不可能做到的，因为理型的数量是极大的。柏拉图大概是悟出了其中的奥妙，而采用一种巧妙的逃避办法。其逻辑关系可叙述如下：如果使“动”成为最普遍的理型，只要能证明动分有了其他四个理型，即可证明这五个理型是最普遍的。当然，我们容易指出这种逃避是行不通的。但考虑到这里的困难确非柏拉图所能解决，我们姑且承认他的做法，以使讨论继续进行。柏拉图的证明有如下几个推论：

1. 动分有异，意为动不是静。

2. 动分有存在，因而动是存在。

3. 动分有异因而非同，分有同因而又是同。这是什么意思，柏拉图解释说，说动是同，指动同于自身；说动是非同，指使自己与其他的理型区别开来。

---

① 参阅 254D—255E。

4. 动在某种情况下分有静，所以说动是静。[1]

5. 动分有异，一方面具有异的性质，另一方面又与异相区别。柏拉图对此亦未加说明。其意思是，动具有异的性质，如它不是静，不是同；动又与异相区别，意为动具有异的性质而与作为理型的异相区别。

6. 动分有异，因而成为非存在。对此可作如下理解：动是存在，而当动分有异而具有异的性质时，它就与自身相区别，因而就不是存在。

以上六点推论，揭示了在“动”这个最普遍的理型中，分有了其他四个理型。

因此，在他看来，这五个理型的普遍性得到了证明。[2]

有了上述结论，非存在由此甚易推出。柏拉图认为，因为异是最普遍的理型，它使一切均具有异的性质，从而使之异于存在：这就是非存在。而且，非存在与存在为数正好相等。柏拉图未明确解说这后一结论。其意思是说，设有存在 ABC……；由于它们分有异，所以有非 A 非 B 非 C……，这个数目与存在的数目是相等的。于是非存在的

---

① 柏拉图对此未作说明，难解。因为在此之前，他谈到动与静时，总是直言其中的对立，因此，他应该在此做些说明才是。所谓“某种情况”是什么意思呢，动静问题是一个十分微妙的问题，芝诺关于“飞矢不动”的思想在此很有用，可是柏拉图似乎未能注意到这一点。

② 参阅 255E—256D。

普遍性亦得证。[①]

既然异是最普遍的理型，贯穿于一切理型中，则有下列结论：知识分有异，而使知识形成各门学科和技术。美分有异，就有非美在其中；而非美又分有存在，非美与美作为存在，彼此没有区别。大与非大、公义与非公义，等等莫不如此。[②]

谈到这里，柏拉图非常得意。他觉得他证明了存在和异是最普遍的理型，由于它们贯穿于一切之中，因此证明了非存在的普遍性，这就否定了哲学大师巴门尼德忽视非存在的错误观点。他认为他的这一观点是十分有力的，除非驳倒了他的前提，即通种论。[③]

柏拉图转而讨论言语意见等问题。在他看来，讨论这一问题是由以上讨论的引导出来的。因为：言语是存在辖内的理型，它当然要分有异。当它分有异时，意味着什么呢，是否意味着言语不存在，如果没有言语，问题就严重了。言语是理型与理型的联结形式，如果言语不存在，则以上讨论全无意义。因此必须讨论言语分有异的情况。他认为所谓言语分有异，意思是言语有假。问题在于，如何具体地揭示言语中的假。[④] 柏拉图在这里似乎要说明，“通种论”

---

① 参阅 256E—257A。
② 参阅 257B—258C。
③ 参阅 258C—259E。
④ 参阅 259E—260E。

可以原则上证明三对理型贯穿于一切，但具体的情况则应作具体的说明。因此，虽然“通种论”已证明了言语上有假，人们还是可以辩解说，言语也许没有假。[①]

以下是柏拉图关于言语有假的证明。言语主要由两个部分组成：主词和谓词。主词指示某事物，谓词指示此事物的动作状态和存在方式等。因而一句话，总是关于某物的某个动作、某种状态的，例如，“人学习”，即指示着“人”这个动物在进行“学习”这个动作。当一句话分有异时，意味着这句话所指示的某物的动作是不真实的，即把非存在的东西当作存在来说。这就出现假话。可见，假话是出现在主词和谓词的配合上；例如，主词是关于泰阿泰德的，而使谓词“飞着”与之配合，则有“泰阿泰德飞着”这句话为假。因为，泰阿泰德只是在坐着，说他飞着是不符实际的。由是言语有假得到说明。[②]至于思想，乃是心中的无声言语；意见是由思想而起的判断，因此它们分有异的情况与言语同。[③]

我们研究《智者篇》，发现柏拉图思想有一个发展过程。这一过程应该值得我们重视。他的“辩证法”，作为概念界定的方法论，其中的探讨是开创性的，至今仍然值得我们重视。从哲学史角度看，本篇谈话具有范畴论研究之开

---

① 参阅 260E—261A。
② 参阅 261D—263D。
③ 参阅 263E—264B。

创者的价值。如果我们对柏拉图晚年关于范畴的思想有所把握，再去读亚里士多德的《形而上学》，则容易发现其中深受柏拉图影响的痕迹。而黑格尔受柏拉图这些思想的影响，在《哲学史讲演录》中柏拉图部分里有显明的迹象。本文限于研究柏拉图《智者篇》中有些什么思想，以及如何把握这些思想，而未能对它作出全面的评价，这尚须进一步研究。

附录 2：载体和理型*

柏拉图在《蒂迈欧篇》中提出了两个重要概念：载体和理型。载体指事物的材料来源，而理型则为事物提供了形式结构的来源。载体是一个新的概念，我们在别处读不到关于这个概念的讨论。本文将深入探讨这一概念的提出和含义在柏拉图思想中的地位和意义。理型在柏拉图的著述中是讨论得最多的概念。然而，在这里，我们读到了一种新的理型论。柏拉图在这里把理型归为几何结构。理型几何化的思想是本文的重点讨论对象，这是柏拉图理型论的一种新形式。从概念的角度看，柏拉图运用几何化的理型来解释万事万物的结构，并认为事物的内在结构是事物的本质，因而事物的各种性质都是由理型来规定。为了加深对柏拉图理型几何化思想的理解，本文会比较柏拉图的理型几何化思想和亚里士多德对它的评论，对“不定之二”

---

* 本文原为我在北京大学时的硕士论文（1988 年）。本书第一版（2003 年）是首次公开出版，发表时有修改。本次收入有格式和译文方面的调整。

和柏拉图的数生成论思想的关系进行深入讨论。进而，本文对柏拉图的“模仿说”进行研究，试图揭示模仿说从《国家篇》到《巴门尼德篇》到《蒂迈欧篇》的发展线索。柏拉图用几何数解释理型，用载体来说明事物的材料来源，从而回答了《巴门尼德篇》对模仿说的诘难。

一、导言

《蒂迈欧篇》是柏拉图的晚期著作。[①] 柏拉图这篇对话的正文有两个部分，正文之前有段开头语。“克里提亚”叙说了一个神话似的故事，说远古时代在雅典居住着一伟大民族以及和她对抗的大西洋彼岸的入侵者。接着就由“蒂迈欧”来详细谈论宇宙生成问题：从宇宙的开端到具有理性的人的出现。“蒂迈欧”谈论的主题和“克里提亚”的故事从内容衔接上看似没有直接联系，柏拉图的意思大概是这样的：《国家篇》讨论了一种理想国，按“克里提亚”的说法，这样的国家不是理想而是历史上存在过的国家；

① 柏拉图的著作编年问题一直悬而未决。参阅本书附录 1 中的注释 1。具体到《蒂迈欧篇》的写作时间问题，更是争论不休。参阅两位代表性人物 G.E.I. Owen 和 H. Cherniss 的论文，收集在 R.E. Allen 编辑的《柏拉图形而上学研究》（*Studies in Plato’s Metaphysics*, Humanities Press, New York, 1960）一书中。我这里试图通过揭示柏拉图思想的内在发展线索来说明这篇对话应归为他的晚期著作。他在对话中提出了载体概念和理型几何化思想，直接地或间接地回答了《巴门尼德篇》中提出的一些宇宙生成问题。

我们当今社会就是这远古国家发展出来的。那么，这远古国家又是怎样发展出来的呢？这就涉及人类起源和宇宙开端问题。

柏拉图通过“蒂迈欧”之口首先讨论了造物者的作用。造物者（Demiurge）也是宇宙灵魂和理性的创造者；它象征着秩序，是宇宙秩序的原因，因而又是宇宙发展变化的目的。[①] 柏拉图强调宇宙发展变化的有序化，具有浓重的目的论倾向。中世纪哲学所了解理解的《蒂迈欧篇》主要是这部分内容。在这里，柏拉图还讨论了时间、星辰、灵魂等存在的生成问题。[②]

第二部分是我们这里要讨论的主题。柏拉图说，在讨论了理性作用后还要进一步研究所谓必然作用（47E—48B）；因为宇宙生成是这两种作用的结果。“必然作用”主要包括我们将详细探讨的载体概念和理型几何化。此外，他还企图通过四种立体结构的变换来解释各种感性性质，如硬软、轻重、颜色、声音、味道等。柏拉图的这些讨论开创了一种新的解释方法，即从一种系统的理论体系出发，对具体现象作逐一解释（47E—69A）。这种解释方法在亚里士多德那里得到充分的发展，虽然采取了不同的解释原则。

最后，他讨论了理性的承载者，即人类的生成，对人的心理和生理现象都有详细的讨论。他认为人的生成是

---

① 参阅 29D—30A。

② 参阅 31B—47E。

理性“说服”了必然而产生出来的。在他看来，人的出现意味着宇宙演化的最终实现；造物者在自己的创造物中实现了自身。因此，宇宙本身就是活生生的神自己（69A—92C）。

顺便指出，柏拉图并不认为他所叙述的理论就是最后的真理；因为我们无法给出完全的证明。它只是一种可能的解释，或相似解释。这说明他对问题的复杂性和艰巨性有深刻的体会。但这并不说明他没有确定的看法。实际上，柏拉图对宇宙生成问题进行了深入的思考和讨论，特别是他关于宇宙的本质是数的观念，对西方科学发展的影响绝不可低估。

二、载体问题

柏拉图的《蒂迈欧篇》反复强调有三种存在：理型、可感事物和载体。关于这三者的关系，他比喻说，理型好像是父亲，载体好像是母亲，可感事物则是他们的后代。然而柏拉图早在《国家篇》中有一著名划界：具体事物作为感觉对象是生成变化的；理型作为思维对象是永不变的。[①]我们会想到这一问题：这里新添一个载体存在，究竟是一种怎样的存在？

---

① 参阅《国家篇》507D—511E。

我们先来看看柏拉图的说法。他是这样引出载体问题的：

> 我们以前只区分了两类东西，现在还要分辨第三类。原先分辨的两类在此之前已经讨论足够了，其中一类指那可思想的内在的模型，另一类则指这模型的摹本，生成的和可见的。还有第三类东西我们尚未涉及。原来以为那两类就够了，现在看来不行。这第三类东西说不清楚，也看不清楚。我们能够说出它的本性吗？具体来说，它是一切生成的载体，如同养育者。（48E—49A）

柏拉图这里(以及 51A)用来指称载体的词是 ὑποδοχή。意思是接受者、容器、承载者，英译一般为 recepatcle；在 50C 用 ἐκμαγεῖον（指铸造材料）。他还使用同义词 δεχμενον（50D）、δεξαμενη（53A）。从语义上看，后两词有较强的接受倾向，但基本意思是一样的。令人迷惑的是，他在 52A 却用了一个语义迥异的词（χώρα），意思是场所、空间，英译多为 place 和 space。柏拉图用这些词同时指称一物，我们将发现其中似有一番用意。

那么这第三类存在究竟是什么东西呢？柏拉图的思路是这样：既然我们是在讨论宇宙的本原问题，首先就得考察一下前人关于这个问题说了些什么。古希腊哲学从泰利士提出水是万物本原的命题始，相继把火、气等归为万物本原；最后干脆把水、土、火、气四者作为万物本原（恩培多克勒）。这些思想家注意到了这四种东西在形态上有一共同点：无定形。但在柏拉图看来，他们忽视了它们的一个重要特征，即这些东西总是在相互转化。而本原只能是一；变化意味着多，因此不能把它们归为本原。[①] 柏拉图认为，在水、土、火、气的后面应当有一种永恒不变的东西，这才是真正的本原。

这种永恒不变的东西是什么？柏拉图用一个比喻来说明。我们用金子铸造各种形状的物件；如果把金子铸件比作各种可感事物（包括四元素），那么金子就是这永恒不变的载体。因为相对于各种形状的铸件或雕像来说，金子总表现为一；它永恒不变。因此，柏拉图把载体比喻为万事万物的铸造材料。他说："她是承受一切形式的铸造材料，为她所承受的各种形式所改变、所表现，并因此在不同时候看上去不一样。"（50C）这里要注意的是，载体本身没有任何性质；就像作为铸造材料的金子没有任何形状一样。如果金子有某种形状，它就不能铸成某一形状；除非那些原先的形状已经消除。"因此，承受各种形式的东西，其本身是没有形式的。"（50E）显然，水、火、土、气都是可感的存在物，因而总是显现为某种性质和形状；可

① 参阅 49B—50A。

感觉的东西都是有形有性的。因此它们无法充当载体的角色。相反，它倒是载体的表现物。

如果载体没有形状和性质，那我们如何去把握她？她不可能是感觉的对象，因为她没有形状和性质。她也不能是理性的对象，因为她不是理型，理性对于她无法进行推论。柏拉图对此也觉得问题复杂。他最后干脆用模糊不清的说法：“以神奇的方式分有了理性。”（51B）意思是说，把握载概念既需要理性的参与又不能完全是理性的。关于载体本性，柏拉图就说了这些。

为了较好地把握载体概念，我们试比较原子论的原子概念和亚里士多德的质料概念。原子论提出原子作为万物的本原。原子也是不能用肉眼观看的东西，万物都由它组成;原子聚而为万物，散又复归于原子；它永恒不变；原子总是原子。不难发现，柏拉图的载体和这样的原子很接近。

作为万物的铸造材料，载体和原子扮演的角色是一致的；它们都是对万物本来状态的指称。我们可以这样说，假如某一具体事物丧失自身，在原子论看来，这一事物回到其本来状态即原子状态；因为事物本来就是由原子聚结而成的。在柏拉图看来，这意味着事物的形式被剥夺而剩下没有任何形状的载体（形式和载体分离）；因为事物无非是形式加载体而形成的。当然，容易发现这两者有难以相容的差异。在原子论看来，原子虽然肉眼不能看见，却也有大小形状的差异。原子的这一性质，德谟克利特认为，只能在思想中把握，只有理性能“看见”原子的大小形状。然而。在柏拉图看来，只要有大小形状就不能避免大小形状的变化，因而不能作为最原始的存在。无论原子论者关于原子的性质说了什么，就这一点看，它不能是真正的本来状态。作为本来状态的存在决不能赋予任何性质。从概念的纯粹性看，柏拉图认为载体无形无性，从而避免了原子具有形状这一性质所带来的困境；因而对事物本来状态的抽象上是更深入了一步。

从另一角度看，柏拉图把形状从作为本来状态的载体中排除出去，另立一个本原即理型，这一点却是原子论者所未及的。原子论者对事物何以有如此这般的结构缺乏足够的注意。在他们心中，只须假定原子有大小形状的差异就足以解释为何万物有万种结构了。这当然是一种较简单的想法。反过来说，假定原子的大小形状必然在逻辑上破坏原子作为万物本来状态的单一性。试问：大原子和小原子，各种形状的原子之间有什么关系？不管柏拉图是否注意到原子论的这一缺陷，他把作为万物本来状态的载体设想为没有任何形状和性质，这在概念上是更完全了。

亚里士多德关于柏拉图的载体说了许多，根本一点是用质料来解释载体。比如，他在批评柏拉图时，认为柏拉图“在《蒂迈欧篇》中把质料和处所等同看待了”。当然，柏拉图是用空间这个词来说明载体（52A—B），因为载体是无形无性的。但柏拉图无意在亚里士多德的“质料”意义上谈论空间。许多注释者因此把载体称为柏拉图式的质料（似乎亚里士多德的“质料”先于柏拉图的载体似的）。我们注意到柏拉图的“金子比喻”，从这个比喻中我们可以说，事物都有两个方面：一是“金子”（材料、质料），一是形式结构。这和亚里士多德的“雕像说明”并无两样。也许正是由于这个“金子比喻”才使亚里士多德用他的质料来解释载体。从概念的角度看，并不难理解亚里士多德的质料是从柏拉图的载体概念发展出来的。不过，亚里士多德本人似乎对此不以为然。他觉得质料因是他的独创。如在《论生灭》（329a14—24）中，他明确地说柏拉图的载体没有用处。关于这一点，许多学者倾向于认为，亚里士多德的纯质料和柏拉图的载体可以等同视之。从另一方面看，亚里士多德在讨论“质料”概念时用雕像作为实例来分析。他把雕像分析为两个因素：质料和形式。需要注意的是，“金子比喻”毕竟只是一个比喻，而“雕像说明”则是作为实例的解释。在柏拉图这里，载体没有形状性质；虽然金子相对于各种铸件来说无形无性，但相对于载体来说，它和铁、铜等具体物体一样由四元素组成，因而总有某种形状性质。它绝不能和载体同一。在柏拉图那里，载体作为万物的原始材料（本来状态）并不需要划分为各个层次的质料。毋宁说，任何事物都直接地由载体加形式而构成；载体本身永远是单一的。从这意义上看，载体是不能简单地等同于质料的。

问题的严重性还在于：柏拉图否定虚空存在，而亚里士多德则承认虚空。亚里士多德在《物理学》第四卷讨论空间问题时对柏拉图的载体概念所作的批判，都是建立在这一分歧上的。他提出了一个很有力的批判："如果空间是质料或形式的话，那么物体如何能进入它自己的空间呢？"这句话的意思是说，空间如何能进入空间呢？即不可能有空间的空间。亚里士多德的空间和虚空概念很接近，指的是物体所占据的场所。它本身空洞无物，供物体出入，和物体相分离；物体离开某处，这某处仍留在某处，并不随物体离去。对空间作如是观，当然就不能把空间理解为质料。然而，如果柏拉图根本就没有这种空间概念，那么亚里士多德的批判就驴唇不对马嘴了。事实正是这样的。亚里士多德在谈论空间问题时把虚空和场所视为一体，在用词上不加区别。当他提出"自然界讨厌真空"命题时，这里的"真空"也就是在虚空意义上使用的。

柏拉图的措词是非常用心的。他使用的 χώρα，这个词的原意是充满的场所。有意思的是，柏拉图对于原子论者常用的 κενόν［虚空］一词避而不用；而且一再强调根本没有虚空这东西（参看 58A，79B）。他谈到，水、土、火、气产生出来后按共本性而集结，充实每一处，不留任何空地。深入地看，柏拉图的空间概念本身就排除了虚空存在的可能性。空间是充满的场所；这是一种自我充满。虽然空间没有性质，在感觉上表现为一种"无"，但它是实实在在的“有”。这种“无”是相对于万事万物的各种形状性质而言的“无”。空间是这样的存在物，当然就不可能有虚空这个东西。在柏拉图看来，所谓的虚空其实是对无形无性的载体的一种肤浅认识。承认虚空的存在等于承认绝对的“无”的存在。这样一种“无”是没有意义的不可理解的“无”。

问题还是可以提出：柏拉图如何解释亚里士多德提出来的常识中的空间概念？按这种观念，任何物体都占据一处。这个“处所”是什么意思？物体是要运动的；如果都充满了，那物体如何从这里运动到那里？按照原子论的看法，虚空正是物体运动的条件，无此则原子无法运动。对此，柏拉图谈到：“我们可以肯定地说，火是她的一部分，即不断扬起的火焰；水是她的湿润；她的部分变成了土和气，意思是说，她承受了它们的压印。”（51B）这是说，从无形无性的载体中，各种有形体通过模仿理型而产生出来。这些有形体最初是水、土、火、气；它们首先得把整个宇宙充满起来，即让载体充分地转化为水、火、土、气。我们可以设想：载体是一种可以铸成任何形状的材料；当它充分转化为有形体时，这块材料的任何一处就都转变为有形体了。我们能够感觉到的一切都是这些有形体；每一有形体都表现着一部分空间（载体）。因此，可以说这些有形体就是空间处所；除此再无其他所谓的处所了。

如果对宇宙作这样的理解，人们问，物体运动何以可能呢？于是，柏拉图提出“循环挤压”这一概念。他谈到，我们根本就不必要假定虚空存在。物体的运动（包括位移和生灭）都是通过“循环挤压”来实现的。[①] 由于到处充满着有形体，每当一物体运动时，它必然挤压旁邻物体，而旁邻物体又挤压其旁邻物体，如此发生连锁反应。但是宇宙是圆形的，因而这种反应最后又回到原运动物体并补充它离开后可能留下的空地。这种“循环挤压”是在同时内完成的；也就是说，某物体一运动，它就和其他物体互换位置了，“这一过程是同时发生的，如轮子的圆圈运动不留空隙”（79C）。顺便指出，这里提到“空地”或“位置”等，严格说来是不存在的，只是为论述的必要才使用它们。

到此为止，我们可以对柏拉图的载体概念有一个较明确的把握了：载体作为事物的本来状态构成任何事物的原始材料：它无形无性，永恒单一。柏拉图用词义迥异的两个词，ὑποδοχή 和 χώρα 来描述同一物，本意是要从两个角度对它进行说明。当他用 ὑποδοχή 一词时是要说明她在宇宙构造中的功能：作为无形无性的原始材料，它可以承载任何形状性质。因此，她本身就是接受器。而用 χώρα 一词则是要强调她的本性：它无形无性，不可感觉。从常识的角度看，空间指的便是空洞无物从而可以置放东西的地方。柏拉图借用 χώρα 来说明载体的本性有一番苦心。这个词极

① 参阅 79A—80A。

容易导致“空洞无物”的观念。然而，他选用 χώρα 而不用 κενόν，目的就是要指出空间不空，而是充满的；只是由于无形无性而不可感觉。但是，作为无形无性的原始材料，她可以接受任何形式而生成可感物体。因此，任何可感事物的形成都不可能没有她的参与。从这个角度看，她是实实在在的“有”。

人们或许还可以提出这样的问题：充满的空间何以能作为接受器？接受器之所以能接受外来事物乃是因为它自身空空如也。如果它充满了，它就不能接受事物了。这涉及对“接受”一词的理解问题。一种理解认为，“接受”事物的意思是容器（本身空洞无物）把外来的有形体容纳进来。这种理解似能在柏拉图的一些论述中找到佐证，如在 52A—B 中他写道：“空间；不朽而永恒，并作为一切生成物运动变化的场所。”然而，作这种理解必然引向把空间和虚空等同起来，而这正是柏拉图所极力否定的。实际上，作为一切生成物运动变化的场所本身就是充满的，绝不能等同于虚空的场所。因此，我们不能接受这样的理解。

我们发现，柏拉图对“接受”一词作了特殊的处理：“当她承受万物时，她完全不丧失她的本性……她是承受一切形式的铸造材料，由她所承受的各种形式所改变、所表现，并因此在不同时候看上去不一样。这些进进出出的事物乃是不朽存在的摹本；其中的压模过程令人惊奇而言之不尽。”（50C）从这段引言里我们可以看到，虽然柏拉图认为这载体的“接受”是独特的，难以清楚地加以说明，但他的说法还是相当肯定的：无形无性的空间接受了作为模式的理型（即“不朽存在”）的影像，即当理型“照”在载体上，载体便“接受”了理型的摹本。这个摹本和作为原材料的空间合为一体而产生出可感事物。摹本或影像自身不足以生成可感物体。[①] 当一种摹本进入空间时，空间便被这一摹本所分割；摹本和所分割的空间两者共同地形成可感物体。摹本离开空间则可感物体消失，空间复归于无形无性，也就是说，空间接受的不是可感物体；可感物体是空间的表现，是空间的一部分为理型的影像所“压印”而形成的。可见，空间并不接受可感物体。否则就会出现亚里士多德所批评的概念矛盾：空间接受空间。在柏拉图看来，空间只能接受理型的影像。亚里士多德的困惑正是在于把摹本（进出于空间的东西）理解为可感物体，并把空间和虚空多少牵扯在一起。这当然不符合柏拉图本意。

我们说柏拉图的载体是万物的原始材料，但柏拉图在进一步讨论宇宙构成时又提出“混沌”问题。这个“混沌”和载体有什么样的联系？我们先来读一段柏拉图的原文：

> 变化的养育者先是液化、焰化，并有土和气的样子，

① 我们注意到，柏拉图在早中期的著作中所给出的理型论正是这样认为摹本即是可感物体。参阅本书的附录1。

以及伴随而来的各种形式和性质。于是，有彼此不相似，也不相等的能力不均匀地分布在各处。这种不平衡导致她的晃动；而她的晃动反过来又推动更大的不平衡。这样的运动使拥有各种形式和性质的部分彼此分离，就像用簸箕或其他筛选谷物工具筛物一样，密者、重者一边，疏者、轻者另一边。值此时，这四种东西就是以这种方式被载体摇晃不已；而她自己则像簸箕一样也在摇晃中。不相似者彼此分开越来越遥远，相似者则相聚越来越紧凑。如此看来，在这四种东西被整合成宇宙之前，它们已经各占一处。不过，它们都没有比例和尺度。这里的火、水、土、气都只是有点像而已。在造物者尚未参与之前，它们的样子就是这样。（52E—53B）

一些注释者认为，柏拉图这里描述的“混沌”乃是一些不同于载体（作为空洞的接受器）却又存在于其中的微粒或物质。这种理解显然是用原子论者关于虚空和原子的关系的观点来解释柏拉图。康福特对此有深刻的评论。[①] 但我以为他给出的说明似亦难解。他说：“这里，接受器完全等同于空间，由火、气、水、土四种主要特征以及与此

① 参阅康福特的《柏拉图的宇宙论》（F. M. Cornford, *Plato's Cosmology*, London, 1937），第199—201页。

相关的其他性质来定性。”[①] 问题在于，如果空间无形无性，怎么这里又给它定性？当然，从上述引文看，相拉图用簸箕比喻来说明接受器和混沌的关系，似乎是把接受器和它所容纳的东西分开，并把所容纳的东西归为混沌。如果我们接受这样一种解释，那就只好认为柏拉图说了些糊涂话。

问题似乎没有这么简单。根据我们前面的讨论，柏拉图提出无形无性的载体，通过模仿（接受）理型而形成可感物体。这就似乎已经说清了宇宙万物的构成问题了。但是，从无形无性的载体直接地生成有形有性的万物似乎给人无中生有的感觉，特别是在对载体的本性缺乏深入把握的情况下更是如此。而且，赫西俄德早就说过：“最先出现的是混沌，然后是宽怀的大地，永远为万物的牢固座椅。”[②] 把万物之初设想为混沌状态的还有恩培多克勒、阿那克萨哥拉等与柏拉图思想直接相联系的思想家。这些因素促使柏拉图对混沌和它的载体之间的关系进行说明。柏拉图说，在神没干预之前，即理型还未正式压印在载体上，载体就出现了液化、焰化、气化、土化。当然，这时候的火、水、气、土还不是我们现在所看见的样子，因为它们没有结构。它们仅仅是有那么一些迹象，看上去好像是水、土、火、气。由于载体的不同部分化为这些元素，因而就出现不平

---

① 参阅康福特的《柏拉图的宇宙论》，第 199 页。

② 《神谱》116，赫西俄德著。英译参阅 M. L. West, *Theogony and Works and Days*, Oxford University Press, 1999。

衡，并开始引起激烈的运动；这运动又反过来引起载体本身的晃动。两种运动汇合起来而形成所谓的“混沌状态”。在混沌状态出现以后，神的作用开始参与进来，把理型压印在载体上，使混沌转化为有序。可见，混沌和载体不是内容和容器，或者部分和整体的关系。混沌是载体的一种特殊状态，是载体摆脱其无形无性状态面向有形有性状态转化的一个环节。在混沌状态下的载体就不能是严格意义上的载体；因为这种载体可以“看见”，虽然这种“可见”和通常意义上的肉眼可见不是一回事，但毕竟是有“迹象”了。康福特所说的载体特征其实是指这样一种特殊载体的特征。柏拉图对混沌状态的载体的描述，在我看来，主要用自己的载体概念来解释前辈们的混沌概念。

这里要指出的是，柏拉图关于纯粹载体向混沌载体过渡的论述省略了非常重要的一点：这里所说“液化、焰化”是什么意思？因为此时神尚未参与，这个无形无性的东西是怎么“化”起来的呢？是谁在推动呢？如果是自动，所根据的是什么力量？也许柏拉图是这样想的：人们把水、土、火、气归为本原，重要一点是注意到了它们的未定形性；因为未定形，所以才能产生有定形的万物。就直观上看，未定形的四元素和无形无性的载体有较紧密的联系，因而它们之间的过渡就不会有很大的跳跃。这里涉及了一个非常难解的问题：运动的起源。柏拉图似对此没有明确意识，所以我们也就不拟深究了。

三、理型是数

理型在柏拉图的对话中是老生常谈了。在以上讨论中我们看到，柏拉图有如此说法：理型是原型，它的影像压印在载体上，就分割载体并与那分割出来的部分结合为可感物体。这种说法和早中期的说法大不相同。因此，我们需要对柏拉图这种新说法中的理型概念有确切的理解。

但理型究竟是什么呢？在完成了关于载体的论述后，即载体由纯粹状态过渡到混沌状态，柏拉图就转而讨论理型的本性问题。他说：

> 这一点大家都会认同，即火、水、土、气都是立体。一切立体都有厚度，并被许多平面包围。由直线所围的面乃由三角形构成；所有的三角形都可以归到两种直角三角形（即一个是直角，余者为锐角的三角形）中。其中一种三角形的两个锐角都是半直角，由两条等边所定；另一种三角形的两个锐角和两条边都不相等。我们认为，这便是火和其他物体的本原。（53C—D）

柏拉图的这两个三角形，一个是等边三角形的一半，一个是正方形的一半。他认为这两种三角形可以构成任何三角形。但他同时认为，在几何学上对此给出论证非常困难的。他说："这里选择的理由要讲起来是太长了。如果谁在检查这个问题时发现我们弄错了，那他会得到崇高的敬意。"（54B）由前者构成的正面体有三种：最简单立体是正四面体，被当作火的原型；其次为八面体，为气的原型；再次为正二十面体，为水的原型；由后者构成的最简单立体是正立方体，为土的原型。[①]

柏拉图否认水、土、火、气为万物的本原，因为它们由两个更为原始的本原产生，这便是载体和理型：载体提供了无形无性的原始材料，而理型则供以形状和性质。理型作为原型其实就是几何立体结构，最终归结为两个直角三角形。把理型归为几何数，在柏拉图的对话中只有这里才谈到。在《国家篇》中，他把数学几何学对象和理型都划归为知识对象；但数学几何学处理的是可感事物，用假设来进行推理。因此，数学几何学不是绝对稳定的知识；它需要上升到"辩证科学"。只有在"辩证科学"那里，可感事物已被撇开，我们能够专注于理型之间的关系，并获得最真实的知识。[②]数学几何学较之"辩证科学"是较低级的学问。"辩证科学"的研究对象乃是以"善"（最高理型）和各种"事物本身"所组成的理型世界。数学几何学的对象如三角形等，虽然也属于永恒者，却是作为下级存在。其存在性乃在于它们分有了善。因此，两者的存在

① 55E—56B。

② 《国家篇》第七卷，510B—511D。

性是有区别的。在《国家篇》中，只有“理型”而不是数学对象才能作为可感事物的原型。换句话说，作为数学几何学对象的立体并不是可感事物的原型。[①] 从这个角度看，柏拉图把理型归为几何立体乃是对理型的全新理解。这个新理解在西方思想史上有非常深远的影响。

为了更好地把握作为几何模式的理型，我们先来讨论一下它的一些特性。柏拉图说：“存在着一类自身同一的东西，不生不灭；既不容纳它物于自身，也不会进入其他事物中；不可见不可感觉，只能为思想所把握。”（52A）在柏拉图看来，理型是本原，和载体一样当然不生不灭。至于它不容纳也不进入其他事物，指的是理型产生万物的方式。我们前面讨论载体问题时就涉及了这一点：理型过自己的摹本压印在载体上面生成可感物体。这种关系类似于理型把影像照在镜子上，因而它本身虽然不进入其他事物，但它的影像进入了其他事物。和载体不一样的是，理型自身不能接纳任何其他事物，它只是通过自己的影像和其他载体发生关系。

我们注意到，柏拉图在这里根本不提理型的纯洁性和单一性。这两个性质是《斐多篇》《国家篇》等早中期著作中十分强调的。容易发现，把理型归为几何立体图形就必然导致放弃理型的这两个性质。所谓纯洁性，在柏拉图

① 参阅《国家篇》第十卷的讨论，以及本书附录 1 的有关讨论。

早中期的理型论中是指每个理型都纯粹自我同一；各个理型之间没有内在的渗透关系。这种想法在《巴门尼德篇》中受到了批判，继而在那篇对话的第二部分以及《智者篇》等对话中，柏拉图大谈理型的相互渗透问题。① 这里也在谈论理型间的相互关系，却是一种几何数学上的比较转换关系。理型即几何立体；各几何立体之间的转换可以用准确的数学关系来表达。例如，一个水粒子由于火和气的作用而分解，进而复合为两个气粒子和一个火粒子；一个气粒子可转换为两个火粒子，等等。它们都由相同的三角形构成，相互转换是没有问题的。②

柏拉图这里也不谈理型的单一性。单一性有两重含义：其一是理型作为杂多事物的共同的本原。在《巴门尼德篇》的第一部分，柏拉图深入地批判了这种单一性。其一是指理型的唯一性。他说："神……只造了唯一的一张自然的床。"③ 所谓"自然的床"，指的是床的理型。在他看来，任何理型都是唯一的，而"分有"或模仿它的事物则是杂多。现在把理型归为几何数，理型就不能是唯一的了。柏拉图说，由等边三角形的一半所构成的四面体作为火的原型。但是，人们可以追问，为什么火的原型不是由其他的三角形所构成的其他多面体？这种追问当然是合理的。柏拉图

① 参阅本书附录 1 的讨论。
② 参阅 56D—E 中的各立体分解复合的数学计算。
③ 《国家篇》597D。

对这种追问的合理性是认可的。他说：

> 为了使讨论顺利进行，我们必须在那无数的三角形中找到最完善者，并以此为本原。根据这一原则，如果有人说他找到了一种更好的图形来构造这些立体，那他就将作为朋友而不是对手成为赢家。（54A）

柏拉图在谈到几何学理型论时，不像在《国家篇》中谈论理型世界的唯一性，他只是说最完善的几何体系一定是存在的。但他自己提出的这套几何体系是否就是最完善者呢？柏拉图没有作肯定的回答。他指出，他这里提出来的几何体系是经过很长的研究和论证而得出来的。[①] 我们且相信这一点。有一点看来是可以肯定的，柏拉图承认除了他的这套几何模式以外还有其他的甚至更好更完善的几何模式。这是他的理型几何化思想的重要特征之一。在柏拉图看来，虽然有许多几何模式，但是，不是所有的几何模式都能成为宇宙的模式（即理型）。作为宇宙万物的理型的几何模式必须是最完善者。神只选择最完善者。否则，宇宙所模仿的不是最完善的几何模式；它作为摹本就不是最好的了。这样的说法，不难发现，隐含了几何模式的多样性。也就是说，供神或理性选择的几何模式肯定有许多，

---

① 参阅 54A。

但所选定的模式则只有一个。从这个意义看，理型不是唯一的。

在讨论柏拉图的几何理型论时，他放弃了他早中期理型论的分有说。这一学说认为，一个物体有各种不同的性质，原因是这一事物分有了各种理型。[①]这里的问题是，如果理型是一种几何模式，我们如何能通过这四种立体结构来说明事物的诸多性质。柏拉图谈到，火有热的性质是因为火粒子的棱角尖锐。运动很快，人碰上就会有强烈的刺激。[②]所谓上下轻重，柏拉图认为没有绝对的上下轻重。因为宇宙是圆的，边沿上任何一点对于中心来说都相等，因而没有上下之分。在中心点上任何方向都是同等的，因而不可能有上有下。人们的上下观念是这样形成的。宇宙四元素产生出来后，各自物以类聚；从而水、火、土、气各聚一处。设若某人在某一元素的聚集处中，比如在火中；火同类相聚而趋向于火自己的聚集处；当这人用力强迫火离开自己的领域进入异域时，火就会产生反推力。当然，这人会比较容易地把少量的火推入异域。这样，这个人就会认为，大火团显得重而趋于下，小火团显得轻而趋于上。我们在地球上把土质物体提起使之进入气的领域时，这物体就会向下反推因而有重量。[③]关于痛苦和快乐，一般来说，当外

---

① 参阅《巴门尼德篇》129A—D。

② 参阅 61D—E。

③ 参阅 62C—63E。

来作用是强烈突然地打乱体内的正常状态时，感觉到痛苦，而正常状态的恢复则是快乐。这里所说的变化都是体内外各种粒子相互作用的结果。[①] 总的来说，柏拉图希望用四种立体结构的相互作用来说明各种性质。只是对于复杂事物，他觉得难以讲清楚，便通过目的论来说明。

值得注意的是，亚里士多德在《论天体》和《论生灭》这两部著作中经常提及《蒂迈欧篇》中关于四元素及其四种立体结构的论述。他对柏拉图的理型几何化思想似乎采取了一种轻视的态度。在他看来，把物体最终归为四种立体结构以至于平面的想法和数学直接矛盾。他谈到，数学上的平面没有重量；数学点不可分割；但物体却拥有重量并可以分割。[②] 有意思的事，他还指出柏拉图提出了载体概念但没有运用它。[③] 因此，亚里士多德认为应该从事物的性质出发进行物理研究。他说："元素间的差异不在于它们的形式，最重要的差异在于性质，功能和能力之中。"[④] 亚里士多德不同意柏拉图把物理研究的重点放在物体的内在的几何结构上，认为物体的形式结构只是其诸多性质中的一个。他主张应该着重探讨物体的各种性质。他谈到，物体有四种基本性质：冷、热、干、湿。由这四种基本性质

① 参阅 64B—65B。

② 参阅《论天体》第一卷，第三章。

③ 同上，329a17。这种批评显然失于偏颇，因为柏拉图的载体正是要解决事物的物体性来源问题。

④ 同上，309b18—32。

而演变出各种各样的性质。[1]我们发现，柏拉图和亚里士多德在物理研究的方法上代表着两个方向。柏拉图认为事物内部存在着一种几何结构，这便是事物的本质。而亚里士多德认为事物的诸多性质才是应该首先研究的。这里我不拟全面比较这两种物理学方法。我要指出的是，亚里士多德关于物理学方法的观点直接妨碍了他对柏拉图理型几何化思想的认知，因而无法深入把握柏拉图晚年的数学思想。我们在下文还要讨论到这一点。

柏拉图把理型归为几何，这种想法似来得有些突然。他在《巴门尼德篇》《智者篇》和《斐莱布篇》诸篇对话中，致力于理型（作为范畴）的内在关系的推论，企图建立统括全部理型的范畴之网。我们说这就是他的范畴论。当他转而讨论可感事物的生成时，面临的是《巴门尼德篇》对理型本源论的毁灭性批判，即理型不能物体化为本原。这样，他就必须重构他的宇宙生成论。我们指出，他提出载体概念以解决"物体化"问题。因为载体提供了物体化的材料来源，理型就无须加入任何"物体化"因素而继续扮演着本原的角色。理型在古希腊文的原意是形状、形式的意思。从直观上看，说形式和载体的结合而生成可感事物似亦不难理解。但是，如果深究形式问题，比如说，水的形式、石头的形式，等等，对它们能否具体、确切地加以规定？

---

① 参阅《论天体》，第二卷，第三章和第四章。

这样的追问，纯粹从柏拉图的理型论出发，就可能引导向形式的数学几何化。[①]

柏拉图如何从数学研究中找到上述几何立体模型，这是一个很艰深的难题。柏拉图晚年谈论数学问题的文字，主要见于《蒂迈欧篇》和《法律篇》的一些片段。此外就是他开设的一些讲座（或讨论课？）。我们在他的文字著述中读到的更多的是几何学问题而不是算术问题。但是，亚里士多德在《形而上学》讨论数学问题时，恰恰不谈几何学而主要涉及算术数的生成问题。亚里士多德对数学问题虽然不是很有兴趣，但他的大量有关论述却是我们接触柏拉图晚年以及毕达哥拉斯学派后期的数学思想的主要材料之一。因此有必要专门讨论一下亚里士多德提出来的问题。这将助于我们深入把握柏拉图的理型几何化思想。

亚里士多德谈到：

> 因为形式是万物的原因，他（柏拉图）就把形式的元素归为万物的元素；至于质料，则把大和小归为

① 现代一些科学哲学家在讨论这个问题时，认为柏拉图的几何立体概念和原子论的原子有直接启承关系。这似太牵强了些。固然原子论者讲原子的大小形状，但这就像我们说物有大小形状一样，乃是种直观的说法，其中并没有特殊的理论原因；仅仅表明原子论者对事物的本来形态的抽象还不够彻底。而柏拉图的几何立体概念则是以形式和载体的划分为前提的。柏拉图有意识地研究作为模式的理型，这才使他有可能经数学研究而提出理型几何化思想。这是一种自身理论的进展。

> 第一本原。“一”是根本的实在，通过分有，而从“大和小”中产生数。然而，他同意毕达哥拉斯学派的观点，认为“一”是实体而不是对其他事物的说明，数是其他事物的实在性的原因。但假定“不定之二”以及由大和小所产生的无定形，而不把这个东西当作是“一”，却是他所特有的，……他在“一”之外也赋予“不定之二”以实在性是因为注意到这个事实：除了素数，任何数都能从“不定之二”中产生出来；就像它是某种可塑材料一样。[①]

亚里士多德这段文字告诉我们，柏拉图和毕达哥拉斯学派关于数的生成问题的思想是：“一”和“不定之二”是数生成的两个来源；“一”是实在性的来源，“不定之二”是质料的来源。“一”和“不定之二”是怎样生成数的？这一问题亚里士多德并没有提供多少论述，因而引起人们的广泛的研究兴趣。罗斯（Ross）在他的《柏拉图的理念论》第十二章讨论了其中几个被认为是比较重要的研究成果。[②]

罗斯对维勒（Van der Wielen）的见解颇为推崇，认为这比较符合史料的各种记载。特别引起注意的是，这个见解被波普尔推广了。波普尔认为，关于数生成问题的讨

---

① 《形而上学》，987b19—35。

② D. Ross, *Plato's Theory of Ideas*, Oxford, 1953.

论导致了柏拉图《蒂迈欧篇》中表述的理型几何化倾向。[①]波普尔对该问题的洞察十分深刻。这里，我想把问题放在柏拉图的语境中来讨论亚里士多德提出来的数生成论问题。维勒是这样来解释“一”和“不定之二”生成数的：假设“不定之二”是一条不定的线段 AB，其中没有任何尺度。在其中作任一点 C 都可以把它一分为二。使 C 在中间，则有 $AC = BC$。即有 $C = 1$，这是第一个数。$AB + BC =$ 2：这是第二个数。再使 2 在 AC 的中间进行划分便能生成一切自然数。

我们假定维勒的解释符合当时的数学讨论。但问题是，这种数生成论是柏拉图自己的思想吗？根据亚里士多德的记载，这似乎不成为问题。研究者们对此似亦质疑甚少。我们注意到，这里说的“不定之二”、“大和小”、“无定形”都是作为数生成的质料因。这些概念和载体是在相同意义上使用的。我们感到迷惑的是，在柏拉图看来，数作为思维对象是排斥物体性因素的。如果是这样，这种纯粹思维对象的数如何能把“不定之二”作为自己生成的质料来源？根据我们前面的分析，载体（“不定之二”）是独立于理型的无形无性的原始材料，理型（几何数）则是通过压印而与之相结合生成可感物物体。因此，即使数是生成的，它也不可能借助于载体。

---

① 卡尔·波普尔，《猜想与反驳》，傅季重等译，上海译文出版社，1986 年，第 127 页，注 3。

在亚里士多德《论灵魂》中还能读到这样一段材料："（柏拉图把）理性归为一，科学归为不定之二，意见归为平面数，感觉归为立体数"[①] 罗斯在讨论这条材料时颇为肯定地说，亚里士多德的这段文字是在叙述柏拉图的思想。[②] 然而，我们在《蒂迈欧篇》中读不到这种想法。因为理型或数都是理性的，感觉所认识的只是数的摹本。把数和感觉联系起来的思想至少不是《蒂迈欧篇》的思想。或者说，柏拉图在晚年的那些讲座中所表达的数学思想与他在《蒂迈欧篇》表达的思想完全背驰？这种说法难以接受。《蒂迈欧篇》的写作和那些讲座在时间上相距不长，他几乎不可能如此轻易地放弃自己新提出来的思想。看来，我们需要从旁找到出路。否则对柏拉图的思想就无法自圆其说。

在柏拉图看来，可感事物的生成需要载体；它是形式（理型的影像）和载体结合的产物。但是，数学对象就其纯粹状态而言是独立于可感事物而存在。因此，讨论纯粹的数之生成应该和载体概念毫无关系。据此思路，如果说，数的生成需要载体参与（如亚里士多德所言），那我们就有理由认为这里所说的"数"不是柏拉图理解的数；毋宁说，这种"数"是一种和可感物体有相同本性的东西，这样的"数"概念正是毕达哥拉斯学派对数的理解。这一

① 参阅《论灵魂》，404b16—27。

② *Plato's Theory of Ideas*, pp.209—211.

点亚里士多德说得很明白："毕达哥拉斯学派认为事物即数。"[①] 根据这一点，我认为应把亚里士多德上面所讨论的数生成论归于毕达哥拉斯学派。

第欧根尼·拉尔修有一段这样的记载：

> 亚历山大在他的"哲学家的师承"中说，他在那些关于毕达哥拉斯的回忆录中发现了下面这些思想：万物的始基是"一元"。从"一元"产生出"二元"，"二元"是从属于"一元"的不定的质料，"一元"则是原因。从完满的"一元"与不定的"二元"产生各种数目……[②]

实际上，毕达哥拉斯学派把可感物和数等同对待，随着其自身理论的发展，就可能提出质料问题，因为数本身无法提供事物的质料。根据他们"对立是存在物的本原"这一观点，在"一"之外找到"不定之二"作为物体性材料是很自然的。

问题出在，从亚里士多德的上述引文中，似乎柏拉图也持有相同的观点。由于我们无法找到其他史料来佐证这一点，对此就只能提出一些猜想。柏拉图晚年可能开设了一些数学讲座，这些讲座必然要常常涉及毕达哥拉斯学派

---

① 亚里士多德《形而上学》，987 b28，以及 l080b16，1088bl0。

② 第欧根尼·拉尔修《名哲言行录》，111.1。中译文引自北大西哲史编写组《古希腊罗马哲学》，商务印书馆，1982 年，毕达哥拉斯部分。

的数学思想。我们注意到，亚里士多德对柏拉图的数学思想缺乏深入的体会，因而在听讲座时可能没有先全弄清柏拉图所谈论的数学问题，从而把其中许多关于毕达哥拉斯数学思想的评述和柏拉图本人的思想混淆起来。他反对柏拉图把理型归为几何数的思想，我们前面指出过这一点。因此，当他根据他的笔记向学生重述柏拉图和毕达哥拉斯学派的数学思想时，就分辨不清两者的思想了。我们可以进一步推测，亚里士多德《形而上学》最后两卷关于数学问题的讨论主要根据他的笔记写成的，上面提到“一”和“不定之二”生成数的论述很可能是柏拉图对毕达哥拉斯学派思想的评论。需要指出的是，柏拉图在《蒂迈欧篇》里没有提到“不定之二”。只是在较早些时候的著作《斐莱布篇》中有“无定形”、“可大可小”等提法。[①]“可大可小”和“不定之二”在概念上很接近。究竟柏拉图是否受到毕达哥拉斯学派关于“不定之二”概念的影响而提出载体概念也未可知，这里就不深究了。

如果上述猜想成立，波普尔关于柏拉图从“一”和“不走之二”的比例中走向几何化的推测就变得可以接受了。柏拉图认为数学对象脱离可感事物而存在于思维中，因而对它的研究是纯思辨的。“不定之二”在毕达哥拉斯学派那里是要回答数（作为可感事物）之物体性材料来源。这

① 参阅《斐莱布篇》，24A 以下。

个问题在柏拉图看来不复存在了。数是纯思维对象，和物体没有任何直接的关系。即使数的几何形式（理型）是可感物体的模式，那也是通过影像的方式压印在载体上，它自己在压印的前后都没有改变。

但我们也注意到，“不定之二”在柏拉图晚年的数论中仍然扮演着重要的角色。由于载体概念的提出，物体性的材料问题已经解决（注意柏拉图在谈论载体时不提“不定之二”）。当柏拉图在谈论数学问题时，“不定之二”就和载体或可感事物完全无关。或者可以这样来看：柏拉图有条件地接受了“一”知“不定之二”生成数的观点，把它运用于纯粹的数论研究中。因此，“不定之二”在这里没有任何物体性存在的含义。它只是数论的一条假设。这个差别似乎微小，却是根本性的。报据波普尔的想法，毕达哥拉斯学派用1：C的方法生成一切自然数和有理数，但无理数是他们禁止提及的。这会导致世界的不和谐。比如说，一个无理数指称什么事物？[①] 然而，对柏拉图来说，这个顾忌是不存在的。从纯数学的角度看，他在问：$\sqrt{2}$和$\sqrt{3}$，这两个无理数的数学意义在哪里呢？对这个问题的进一步追问引导了柏拉图深入研究上述两种直角三角形，最后确立它们作为四种立体的本原。

① 波普尔，《猜想与反驳》，第127页。

四、模仿说难题

关于模仿说，我们在《国家篇》和《蒂迈欧篇》中都能到详细的论述。在《巴门尼德篇》中则读到对它的批判。这三篇对话中的模仿说是怎样一种关系？我们首先注意到：欧文（Owen）在他的论文里把模仿说问题列为他论证《蒂迈欧篇》属于《国家篇》等篇对话一组中期著作的重要证据之一。他认为：模仿说首先是在《国家篇》中提出来的。柏拉图在第十卷谈到，神造就了理型之床，这是一切现实的可感的床的原型。人便是根据这理型之床来制造各具体的床。理型都是神的产物，而现实可感事物则是模仿这些理型而形成的。这样一个模仿说在《巴门尼德篇》中受到了批判，其中的一个批判便是所谓的“无穷后退论”。这个推论是这样的：设有理型 A；可感事物 B 模仿理型 A 而生成。因此，B 类似 A。但是，人们可以提出问题，B 和 A 为什么是类似的？根据理型论，它们的相似性来自于相似理型 C。也就是说，A 和 B 模仿了 C，因而彼此类似并类似 C。但 A、B、C 三者又何以是类似的？这需要理型 C_2、C_3、C_4……。由此可推出有无穷多的理型，从而破坏了理型的单一性。欧文认为这一批判使柏拉图放弃了模仿说。但在《蒂迈欧篇》里我们发现，柏拉图十分强调模仿说。因此，如果柏拉图是认真对待《巴门尼德篇》的批判，那他在《蒂迈欧篇》重提模仿说就不可理解了。欧文因此推论到，《蒂迈欧篇》应该是柏拉图的中期著作。[①]

欧文的推论受到策尼斯（Chenniss）和格斯里（Guthrie）等柏拉图专家的反驳。他们提出来反对欧文的证据主要是史料方面的。柏拉图晚期的其他作品也能读到模仿说的提法，如《斐莱布》285D—286A，《第七封信》824B、346C等处都有原型和摹本的提法。因此，从史料的角度看，我们不能说柏拉图晚年放弃了模仿说。至于欧文推论中的无穷后退问题，策尼斯认为不成问题。他指出，设A模O，从而有O_2、O_3等等；但是，O_2、O_3……等乃是同一物。因此这个悖论是虚假的。柏拉图可能意识到这一点，因而没有认真对待它。因此，柏拉图晚年仍然无所顾忌地谈论模仿说。[②]

我们注意到，欧文并没有进一步回答这些反驳。这并不能证明这些反驳是没有漏洞的。特别使人难以接受的是，策尼斯认为柏拉图提出的"无穷后退论"乃是一虚假推论，而且柏拉图甚至对此已经意识到了。如果我们跟随这种解释，就要得出这样的结论：《国家篇》中的模仿说和《巴门尼德篇》《蒂迈欧篇》中的模仿说是同样的学说。我们注意到，争论的双方都没有对柏拉图思想的内在发展线索

---

① 参阅 ,G.E.L. Owen,"*The Place of the Timaeus in Plato's Dialogues*", 收集在 R.E.E. Allen 编辑的 *Studies in Plato's Metaphysics*, Humanaitie Press, New York, 1960。

② H.F. Cherniss, "*Relation of thc Timaeus to Plato's Later Dialogues*". 同上。

给予重视和讨论。特别地，对于柏拉图在《巴门尼德篇》提出了的一系列推论所隐含的重要意义缺乏足够的重视。为了更好地理解《蒂迈欧篇》中的载体和理型，我们需要对柏拉图这三篇对话中关于模仿问题的论述进行深入分析，揭示其内在的逻辑发展线索。

在《国家篇》中，柏拉图提出模仿说，首先是论证画家、诗人之类的所作所为并不值得称赞。他们是模仿模仿者。为什么这样说呢？柏拉图接着说，现实的可感事物乃是对理型的模仿，它本身就缺乏实在性。模仿缺乏实在性的存在，其作品当然就离实在性就更远了。但这里的理型是什么东西？柏拉图论述说，理型思想的对象，不是可以像指称个别感性事物那样指称它的存在的。在理型的床和可感觉的个别床这个比喻中，我们可以认为，柏拉图谈论的理型是存在于思维中的事物形式结构。柏拉图对此很肯定：理型是完美的神圣的。神的作用似亦只限于制造理型。现实可感事物模仿理型的方式，柏拉图似无意一一给出说明。他只是举一些例子来说明他的想法。这样一种模仿说的许多问题他都没有涉及。原因可能是，柏拉图在这里并不想专门地全面讨论模仿问题。他更关心的问题是向人们证明以善为最高理型的理型世界是实实在在的。

根据柏拉图在《国家篇》中对模仿说的零零散散的不系统的论述，我们得到的模仿说大概有这几条原则。1.理型本原，个别可感事物作为摹本是派生物；2.理型是一，摹本是多；3.理型是完善的，感性事物的善性来自于理型。①

然而，《国家篇》中这种随随便便谈论模仿问题的方式在《巴门尼德篇》完全为一种严肃的讨论方式所取替。首先，神的作用被忽略了。这可能是基于这种考虑：如果神是完善的理型的创造者，神就只制造善的理型。但是，如果我们要全面讨论这里的问题，就不能回避这样的追问：自然界有许多在人看来为秽物的感性事物，如污泥、粪便等；它们是否也是神根据污泥理型或粪便理型而制造出来的？如果是，那神就用有价值的理型制造毫无价值的事物了。如果否，那么这些秽物是怎样产生的？②一旦柏拉图意识到这一点，当然就把神省略了。

逻辑上，省略了神的作用，就必然导致“无穷后退论”。在《国家篇》中，柏拉图说，神只造就了唯一的理型，不会造就两个以上的同种理型。③现在神省略了，我们如何能够保证，一类事物只有一个理型呢？无穷多的同种理型的出现是神不在场的必然结果。“无穷后退论”在逻辑上是严重的。问题倒不在于这无穷多个理型是否为同一个理型；即使它们是相同的，但还是多。理型是多就不能作为原型被其他事物模仿。④

---

① 参阅《国家篇》第十卷。

② 参阅《巴门尼德篇》130B—E。

③ 参阅《国家篇》597C—D。

④ 参阅《巴门尼德》132D—133A。

当我们接触《蒂迈欧篇》的模仿说时，容易发现有这两个显著的差异。首先，神又起作用了。但这个神和《国家篇》的神不同；后者是“工匠”，能制造理型，而这里的神不是制造理型的神。柏拉图谈到，理型是永恒的存在，不生不灭。神所做的事只是去选择一种最完善的几何模式。也就是说，他面前尚有许多其他几何模式可供选择。由此推出第二点，理型作为原型并不是唯一的。神从许多几何模式中选择最先善者。从逻辑上看，其他的未被选上几何模式都有可能被选中而成为现实的宇宙模式。从这一点上看，理型是多。柏拉图努力论证作为摹本的宇宙是唯一的，是所有可能的宇宙中最好的，因为神只选择一个几何模式作为宇宙的原型，并且神的完善性保证了宇宙的完善性。[①]这和《国家篇》所谈论的模仿说正好相反。这两点差异并不是无足轻重的。它们反映了柏拉图对《国家篇》的模仿说进行补缺，以回答《巴门尼德篇》对模仿说所作的诘难。

柏拉图在开始讨论宇宙生成问题时，首先提出的先决条件是神。他说：“人要是稍有一点头脑的话，在开始做每一件事时，不管大小，都先求助于神。”（27C）古希腊人对神的信念根深蒂固。当然，柏拉图理解的神和传统的一般人所想象的神相去甚远。柏拉图明确说，引进神的作用是理性本身所要求的。他所说的神乃是完善性的表征，

① 参阅 32C—33B.

即是思维本性。它的能力不如《国家篇》的神，后者能够制造理型。它的作用仅在于选择最完善的几何模式作为宇宙的原型，并遵循完善性原则使摹本尽可能与原型相似。神是完善的；他遵循完善性原则来使宇宙模仿理型，因而宇宙模仿最完善的几何模式时就不会成为瘪脚摹本。

我们还注意到，神在《蒂迈欧篇》的重新出现是要解决作用者问题。摹本模仿理型是怎样实现的呢？摹本虽然变化运动，但它是派生物，不可能主动地去模仿理型。况且，在模仿动作之前还没有摹本这个东西。在《国家篇》中，如果是人造物，这个模仿动作是由人来执行的。人是有理性的，有思想的，因而可以根据他所理解的“理型”来造物。但对于非人造物，就不知谁是作用者了。因此，模仿说本身在逻辑上必然要求神的干预。神是模仿说的理论前提。由于引进神的作用，所谓无穷后退问题亦就不复存在。显然地。摹本之所以类似理型可由神来保证，无须依靠另一个理型来实现。神是完善的，他在使摹本模仿理型时，本着完善性原则，当然是使它越类似越好。神是使摹本类似其理型的最后保证。

我们曾谈到，柏拉图承认有许多种几何体系存在。这些体系在完善性上可能有程度上的差异。和《国家篇》不一样，柏拉图这里说的“完善性”并不是从价值角度，而是从几何学角度来谈论的。当他说可能有一种更好的几何体系时，意思是说那种几何体系在逻辑论证上更严密，更有说服力。这里并没有什么这个三角形的价值较另一个三角形的价值多些或少些之类的问题。由于没有价值性问题的干扰,《巴门尼德篇》关于秽物问题的诘难就较易回答了。他是通过必然作用来解决这一问题的。

柏拉图认为,宇宙生成是两种力量共同作用的结果,这就是理性和必然。理性是一种完善性,它使整个宇宙发展向着“类似”它自身的方向发展。这是宇宙之所以有秩序的原因,因为秩序是宇宙发展的目的。因此,理性作用经常被理解为目的因,而必然作用则被称为不定因,常常与偶然、无目的等意义相联。柏拉图理解的“必然”和现代人理解的“必然”并不相同。一般来说,它所引起的运动可以有目的(即理性“说服”它而趋向某一目的),也可以没有。一切运动都由它引起。柏拉图说:“这个世界是必然和理性的共同产物。理性是通过说服来驾驭必然的。理性是统治力量,它说服了必然而把大多数被造物引向完善。”(48A)理性能不能独自地造就最好的事物呢?显然不能。理性仅仅意味着思维中的完善性倾向,它对载体和理型的存在无能为力。它所能做的就在于选择最好的模式,使之与载体结合为可感事物,并劝说被造物向完善性方向运动。

柏拉图在这里谈论的必然原因,主要指四种元素的立体结构的种种变化。他在提出四元素的几何结构之后指出:“我们把这种想法称为对必然性的一种相似解释。”(53D)

这些立体的转换变化可能“听从”理性的劝告而趋向有序化，如正常人体内的各种生理变化；但也可能“不听从”理性而随机变化，如疾病以及自然界的各种与理性无关（没有意义或价值）的存在物。当然，宇宙是伟大的可见的神；它的总方向是趋向于完善化即理性自身，因此其中大部分事物都是“听从”理性，通过必然作用发展出来，向着善的方向而运动。由此看来，理性所要求的方向只是必然作用的一个方向。必然作用还可以引起其他各种各样的变化，因此说它是“不定因”。对于必然作用的复杂性，柏拉图谈到：

> 这些元素在构造立体时其大小并不完全相同；有些小些，有些大些。一般来说，一种元素的种类有多少，本原三角形的大小不同就有多少。这些不同大小的本原三角形混在一起，导致了无限的多样性。我们要对宇宙给出相似解释，就必须对这一点加以研究。（57D）

在柏拉图看来，自然界的各种可感物体都是水、土、火、气。如火焰、光线和余烬等是火；液体、熔浆体（包括黄金，铜等可以熔解的物体）等则是水；土有石头、陶、盐等；气有明净的以太和污浊的雾、汽等等。当然，还有大量的物体没有罗列出来。它们有的可以归属于四元素任何一种，有的则可能是四元素混合而成。要对所有物体都给出说明乃是一件艰巨的工作。但据此就足以说明一切物体都由这四个立体、两个三角形构成的。因此，柏拉图说这就足够了。

为什么会有这许多的种类呢？原因就在于其中的原始三角形大小不一。当某种尺寸的三角形构成某一立体时。它就不同于其他尺寸的三角形所构成的立体；这便是所谓粒度大小问题。如液体的粒度小于熔浆体的粒度。当尺寸不等的三角形构成某种立体时。其中的情况就变得非常复杂，几乎可以说是变化无穷。如雾和汽是由彼此不等的三角形构成的，等等。从柏拉图列举的一些物体及其归属的情况看，他把那些一般认为是好的、高贵的、讨人喜爱的物体解释为由精细的大小同一的三角形构成；而那些让人讨嫌的、低贱的物体则归为由不等的三角形所构成。但无论哪种物体，它们都由两个原始三角形构成。这是由必然作用决定的。理性无法“说服”必然性完全地生成好的完善的物体；因此，宇宙间存在着许多没有价值（不合理性）的东西。

还有一个费解的问题：柏拉图说理型是可感事物的模式，但在《蒂迈欧篇》中仅仅提到五个作为模式的理型：即水、土、火、气和生物体理型。[①] 如果根据这一点而推断说柏拉图只承认五个理型似太武断。然而，柏拉图为什么不提其他事物的理型？相拉图也谈到同和异的存在；但它

① 参阅 55B—C。

们不是作为模式而出现。这里讨论宇宙生成问题，不涉及善本身、公正本身等理型也是可以理解的。但现实世界仍然有很多其他物体，如房屋、床桌、雕像、树木等等，这些东西也应该有自己的模式去模仿。也就是说，我们应对它们的理型给出解释？根据我们以上的讨论，我们可以按柏拉图的思路作如下说明。一切可感物体都是由四种元素构成的，四种元素又由两种三角形构成；由于这两种三角形大小尺寸不一，因而可以构成无数的物体。一切可感物体都可以归为这四种立体结构；其中有些物体的立体结构比较整齐和精致（由纯粹的精细的三角形构成），有些则比较粗糙（由大小不一的三角形构成）；有些由单一立体构成，有些则由多种立体构成，如渗入火因素的水形成可见的流体等等。不同比例的四元素可以形成各种各样的事物。因此，在涉及宇宙生成问题时，只需讨论四元素的理型，据此就足以说明任何物体的理型了。

然而，柏拉图在这里忽略了一个严重的问题。如果我们严格遵守模仿说原则，把理型作为模式和可感事物作为摹本加以划分，并认为理型通过影像与载体结合而生成可感物体，那么就可以追问：这些各种各样的立体结构及其变化转换是作为模式间的纯粹数学转换呢？拟或只是感性事物及其之间的转化？根据模仿说原则，我们应该这样说：所有这些立体结构都是理型，它们之间的转换也是模式间的变换；可感事物的各种变化都是模仿模式间的变换而产生的。如果理型间没有相应的变换，可感物体之间的变化就不可能出现。然而，柏拉图在谈论这些立体结构及其转换时，却完全放弃了模仿说原则。我们读到，他把立体结构及其转换直接地归于可感物体。在这部分讨论中，他似乎忘记了应该建立纯粹的作为原型的几何数学关系之网。[①]

如果说柏拉图忽略这一问题可能是因为他已经指出四元素的立体结构即是作为原型的理型，因而一切物体的立体结构都是理型。可是，这将导致更为严重的问题：可感物体的立体结构及其转换即是“必然作用”；如果它们是理型自身及理型关系，那“必然作用”就存在于理型模式中了。也就是说，可感物体的“必然作用”是模仿了理型模式中的“必然作用”而出现的。把“必然作用”引入理型模式中必然导致破坏理型模式的完善性。

看来，更合理的解释是柏拉图在用几何数学关系解释可感物体的结构及其变换时放弃了模仿说原则。在他看来，模仿说原则仅仅适用于宇宙创生之初。一旦四元素产生了出来，模仿说原则就不适用了。因此，除了四元素需要模式外，其他可感物体并不需要理型为它们的模式。从这一点看，有些学者认为柏拉图在《蒂迈欧篇》中只承认四个理型，最多再加上生物体理型（指宇宙本身是一动物体），仅此而已。这种推论是有道理的。

---

① 参阅 57C 以下。

从认识论角度看，柏拉图模仿说所遇到的困难起源于这个学说的错误前提。柏拉图认识到思维的完善性倾向，这在数学研究中尤其突出；而感性事物则缺乏完善性。据此，他推导说，只有完善性的存在才是更根本、更本源的存在。我们可以同意柏拉图的意见，数学之数是完善的，它存在于思想之中。相对而言，存在于感性事物中的数则不完善的。但是，我们如何能够说，数学之数是根本呢？从逻辑上看，我们为什么不能说，数学之数的完善性来源于感性之数的不完善性，比如说，是对不完善之数的抽象呢？或者，当我们把这个关系这样转过来之后，就不会作茧自缚，在涉及可感物体的数学两者之间的关系时陷入柏拉图模仿说难题里了。

五、结束语

仅仅根据以上的讨论，还不能对柏拉图的宇宙论给出一个完整的综述。对于其中的造物者、宇宙灵魂、理性、目的论等问题，我们只是附带地涉及；而时间、运动等问题则没有涉及。柏拉图在这些问题上都有非常深入的思考，需要专门讨论。本文对柏拉图宇宙论的核心问题，即生成物的构造问题进行了较详尽的讨论。根据这一工作，我们还是可以概略地把握这个宇宙论主要思路的。

柏拉图认为，宇宙万物有两个起源点：第一是无形无性如载体，通过“化”而形成混沌物质。这便是可感物体的物体性来源。第二是两种直角三角形，由它们而构成四种立体。这便是可感物体的形式、结构和性质的来源。当各种立体通过自己的影像而使混沌物质取得某种形式结构时，相应的同名可感物体出现了。这时就开始了宇宙的演化。四种元素是最先出现的可感物体；它们是万物的基本元素。万物的生长发展都建立在这四种元素的各种组合及其变换之上。宇宙的最终形成还需要理性即完善性的参与，即宇宙应该趋向于秩序。

我们的讨论表明，对柏拉图各篇对话乃至同时代和在他之前的各思想家来说，至少有两点是《蒂迈欧篇》所独有的，这便是载体概念和理型几何化思想。我们指出，载体概念和原子论的原子概念有一定的相关性。这表明柏拉图可能受到原子论的影响。而对于亚里士多德的质料因概念，我们说，它与载体概念有诸多差异甚至对立；但是，它从载体概念发展引申出来这一点却是毫无疑问的。柏拉图在《巴门尼德篇》中揭示了理型物体化所带来的逻辑困境。这里，由于可感事物的物体性来源在载体概念中得到了解释，可以说，他完成了对他的早中期理型论的补足。

柏拉图使理型几何化，解答了《巴门尼德篇》对模仿说的诘难，也带来严重问题。我们已指出了这一点。由于柏拉图把作为宇宙模式的几何体系与可感物体分离开来，认为几何模式是独立存在的，并教诲他的学生要对此进行纯思辩的研究，这对柏拉图学园的数学研究无疑是重要的推动力。柏拉图说，撇开他所谈论的这几何体系不说，在众多的几何体系中肯定有一最完善的体系，把握住这一最完善几何体系就等于完全把握住这个世界的本质，从而能解释宇宙间的一切现象。他还认为，我们不能接受毕达哥拉斯学派把数等同于可感物的观点；纯粹的数是独立于可感事物的；它只存在于思维之中。研究数学问题应该完全撇开感性事物，只对数的纯粹形式进行研究。只有这样才能获得最完善的几何体系，并对物理世界给出最终的解释。在欧几里得的《几何原本》出现之前，柏拉图学园就有许多成员各自建立自己的几何体系；而欧几里得在写书时所用的材料，据考证，大都来自知他一起学习的拉柏图学园派成员。这些人（包括欧几里得本人）都遵循柏拉图的思路进行数学研究，即数学之数是纯粹思维形式的存在，应建立一种最完善几何体系以解释宇宙万物。

柏拉图认为，可感物体都有立体结构。这是他的一个具有重要意义的猜想。但我们注意到，这个猜想并不是偶然的思想闪光，而是他的理型论的内在发展产物。柏拉图推进了苏格拉底关于共性概念的思想，认为任何感性物体都应该有共性即理型，并进而推论出这样一个想法：事物的根据在于它的形式结构。理型的词义在古希腊文里与形式相通。当他想到应该具体地把握可感事物的理型时，在毕达哥拉斯学派的教学思想及其所倡导的数本源论的影响下，走向了理型几何化的思路。卡尔·波普尔相当肯定地说：“文艺复兴时期的伟大物理学家——哥白尼、伽利略、开普勒、吉尔伯特，他们离开亚里士多德转向柏拉图，企图用宇宙论的几何方法来代替亚里士多德的质的实体或潜能。这就是文艺复兴在科学上的基本意义：几何方法的复兴。”[①] 波普尔的洞察是深刻的。当然，要在史料上论证这一思想的发展线索还需要大量的工作。从已有的一些研究成果看，都有利于波普尔的论断。如克莱因就写道：开普勒“接受了柏拉图的教义，那就是宇宙是按照一个事先建立好的数学方案安排的”[②]。我们说，近代物理学方法是数学加实验的方法，其中的数学方法应主要来源于柏拉图的想法。现代物理学似也与柏拉图的理型几何学牵连上了。量子力学创始人之一海森堡十分严肃地谈到他的思想与《蒂迈欧篇》立体结构思想的渊源关系。[③] 本文不对这样一个需要长篇大论的问题深入讨论。我想，只要指出柏拉图理型几何化思想对后世确有深远影响这一点就够了。

---

① 波普尔，《猜想与反驳》，第 124 页。

② 克莱因，《古今数学思想》第一卷，上海科学技术出版社，1979 年，第 282 页。

③ 参阅海森堡，《原子物理学的发展和社会》，中国社会科学出版社，1985 年，第一章。

附录 3：求善意义上的灵魂观*

灵魂问题是柏拉图思想中的核心问题，对此的讨论一直没有停止过。一般来说，我们把柏拉图的著作分为三个阶段。早期对话以重述其老师苏格拉底的思想为主。但是，由于早中期对话多以苏格拉底为主角，早期和中期的界限就很难划分。我这里集中分析柏拉图的三篇对话，即《斐多篇》《国家篇》和《蒂迈欧篇》。其中《蒂迈欧篇》为晚期作品；学术界虽仍有争论，但几乎已经定论。从柏拉图的思想发展和写作风格看，《斐多篇》偏早期，而《国家篇》属于中期作品。在灵魂问题上，我们也注意到，三篇对话的关注点虽有联系但各不相同。因此，我这里把这三篇对话的灵魂讨论归为柏拉图灵魂观的三个不同阶段。

分别来看，《斐多篇》谈论的是个体灵魂净化问题，

---

* 原文以“求善原则和柏拉图的灵魂观”为题发表在《灵魂面面观》（陈俊伟等编，中国社会科学出版社，2006 年）。收入本书时在文字和格式上都有所修改和调整。

《国家篇》把个体灵魂置于社会生活的语境中，《蒂迈欧篇》则从宇宙论的角度来讨论灵魂，包括灵魂的生成、构造和发展。综合起来看，柏拉图灵魂观始终贯穿一条原则，那就是灵魂求善原则。在他看来，灵魂是生命的本质，在生存上是向善的。不过，现实中的灵魂受到肉体的限制，导致了它在向善的过程中偏离向善方向，并走向作恶。即使如此，灵魂的自然倾向还是求善的。因此，问题的关键点是：如何保持灵魂的向善倾向，并满足其向善追求？

关于善的界定，柏拉图在这三篇对话中提供的理解并不完全一致，因而在分析灵魂向善而求善之运作时呈现了不同视角。《斐多篇》理解的善是道德的完美性，《国家篇》的善是最高的知识，而《蒂迈欧篇》的善则是指理性秩序。因此，我们追踪柏拉图的灵魂观将涉及这些不同视角，并加以审视，提供一个整全的柏拉图灵魂观。

同时，我也想指出，柏拉图在善概念的界定中深深陷入真理困境，也就是说，他是在真理困境中呈现他的灵魂观的。就思想史而言，真理困境既是柏拉图的思想困境，也是整个古希腊思想史的思想困境。在考察柏拉图灵魂观的过程中，我也希望读者一起来体会这个思想史困境。

一、求善原则

为了对柏拉图的灵魂观有深入的认识，我们需要对他的求善原则有基本的了解。求善原则是柏拉图思想的基本原则，几乎每篇对话都涉及。这里，我想集中讨论《美诺篇》中的一个论证来说明这一原则。在此篇对话中，苏格拉底提出一个命题：

> 每个人都是依据他对善的理解来选择的，因而没有人有意选择恶者。在现实生活中，如果有人选择了恶者，那么，所作的选择并非他的真实意愿。（77B—78B）

苏格拉底接着从两个角度来论证这一命题。他谈到，人做选择时无非有两种可能，或选择善者，或者选择恶者。当然，当人选择善者时，说明人是求善的。因此，对第一种情况无须论证。但是，人也选择恶者。苏格拉底说，人选择恶者时有两种情况：有意选择恶者和无意选择恶者。如果一个人无意于恶者，但实际上却选择了恶者，这说明这个人的本意还是求善的；只是由于对恶者的认识不清楚，从而违背自己的意愿选择了恶者。对于这种情况，一旦这个人认识到自己的选择错误，他就会放弃原先的选择，并进而求善。

于是，问题的焦点是，有人有意选择恶者。苏格拉底的话锋一转，直截了当地指出，人不可能有意选择恶者。他谈到，“恶”的意思归根到底是伤害自己。一个人有意选择恶者，从这个意义上看就是有意选择伤害自己。人当然不可能有意伤害自己。因此，人不可能选择恶者。如果人选择恶者指的是选择伤害他人，由于“伤害他人”是有益于自己的，所以，就其本意而言，他的选择是求善的。人们也许会提出极端的例子，比如，人选择自杀。自杀当然是要伤害自己的。因此，人可能有意选择恶者。苏格拉底没有谈到这个问题。但是，从他的思路出发，我们可以发现，人在选择自杀的那个时刻，在他的意识里，自杀是摆脱当下困境的最好选择。也就是说，自杀在那个时刻对他来说是善的。因此，人自杀时也是求善的。苏格拉底被判处饮鸩自杀，却在监狱里和朋友们高谈阔论，认为肉体之死是灵魂的释放，因而是好事一桩。所以，他拒绝各种求生的建议，安详饮鸩而亡。苏格拉底用他的死来说明他的求善原则。

每个人的本性都是求善的。这一原则并不是要说，社会上没有恶者。实际上，在苏格拉底看来，这个社会是充满恶者的。原因是，尽管人们本性是求善的，由于人们对善的认识不足，常常把恶者当作善者。所以在意识上，人们都自以为是地在追求善；只是因为他们对善的认识缺乏，他们在求善时实际上却尽做恶事。所以，问题应该这样提出：如果人们的本性是求善的，当人们因为善知识缺乏而行恶时，他们的本性要求就没有得到满足。换句话说，人们要想满足自己的本性要求，就要努力认识善，占有真正的善知识。

人的本性求善，这一说法在柏拉图的对话中可以转换为：人的灵魂求善。苏格拉底在《斐多篇》谈论死亡时，认为他的灵魂将摆脱肉体的束缚，上升到纯净的境界，从而能够完全把握善。这种谈论方式表明，人的灵魂乃是人的主体。所谓的选择活动，其实是由灵魂来担任的。灵魂是求善的，求善是灵魂的生存倾向。因此，灵魂和善在柏拉图思想体系中是互相定义的两个概念。

二、灵魂净化说

如果灵魂是求善的，那什么是善呢？在《斐多篇》中，柏拉图借苏格拉底之口就这个问题展开了讨论。人们对善的认识大都是从一定的善恶观念出发的；而人的切身利益是形成自己的善恶观的基础。比如，一个人在生活需要钱财来维持，因而钱财是好的。在这种善恶观中，钱财是善恶的标准。还有一些人把权力或荣誉当作善恶标准。这些东西是不是真正的善呢？柏拉图指出，这些东西其实是人的身体需要，包括肉体享乐需要、身体激情需要等等。人的生活由这些身体需要来驱动，结果是，当人的身体衰老而死亡时，这些需要消失了；于是人的生活失去了动力，不知何为好坏，乱了方寸。也许，人们会认为，人死了就一切都没有了；没有了生存，谈论善恶就没有意义了。在柏拉图看来，这样一种想法是人们固步自封，自以为是，不求上进的主要原因。因此，他认为，指出人的灵魂在人的肉体死后仍然存在这一点，是人们追求善的根本动力。

柏拉图谈到，灵魂永存其实是一个很古老的学说。根据这个古老的学说，人的灵魂是轮回的；人的生生死死不过就是这不朽灵魂的进进出出而已。[①]当然，这只是一个传说。但柏拉图进而指出，这个学说是可以论证的。柏拉图的论证思路基于如下两条原则：对立面相互产生；灵魂是人的本质。

第一原则是容易论证的。柏拉图指出，从我们的观察出发，我们可以发现有好坏之分、公正与不公正之分，等等。可以说，凡物皆有对立面可以是一个普遍有效的原则。进一步观察还可以指出，对立面是相互产生的，比如，我们说一物变大，如果此物原来不是小的，那它就没有变大的说法，因此，此物的大来自于此物的小；反之亦然。[②]

第二原则认为人的灵魂是人的本质。柏拉图的早期理型论认为每一事物都可以划分为本质和现象。事物的本质决定事物之所以是这一事物而不是其他事物。对于

---

① 《斐多篇》70C。本文引述《斐多篇》以英译文为主，见 *The Collected Dialogues of Plato*, E. Hamilton 和 H. Cairns 编，Princeton: Princeton University Press, 1961。灵魂不灭和灵魂轮回说在毕达哥拉斯那里就有明确的表达。参阅毕达哥拉斯残篇，《古希腊罗马哲学》（北京大学哲学系编译，商务印书馆，1961 年）。

② 同上，70E。

这一事物来说，失去本质就失去自身。因此，本质是不变的。如果人的灵魂是人的本质，则有如下推论：尽管人会有各种变化，如张三这个人有少年老年、健康疾病等的变化，但是，张三的灵魂仍然保持如一。对这一结论作进一步的推论，我们就可以发现：人的灵魂必须也是人的生和死这种变化的载体。生和死是一对对立面。根据对立面相互产生原则，生来自于死，死来自于生。这就是说，人的灵魂有生有死，如同入睡和清醒。否则的话，柏拉图谈到，要是人死后就永远消失了，那我们就无法理解人的出生如何可能。从这个角度看，人死后其灵魂仍存就不难理解了。[①]

在柏拉图看来，问题的重点不在于人死后其灵魂是否仍然存在，以上讨论已经给出了这一点的证明。对于我们这些活着的人来说，重要的是要知道人死后其灵魂如何存在，以及死后的灵魂存在和生前的灵魂存在之间有什么关系。对这一点的正确认识将帮助我们在有生之年能够努力为死后灵魂做点事。柏拉图谈到，人的存在无法避免这一事实，人是灵魂和肉体的结合体。那么人的灵魂在结合之前是怎样的呢？柏拉图认为，灵魂作为人的本质原来是纯洁的神圣的。这一点可以从知识回忆说来说明。知识回忆说是他在《美诺篇》中提出来的。在那篇对话中，苏格拉

---

① 《斐多篇》，71E—72D。

底和美诺的一个奴隶对一个几何问题进行讨论。这位奴隶没有受过几何学方面的教育，但是，在苏格拉底的启发下能够理解一个几何学原理。苏格拉底接着谈到，如果这位奴隶在生前没有关于几何学的知识，他在未受过几何学教育的情况下能理解几何学原理就令人奇怪了。因此，他总结道，人的灵魂在生前一定已经存在，并掌握了几何学知识，只是由于出生而忘却了它们；因此，人们对它们的认识其实是“回忆”而已。在《斐多篇》中，柏拉图通过讨论人对“等于”这一概念的认识重复了这一论证。从这一点出发，我们可以得出结论：知识是好的，知识中的真理是神圣的。也就是说，灵魂原来是和真理在一起的，因而是纯洁的神圣的。①

人的灵魂本来是纯洁神圣的，但因为和人的肉体的结合，就不免受到肉体欲望的污染。本来，人的灵魂在这种结合中是作为支配者存在的。由于人们对自己的支配者地位不重视，结果是在肉体欲望的驱动下反成了肉体欲望的奴隶。这样一来，灵魂的神圣本性就会受到严重的污染而无法自拔，以至于当人们的灵魂死后脱离人的肉体时，这种污染仍然带在身上，影响灵魂的运动。因此，当灵魂离开肉体时，越少受到肉体的污染，就越能按自己的本性而趋向善。比如，一个人在生前努力求善，他的灵魂就具有

① 《斐多篇》，72E—76C。

越多的善性或神圣性，从而在离开肉体时就有更大的可能性完全摆脱肉体的污染而趋向善。所谓生前努力求善，在柏拉图看来，就是努力学哲学，或爱智慧，因为只有哲学能够提供关于善的知识，从而能使人向善。相反，如果人们生前的灵魂完全受肉体欲望所支配，灵魂离开肉体时带着各种不同欲望的污染，要求回到肉体中去。于是，灵魂就在不同的肉体中轮回。比如，对于那些欺负弱小，崇尚独裁，喜欢暴力的人，他们的灵魂受到这些肉体欲望的污染，死后就会去寻找能满足这些欲望的肉体，如豺狼、饿鹰等。[①]

我们注意到，苏格拉底在这里谈论灵魂的善时大都和肉体欲望对立起来。也就是说，要保持灵魂的善就要通过善知识来控制肉体欲望。这种观点称为“美德即知识”。柏拉图这里也谈到灵魂对知识的追求，认为认识事物的本质能够引导我们认识善，从而能够引导我们的灵魂在离开肉体后趋向善。但是，总的来说，柏拉图这里谈论的知识是一些道德理念，归根到底是在生活上对自己的身体欲望加以控制。《斐多篇》是柏拉图偏早期的作品；在学术界的一般看法中，它保留了较多的苏格拉底的本来思想。实际上，这种希望通过控制身体欲望来达到善的想法在柏拉图的后来思想发展中不断被淡化。然而，这种想法在小苏格拉底学派中却是主导思想；像犬儒学派的一些代表人物

① 《斐多篇》，80C—84A。也请参阅柏拉图在《蒂迈欧篇》（90E—92C）提出来的生物退化论。

刻意使自己过简朴生活，表明自己能够控制肉体欲望。对柏拉图来说，如无善的知识，我们既不能控制欲望，也无法达到善。

柏拉图注意到这个事实：人并不是依靠本能而行动的动物。人有思想观念，会对善恶有所判断，并根据自己的善恶判断引导自己的行动。归根到底，人的善知识决定人能否为善。比如，如果一个人认为做独裁者是好事情，他就会运用他的各种手段和资源去争取成为一个独裁者。按照一个错误的想法去追求善，尽管在他的思想中自认为是在做一件好事，结果是走向善的反面。因此，找到真正的善知识乃是我们得到善的根本途径。

三、灵魂求知说

我们进一步分析《斐多篇》的灵魂净化说。我们在控制身体欲望时会遇到这个问题：人有许多欲望，我们是要控制全部欲望呢，还是控制其中的一部分？显然，有些欲望是我们生存所需要的，如饥饿时要吃，困倦时要休息，冷了要穿衣等等。因此，简单地控制身体的各种欲望会带来生活的混乱。如果我们要控制的是某些身体欲望，那就要搞清楚哪些欲望是好的，哪些是不好的。这样一来，我们就必须有一个标准来衡量欲望的好坏。这个标准，在柏拉图的《国家篇》中称为善知识。柏拉图对人们固守自己的善知识这一点有相当深入的观察。为此，他用了很大的篇幅对人们的各种自以为是的看法进行深入分析，指出它们的自相矛盾，并企图由此推动人们对善知识的追求。归结为一点就是，虽然人人都拥有自己的善恶知识，而且往往会顽固地认为自己的想法就是真理；但是，为了得到善知识，我们必须摆脱自己的偏见，从可见世界进入可知世界。真理和善在可知世界中。人的灵魂只有进到这可知世界中，才能认识真理，掌握善知识，最后完成自己的求善历程，进入最高境界。

《国家篇》的中心问题是如何理解“正义”（dikaiosyne）概念。Dikaiosyne这个字的原意是“正确行为”，“恰当做法”等。[①] 人的行为和做法是受一定的观念所引导的，因而它的引申含义就是正确的生活原则或指导观念，即真理和善知识。我们读到，柏拉图对流行的一些“正义”概念进行了分析，比如“借钱还钱”“善对朋友、恶对敌人”“强者说了算”，

---

① 柏拉图这里的“正义”概念可以对社会，也可以对个人，即对社会或对个人来说是对的处理，正确的行动，好的行为；其重点在正确、真理、恰当，而不在于个人或社会关系。实际上，在《国家篇》（又译为《理想国》）的后半部，柏拉图所讨论的主要是个人的Dikaiosyne。因此，在理解上不能和公平或公正概念相混淆。在中文语境中，正义往往是在“社会正义”的语境中被使用，和公平或公正概念通用。当代英文的justice与中文的用法相近，用它来翻译dikaiosyne也会出现类似的混淆。许多《国家篇》注释者注意到这个问题而使用righteous。我认为righteous比较合适。在希腊文语境中，正义常常是对个人而言的，可以完全与他人无关。希腊文还有两个字含有公平的意思，ekdikesis指的是正当报复，扯平；krisis指公正判决，诉讼。柏拉图在《国家篇》中讨论的是dikaiosyne。

等等，认为这些说法在逻辑上难以立足。如果正义的意思是正确的、恰当的，那么正义就是好的。但是，有人提出，“不正义是好的”。柏拉图觉得这个问题对他灵魂求知论来说非常关键，涉及什么是“好”（善）的定义，需要深入分析。

就一般人来看，正义这个词的定义是清楚明白的，即正确行为或好的行为。因此，正义是好的。但是，从另一方面看，人们会认为，一个只图自己利益的人是不正义的人，按理就是不好的人。但谁不为自己的利益着想呢？从每个人自己利益的角度出发，有利的就是好的。因此，不正义是有利于自己的因而是好的。不难看到，这里争论焦点是：什么是好（或善）？从某种大众接受的定义出发，正义是好的；从某种个人的想法出发，不正义是好的。尽管苏格拉底的论证指出，当人们说“不正义是好的”时，实际上是混淆了“不正义”和“正义”的定义。然而，问题并未因此消失。比如说，从某种个人的想法出发所得出的善概念是不是一个善概念？换句话说，究竟哪一种关于好的定义，大众的还是个人的，才是正确的善概念？而且，即使是大众关于好的看法，也因时因地而异。实际上，根本的问题是，我们能够提出一种普遍接受的绝对的善概念吗？[①]

我们可以回到本文开始时谈到的柏拉图的求善原则。

---

① 参阅《理想国》，郭斌和、张竹明译，商务印书馆，1986 年，第一章。

柏拉图认为，人的灵魂是求善的。人的求善活动需要一种善概念来指导。因此，拥有什么样的善概念就有什么样的求善活动。如果人们所拥有的善概念实际上是恶概念，那么，他们的活动就一种名义上的善活动，而实际上是一种恶活动，即以善的名义作恶。也就是说，找到绝对的善概念对我们满足自己的求善冲动来说就是至关重要了。

为了寻找绝对的善概念，柏拉图对人们的现有善概念进行了考察。令柏拉图心寒的是，在现实中，每个人都自以为拥有了真正的善概念。当然，如果一个人自认为他拥有了善概念，他就不必要去寻找其他的善概念了。结果是，当人们在自己的现有善概念的指导下去生活时，就不自觉地过一种罪恶的生活。为了唤醒人们对自己的这种可怜生存状况的认识，柏拉图给出了著名的“洞穴比喻”来描述人们的现实状况：

> 让我们想象一个洞穴式的地下室，它有一长长通道通向外面，可让和洞穴一样宽的一路亮光照进来。有一些人从小就住在这洞穴里，头颈和腿脚都绑着，不能走动也不能转头，只能向前看着洞穴后壁。让我们再想象在他们背后远处高些的地方有东西燃烧着发出火光。在火光和这些被囚禁者之间，在洞外上面有一条路。沿着路边已筑有一带矮墙。矮墙的作用像傀儡戏演员在自己和观众之间设的一道屏障，他们把木

偶举到屏障上头去表演。[①]

人的知识来自于人的感觉和经验。由于这些人一直生活在洞穴里，他们对世界的认识只能来自他们的这些感觉经验。柏拉图继续说，如果有人把他们领出洞穴，让他们观看在太阳底下的万事万物，他们会有什么反应呢？显然，他们会眼花缭乱，反而认为太阳底下的万事万物不真实，因为它们和他们的现有感觉经验完全不同。因此，他们宁愿回到他们认为是真实的世界（即洞穴）里去。

在柏拉图看来，这些洞穴中的人就是我们现实中的人。当时的雅典人有相当多的一批人无所事事，终日在戏院里消遣。也就是说，他们是通过看戏剧来了解社会人生的；更为甚者，干脆认为那就是真实的世界。或者，即使人们不去看戏剧，他们的生活范围不过是能看见的现象世界。现象世界变化不居，并常常出现错觉或幻觉。生活在这样的世界里，人们是不可能认识真正的善概念的。

人们怎样才能认识真正的善概念呢？柏拉图谈到，我们生活的世界其实是由两部分组成的：现象世界和理型世界。现象世界就是我们用感官所能接触到的世界。它还可以进一步一分为二：影像和实物。对它们的认识形成我们的各种变化不定的意见。理型世界虽然不为我们所见，但

---

① 参阅《理想国》，郭斌和、张竹明译，商务印书馆，1986 年，第七卷。

可以为我们理性所知。它也可以一分为二：数学对象和理型。如果我们只停留在现象界，我们的认识就不过是善概念的影子。或者说，我们只有一些意见。因此，为了满足我们的求善追求，我们就必须进入理型世界，把握善概念。[①]

然而，问题在于，在柏拉图的观察中，当人们持有某种意见时，认定这种意见就是最好的。如果已经拥有了最好的意见，人们就没有理由放弃它们，转而去寻找别的什么。对柏拉图来说，善概念在理型世界中，这一点是没有疑问的。但是，并不是每个人都能理解这一点。怎么样才能让人们按照柏拉图所设想的真理之路不断走下去呢？而且，当人们还不理解柏拉图时，人们凭什么要接受他的说法，认为真正的善在理型世界中？柏拉图对这种内在于人们思想中的固执是有深刻体会的。

为了解释这种现象，柏拉图提出了灵魂的三种划分：理性灵魂、激情灵魂、欲望灵魂。一个人在欲望灵魂的控制下想到的只是满足欲望。只要能满足欲望，就是好的。对他们来说，谈论荣誉、美德以及那些看不见摸不着的东西，都没有意义。他们的标准很简单，即满足欲望。要他们放弃他们的欲望去追求善概念，那是不可能的。一个在激情灵魂控制下的人，为了他的荣誉，为了他所认定的美德，可以控制自己的欲望。但是，如果他的激情高于

---

① 参阅《理想国》，郭斌和、张竹明译，商务印书馆，1986 年，第六卷。

理性，他就会鲁莽、冲动，并抵抗理性对它的指令。这样的人也无求于善概念。能够执着追求善概念的只有那些受理性灵魂所控制的人。当这些人从理性出发来控制自己的激情和欲望时，他们就引导了一种有理性有秩序的生活。柏拉图接着说，这三种灵魂分别居住在人的头部（理性灵魂）、胸部（激情灵魂）和腹部（欲望灵魂）。[①] 从这个角度看，一个社会中只有少数人执着追求善概念也就不足为奇了。

然而，如果在欲望灵魂或激情灵魂控制下的人不追求善概念，而是依照欲望或激情的驱动去生活，那么，从社会的角度看就会出现混乱。柏拉图在提出他的理想国构想时，目的是设计一个按善概念来统治的理想社会，即由那些拥有善概念，遵循理性原则行事的人来做统治者。如果人们不追求善概念，人们也就不会尊重并服从拥有善概念的人，于是统治者的意志就得不到贯彻。因此，唤醒人们对善概念的追求，在柏拉图看来，是十分重要的。其实，柏拉图在《国家篇》中的主要谈论，就是要揭示善概念，并向读者指出，人在本性上是追求善的，但在假的善概念的指导下无法达到真正的善。因此，人人都要努力认识善概念。

① 参阅《理想国》，郭斌和、张竹明译，商务印书馆，1986 年，第四卷。关于三种灵魂的所在地，柏拉图在《蒂迈欧篇》中有更详细的讨论，参阅 69B—72A。

在结束《国家篇》时，柏拉图叙述了一个故事，警示那些不去努力认识善概念的人。柏拉图谈到，人的灵魂是不朽的，死亡是肉体的死亡。人死后，他的灵魂离开死去的肉体，以后还会投胎再世。因此，人在有生之年不努力去认识善概念，他的来生就会很悲惨。这个故事说，有一位英雄名叫厄洛斯在战斗中死去，12 天后在葬礼中竟然复活了。他在复活后讲述了自己在过去 12 天中遇到的事情。厄洛斯谈到，他和一批人到了天堂地狱的分界处；这些人都按正义和不正义的原则进行判决，有些人进天堂，有些人进地狱。但他却被分配了一个特殊的任务，这就是，去天堂、地狱转一圈，然后把他的所见所闻告诉世人。其中最重要的信息是，厄洛斯最后来到一个大厅，那里有许许多多的灵魂准备再投胎。他听到“必然女神”在为每个人宣布命运：每个人都一次机会选择他的来生。于是这些灵魂就开始选择。人在选择时都是挑选最好的。问题在于，人们对好坏的认识并不一致。如果一个人在他的前生没有很好地认识善概念，他的好坏观念就受到意见的左右。当他进行选择时，他就可能挑选表面上是好的，而实际上却是痛苦不堪的生活。比如有一个灵魂，他挑了一个最大僭主的生活。这个人的前世生活倒是规规矩矩的；但他的好坏观念是由于风俗习惯而不是学习哲学的结果。当他看到他来世的僭主生活还包含着吃自己孩子等可怕的命运在内时，他后悔了，但已经太晚了。他必须面对自己的选择。

所有的灵魂都有要挑选自己的命运，并走向自己的命运。[①]

这个故事的中心点是，人在此时此刻学习哲学，认识善概念，无论达到什么程度，只要肯努力，就必有好的报偿。同时，如果人们疏忽于对善概念的认识，那么在来生还要受苦受难。

四、灵魂理性回归说

柏拉图在《国家篇》中谈论灵魂时，虽然努力证明认识善概念对人有益，但总的倾向是：人应该认识善概念。但在《蒂迈欧篇》中，他提出一种说法，认为灵魂是造物者根据理性原则制造的，尽管和肉体结合后搅乱了灵魂的理性秩序，但它还是内在地具有回归原有理性秩序的自然倾向。柏拉图在谈论灵魂的理性秩序时有一条基本预设，即秩序是善，混乱是恶。[②] 因此，回归灵魂的原始秩序就是一个趋向善的过程。我把这样一种说法称为“灵魂理性回归说”。

我们先来看看灵魂是怎样被造的。造物者把存在、同、异三者合在一起作为灵魂的原始材料，[③] 然后根据一定的数

---

① 参阅《理想国》，郭斌和、张竹明译，商务印书馆，1986 年，第 10 卷。

② 参阅《蒂迈欧篇》30A，谢文郁译注，上海人民出版社，2003 年。

③ 因着灵魂拥有存在、同、异这三个范畴，灵魂就能对万事万物进行分别归类。柏拉图在《智者篇》中对这三个范畴之间的内在关系进行了深入讨论。可参阅本书附录 1。

学比例关系对原始材料进行划分，使之和谐并拥有理性。这便是灵魂的生成。[①]这样造出来的灵魂就内在地拥有了概念关系和数学关系，从而内在地拥有理性秩序。造物者首先造的是宇宙灵魂；按上述方式造好后，他让这宇宙灵魂充满整个宇宙的每一处；接着造就各种星体，让灵魂居住于其中。这便是我们看见的天体。每一天体都是一个灵魂。造物者称之为不朽的被造神。接着，造物者把剩下的材料继续搅和在一块，但每搅和一次，其纯洁度就下降一级。造物者用这些材料来造人类的灵魂。人类灵魂虽然在理型秩序上比不上诸神，但他们和诸神一样也是不朽的。做完这工作后，造物者便指示那些不朽的诸神为这些灵魂制造身体，包括人类和其他生命体的身体。

诸神遵循造物者的指示，从水、土、火、气中取原材料，揉成一定的形状，把灵魂拴住。他们先造一种圆形体，即人的头部，然后再造其他部位，把灵魂分别放在头部、胸部，和腹部。头部圆形，乃是模仿天体的形状，作为灵魂的最高贵部分（不朽部分）居住地，作为统治者。当灵魂进入身体后，因着和身体的交往而开始作激烈的运动，并导致混乱，使灵魂失去原有的秩序和理性。只有当人成长起来后，灵魂和身体的交互作用缓慢下来，灵魂渐渐有了固定的路径，恢复其自然状态。这时，理性就重新出现。如果人们

---

① 我在这里省去了柏拉图对灵魂内在数学关系的详细谈论。以上讨论参见《蒂迈欧篇》35A—37A。

能够在理性重新出现后积极回应，顺应理性的带领，并通过学习和教育来推动这种理性的回归，那么，人们就能恢复他们的本性，从而当他们身体的束缚脱落后，他们的灵魂便能回到它们所属的天体中，过幸福的生活。[①]柏拉图是这样来定义幸福美满生活的：

> 我们应该通过改正在出生时被弄乱的大脑运动，通过了解知道世界的和谐运转，并根据其原始本性把理性部分带到理性自己的相似者那里去。这样，我们就能完全实现诸神在造人时所安排的最好生活，无论是现在还是将来。[②]

但是，对于那些不对理性作出回应的人，他们的灵魂理性回归就会极其缓慢，甚至完全停止。这样的话，当他们的身体朽坏后，诸神收回他们的灵魂，并重新放到新造的身体中。诸神是根据灵魂的理性水平来重新置放灵魂的。如果人们在此生没有好好顺应理性要求，恢复原有的理性秩序，他们的灵魂就会被安置在较低级的身体中。比如，那些胆小怕死、老做错事的男人，死后的灵魂就会被诸神

---

① 关于灵魂的生成，参阅《蒂迈欧篇》，35A—44D、90A—D。柏拉图还对激情灵魂和欲望灵魂的位置及其和神圣灵魂的关系作出说明，参阅 69B—72D。

② 同上，90D—E。

放在女人身上，从而来生变为女人。那些不求智力发展但为人善良的人，诸神会把他们的死后灵魂放在鸟类上。那些头脑简单只凭勇气的人，来世成为兽类。那些笨得不能再笨的人，来世就只好成为鱼类贝类等。

总的来说，柏拉图认为，凡是生物都有灵魂；但是，最先出现的是人的灵魂。因为灵魂的内在结构是理性秩序，顺从理性运动，恢复其原有结构，乃是灵魂的自然运动。但是，由于灵魂受肉体的限制，它还可能向反自然的方向运动，即肉体支配了欲望灵魂和激情灵魂，进而限制神圣灵魂的理性回归运动。这种运动导致了其他各种生物的产生，我们可以称之为生物退化论。

五、结论

我们看到，柏拉图的灵魂观的中心线索是灵魂求善。他从道德、知识和秩序等的角度来谈论善。虽然人们对善的认识可以不同，但是，柏拉图认为，关键在于我们要在思想上保持不断地追求认识善。也就是说，究竟善概念是什么好像并不是最重要的；最重要的是不要放弃对善的不断认识。他在《斐多篇》中是劝人追求美德，《国家篇》中是要求人认识善概念，而在《蒂迈欧篇》中则强迫人回归理性原则。柏拉图的这一对善知识的执着感染了他的读者，从而左右了古希腊思想史的发展线索。

然而，从另一角度看，按柏拉图的思路，人是求善的，而求善活动需要真正的善概念来引导；因此，善概念是我们生活的出发点。也就是说，善概念才是最重要的。没有善概念，人的生活就无法实现自己的求善要求。

那么，什么是善概念呢？柏拉图用美德、理型和秩序来说明他的善概念。这三者当然是不一样的东西。那么，究竟谁才是真的善概念呢？在这三者之外，人们还可以继续提出各种善概念，那么，我们要根据什么来判断一个真的善概念呢？这便是所谓的善的标准问题。标准必须是终极的。但是，我们根据什么来说这个或那个标准是终极的呢？于是，我们就陷入了所谓的标准的标准这样一个无穷后退困境。从生存的角度看，我们发现我们的生存是一个悖论：我们的本性是求善的，为了保证得到善，我们必须拥有绝对的善；但是，这样一个绝对的善是我们无法得到的，从而我们无法满足我们的求善要求。

我们能走出这个悖论吗？

附录 4：真理情结中的理型和天恩*

塞克斯都·恩披里克在他的《皮罗主义纲要》第一卷第 33 节谈到柏拉图学说时，提到柏拉图思想有三个重要标志：理型概念、天恩观、人皆求善命题。① 受近现代西方柏拉图研究界的影响，国内学术界就理型概念的讨论比较多；② 但对天恩观和人皆求善命题都缺乏足够的讨

* 原文以“柏拉图的真理情结中的理型和天命”为题发表在《北京大学学报》2016 年第 2 期。收入本书时把题目中的“天命”改为“天恩”，并在文章格式上有所调整，引文保持与本书译文一致。

① 见洛布丛书希腊文—英译文版：Sextus Empiricus: *Outline of Pyrrhonism*, Eng. tr. R.G. Bury, Harvard University Press, 1933, I.222。参阅包利民等的译文：“当柏拉图论及理型或天恩，或德性的生活比邪恶的生活更可取时……”见塞克斯都·恩披里克：《悬隔判断与心灵宁静》，包利民等译，中国社会科学出版社，2004 年，第 47 页。

② 理型（也译理念或相）概念是柏拉图中年时期比较喜欢讨论的概念。特别地，在《国家篇》（也译为《理想国》）这部在中文学界阅读量较大的著作中，柏拉图对理型一词用了相当篇幅进行讨论。不过，在他的后期著作中，理型渐渐地归为“类”“种属”概念等，而不是作为某种独立于感觉经验世界之外且作为感性对象的原因的存在；《蒂迈欧篇》更是将它几何化处理。国内有相当多的文献涉及理型概念在中期著作中的使用。不过，对于柏拉图关于理型概念的不同界定和使用则缺乏足够的分析和讨论。参阅本书的附录 1 和附录 2。

论[①]。在柏拉图的思想中，上述三点具有内在联系。柏拉图从人皆求善命题出发，发现寻找真正的善乃是问题的关键所在。他开始时认为理型概念能够解决真正的善的问题，但进一步讨论导致他放弃了这个努力，转而求助于天恩观。本文希望分析柏拉图这三个原则性观念之间的内在联系，追踪他的整个思想历程。

值得一提的是，在先刚教授等人的介绍和推动下，中国古希腊哲学研究界开始重视"图宾根学派"。[②]从20世纪五六十年代开始，德国图宾根大学有几位希腊哲学教授提出一个想法，认为柏拉图有一种秘传的未成文学说；并进一步设想，这个未成文学说乃是我们理解柏拉图哲学的基础。这个想法的一个重要文本根据是：根据亚里士多德

---

① 关于柏拉图的人皆求善命题的分析和讨论，中文文献请参阅杨适：《古希腊哲学探本》，商务印书馆，2003年，第二部分第六章；谢文郁：《自由与生存》，上海人民出版社，2007年，第一章第一节。英文文献参阅Wenyu Xie, *The Concept of Freedom,* University Press of America, 2002, chapter one；Rachel Barney, "Plato on the Desire for the Good", in Sergio Tenenbaum, ed., *Desire, Practical Reason, and the Good,* Oxford University Press, 2010）。关于天恩观，除了零散讨论外，如谢文郁译注柏拉图《蒂迈欧篇》（上海人民出版社，2003年）的注13（本书注19）有些说法，尚无完整文章集中分析和讨论。英文学术界柏拉图研究现状也是如此。Routledge出版社于2014年出版了一本古代哲学研究读本，*The Routledge Companion to Ancient Philosophy*（ed. James Wrren and Frisbee Sheffield, NY: Routledge, 2014），其中收集了17篇关于柏拉图思想的讨论文章，没有一处提到天恩观。

② 先刚在《国外柏拉图研究中关于"图宾根学派"的争论》（《世界哲学》2009年第5期）一文中对此进行了简略介绍；进而在他的专著《柏拉图的本原学说》（三联书店，2014年）推进了这方面的讨论。

的说法，柏拉图在学园里有一门称为“论善”的课程。[①] 然而，在柏拉图的公开出版文献中并没有以此为书名的书。因此，这应该是未成文的学说。特别地，其中关于“善”的学说是柏拉图思想的关键所在，应该以此为基础而重构柏拉图思想。

这里，我不打算全面讨论并评论这个学派的研究。我想通过分析柏拉图的人皆求善命题，展现他在善和真理问题上所陷入的困境，考察他在《国家篇》中关于理型的讨论，以及《蒂迈欧篇》企图通过天恩观走出困境的努力。我们注意到，柏拉图在善和真理问题上陷入了一种在生存和认识上都无法自拔的困境，并努力寻求出路。所谓的柏拉图未成文学说，其实指柏拉图在真理困境中的一些口头说法。当然，这些说法表达了柏拉图思想中某种深刻的困惑和情结，值得我们十分重视。不过，我认为，它们不可能是成系统的一套学说。[②] 实际上，每个人都可以有“未成文学说”（努力说清楚而无法说清楚的直觉性想法）。但是，每一位思想者都尽了最大努力来表达自己的思想；因而他的成文著作对于我们理解他的思想和学说具有更加重要的地位。

---

① 参阅先刚：《柏拉图的本原学说》，第 96—97 页。我们还要回过头来分析相关文字。

② 按照先刚的想法，柏拉图未成文学说乃是建构柏拉图整体思想的基础，进而认为柏拉图的中心思想是一种本原学说。这一点从先刚的《柏拉图的本原学说》一书的书名就可以看出来。

一、善与真理问题

我们先从恩披里克关于“人皆求善”命题的说法开始。他的文字是：περὶ τὸν ἐνάρετον βίον αἱρετώτερον εἶναι τοῦ μετὰ κακιῶν［德性生活优于恶性生活］[①]。恩披里克认为，德性的意思就是善、好、合适或有益于生存、促进生存的方向；恶性指的是损害乃至破坏生存、导向死亡。[②] 因此，德性生活就是求善生活。对于柏拉图来说，德性生活乃是人们有意识地追求善的生活。柏拉图关于善恶的界定是这样的：“在任何情况下，破坏和堕落就是恶；护养和推动就是善。”[③] 进一步，柏拉图认为，拥有关于真正的善的知识就可以给出正确的善恶判断，从而过一种真正的善的生活。[④] 我们可以分析柏拉图在《美诺篇》（又译《枚农篇》）中的人皆求善命题的论证，由此追踪他对德性生活的理解。

---

① 希腊文引自 Sextus Empiricus: *Outline of Pyrrhonism*, Harvard University Press, 1933, I.222。本文引述古希腊哲学家的相关文献时参考洛布丛书中的希腊文原文、诸英译文，以及诸中译文。除非注明，均为本文作者依据原文并参考中英译文所译。

② 参阅 Sextus Empiricus: *Outline of Pyrrhonism*, Eng. tr. R.G. Bury, Boston: Harvard University Press, 1933，Ⅲ. 22。

③ 引自《国家篇》608E。一般地，除非另加说明，本文采用郭—张译本，见柏拉图：《理想国》，郭斌和、张明竹译，商务印书馆，2002 年。本文参考使用的柏拉图著作希腊原文为伯内特编辑本：Plato, *Platonis Opera*, ed. John Burnet. Oxford University Press. 1903。

④ 参阅柏拉图在《美诺篇》（又译《枚农篇》）86D—96D 中的关于美德和知识之间关系的讨论。这里的知识也就是关于真正的善的知识。

柏拉图认为，人在生存中毫无例外地追求善。[①] 在论证方法上，柏拉图采用了排除法，即先给出了一个一般性观察：有些人求善；有些人求恶。这是一个经验性观察命题。从论证的角度看，柏拉图的“人皆求善”命题必须解释“有些人求恶”这个现象。我们这里可以在逻辑上纯化柏拉图的论证思路。第一步，“有些人求善”中的那些人都是求善，因而这部分人可以归为A类。第二步，对于“有些人求恶”，这些人可以划分为两类：有些人善恶不分，以恶为善而求恶；有些人明知为恶而求恶。对于善恶不分的人，他们目的是求善；因此，他们是在求善的名义下求恶。他们是悲剧性人物。但是，他们绝不是有意求恶。这种人以恶为善而求善，尽管他们无法达到目的。我们称他们为B类。第三步，对于那些明知为恶而求恶的人，还是可以分为两种：有些人明知为恶，但觉得有利可图，从而求恶；有些人明知为恶，且无利可图，仍然求恶。对于前一种人，他们在决定作恶时，就道德意识而言，他们一般都认为不该做那事。然而，他们在做决定时，并不是因为它是恶的而去作恶，而是因为它能够带来某种利益。因此，其中的利益才是他们决定作恶的驱动性因素。利益是一种善，尽管它可能是短暂的或虚假的。也就是说，那些明知为恶因有利而求恶的人乃是虽知为恶但有利而求利。这种人称为C类。最后

① 以下文字表达的文本依据，请参阅柏拉图：《美诺篇》77B—78B。

一类人是：明知为恶且无利而求恶。柏拉图认为，这个范畴是空项，其中没有实例；我们在现实生活中找不到这种人。在现实世界中，A ＋ B ＋ C ＝全部人。因此，人皆求善。[①]

柏拉图并没有停留在这个论证中。他借助这个论证而提出真正的善这个问题。在上述论证中，社会上存在着恶的原因在于人的善观念出了问题。无论是以恶为善而求善，还是虽知为恶但因利而求利，他们在动机上都是求善的，但善恶不分，实际上却是在求恶。他们的求恶活动给社会带来损害。然而，他们是在善的名义下求恶，因而恶的问题就转化为善的问题。柏拉图进而认为，解决恶的问题的关键在于追求者是否拥有真正的善。对于一个求善的人，如果他拥有了真正的善，他就可以根据善而做出正确的判断，为善而求善并获得善；他不会因为善恶不分而在善的名义下作恶。在进行善恶判断之前拥有真正的善，对于一个社会来说乃是消除恶的关键所在。

从一个角度看，真正的善涉及真理问题，因而属于认识论问题。当我们追问“真”的时候，一定是在判断中出现了真假问题。比如，一个人借了人家的钱却不还。有人认为

---

① 求善这个主题是柏拉图思想主导性思路。比如，在另一篇对话《普罗泰戈拉篇》中，苏格拉底通过和智者普罗泰戈拉的对话，指出，每个人都在追求自己认为是善的东西，无人求恶，因而普罗泰戈拉无法教人任何美德（善）。相关讨论参阅谢文郁《自由与生存》第一章；以及 Rachel Barney, “Plato on the Desire for the Good” , in Sergio Tenenbaum (ed.), *Desire,“Practical Reason, and the Good,”* Oxford University Press, 2010，第 34—64 页。

这样做是合适的，是善的；有人认为这样做是不合适的，是恶的。究竟那种看法才是正确的看法？两种对立的判断各自都认为是符合善的，究竟谁的善才是真正的善？这里，两个相互对立的判断命题必有一真。从认识论的角度看，它们的真值对于认识主体来说是未知的。在认识论上确定其真假是我们对它们进行择取的第一步。因此，柏拉图认为，要解决真正的善这个问题，首先要在认识论上找到真理[①]；只有依据真理才能做出正确的判断。在《国家篇》中，柏拉图从分析讨论“义”（合适的为人处事）这个概念出发，指出人们在这个问题上争论不休（第一卷），进而认为需要界定“正义”（真正的义）。于是，第二卷以降，他从认识论的角度深入分析了真理概念，用“盯着真理”这种语言来界定“哲学家”一词[②]。或者说，哲学家就是寻找真理的人。

从另一个角度看，柏拉图在分析生存之善时遇到的问题是，人们在同一事件上可能出现了两种对立的价值判断，那么，究竟哪种价值判断才符合真正的善？价值判断涉及善恶，但也有真假问题。因此，在形式上，真理问题和善的问题具有共同性。于是，在柏拉图看来，对于人的生存来说，拥有真正的善，从此出发进行判断选择，使人能够以善为善而求善，并在实际生活中得到善；这便是人的自由生活。可见，真正的善的问题又是生存问题。人是在判

① 《国家篇》505A—B。

② 《国家篇》475E。

断选择中生存的。判断出了错误，选择也就跟着错了；这就引导了一种错误的生存方向而进入一种错误的生存方式。人是根据自己的善观念进行判断的。拥有一种正确的善观念，或内含真理的善观念，乃是做正确判断的前提。因此，善的生活始于真理。

在柏拉图看来，虽然人们的生存意识是无不求善，但在实际生活中却常常以恶为善而求恶。而且，人们对这种可悲的现实生活毫无觉察，觉得自己生活正常，没有任何意愿在知识上追求真正的善。对于这种麻木的意识状态，柏拉图设计了一个洞穴比喻[①]，认为人们在现实生活中深深陷在以恶为善而求善的陷阱中而无法自拔。这个比喻的目的是想唤醒人们对自己的生存状态的意识和反思。也就是说，当一个人自以为是而认为自己在求善时，他应该问问自己：是否所做的决定都是以恶为善，从而在实际生活中追求恶？

找到真正的善乃是走出陷阱的唯一途径。柏拉图并不认为他自己已经把握了真正的善或已经拥有了真知识。相反，借助苏格拉底之口，他反复强调“自知无知”，他知道自己在真理面前的缺乏。缺乏真理的人在观念上是善恶混淆的，因而常常以恶为善而做错决定。走出困境的唯一途径，他认为，就是找到真理。拥有真理，就可以避免做

① 参阅《国家篇》第七卷，514A—517C。

错误决定。作为起步，我们首先必须盯着真理，即拥有真理情结，然后才能追求并认识真理。这个真理情结可以在阅读《国家篇》时强烈地感受到。

柏拉图对真理做了一些界定，首先，它是思想的对象（非感觉对象）①；其次，它拥有如下特性：永恒不变的②、全善全美的③、唯一的④等。对于他来说，拥有真理的知识乃是真知识（γνώσις）⑤。柏拉图当然企图提供这个真知识。但他很快就发现，这是一个在知识上和生存中都是难以解决的问题。⑥当然，虽然是难题，但如果不加以解决，人们在生存中以恶为善而求善，结果却是身处不断地求恶的生存状态中，却还自以为在努力求善。这是一种危险的生存

---

① 《国家篇》507B—C。

② 《国家篇》500C。

③ 《国家篇》509A。

④ 《国家篇》525A。柏拉图通过数学关于“一”的理解来展示真理的唯一性。从认识论的角度看，当人们对于同一件事有不同或对立的看法时，就会很自然地追问：孰是孰非？这便是真假问题；也是真理意识的起点。

⑤ 《国家篇》476C—D。

⑥ 可以这样理解柏拉图的这个困境。在《国家篇》的结尾处（621C），柏拉图强调，他自己充其量不过是一个真理追求者而已。他提出“τῆς ἄνω ὁδοῦ ἀεὶ ἑξόμεθα καὶ δικαιοσύνην μετὰ φρονήσεως παντὶ τρόπῳ ἐπιτηδεύσομεν”（永远走向上之路，一心一意追求正义。——本文作者译）。在这段文字中，郭—张译本把 μετὰ φρονήσεως παντὶ τρόπῳ（一心一意）这个词组处理为“追求智慧”。就语言来看，φρονήσεως（意向、主意、决策）可以翻译为“智慧”（虽然在这里不是很合适）；尔后在亚里士多德那里演变为“实践智慧”（正确地做决策）。从语法的角度看，这里的 μετὰ 不是连接词，而是介词。特别地，郭—张译本淡化了原文对 δικαιοσύνην（正义）的强调。柏拉图要强调的是，在生存中追求“正义”（符合真正的善的合适行为）。

状态。柏拉图对此有某种迫切感，并企图找到解决办法。根据他的成文文字，柏拉图对此至少有两套关于真知识的答案，即理型概念和天恩观。

二、第一套解决方案：理型概念

巴门尼德在界定真理时给出了三个标志：唯一、不动、完满。[①] 在上述关于真理的界定中，柏拉图基本上遵守了巴门尼德的思路。柏拉图对巴门尼德有足够的尊重。不过，柏拉图关心的问题和巴门尼德相去甚远。对于巴门尼德来说，古代哲人就“本原”概念的理解争论不休，因而认为需要就本原概念的界定问题进行分析讨论。这里，真理问题更多的是一个认识论问题。但是，我们在前面指出，柏拉图通过生存分析而提出“人皆求善”原则，进而发现善的问题归根到底是真理问题。对于任何认识论问题，如果不涉及人的生存，其真假问题可以暂时乃至永远搁置。柏拉图是在真正的善的问题上切入真理的。如果不解决真正的善的问题，人的生存就会陷入以恶为善而求善的危险境况中。因此，真理问题是生存问题。这正是柏拉图孜孜不倦追求真理的动力所在。

柏拉图在《国家篇》探讨了真理的认识论问题。他分

---

① 参阅谢文郁：《巴门尼德的 Ἔστιν：本源论语境中的“它是”》，《云南大学学报》2012 年第 2 期。

析了两种认识途径：信念认识论和理性认识论。[①] 在他看来，人们在认识事物时往往聚焦并满足于事物的表象，并形成各种观念；而且，他们还常常在放弃判断权的状态（如激动、兴奋、信任、恐惧等情感）中接受他人的信念。如此得来的观念是杂乱的；观念和观念之间缺乏内在逻辑的统一性，甚至前后相互冲突。如此建构的思想体系不是真知识。这种不经思考而接受他人意见的认识论称为信念认识论。

但是，柏拉图认为，我们还有另一种认识途径，即寻找那普遍不变的原则，如数学、几何学、天文学。这些学科都寻求不变的对象，要求通过推论来建立原理或命题之间的关系，不允许前后矛盾的原理或命题。除此之外，人们还运用辩证法，解释对象本身或本质，从中给出准确的概念界定。如此建立的思想体系，可以把握住那不变的对象，并形成真知识。这种认识途径称为理性认识论。在柏拉图看来，理性认识论是我们认识并把握真知识的正确途径。

那么，柏拉图在《国家篇》中想到的真知识是一种怎样的理论体系呢？就文本而言，柏拉图区分了两类关于不变对象的知识。第一类是数学、几何学、天文学。数学几何学从假设原则出发进行推论；凡是符合推论的原理和定理都是必然的；天文学则是研究天体运动。天体虽然在运

① 关于这两种认识论的分析，可参阅谢文郁：《信仰与理性——一种认识论的分析》，《山东大学学报》（哲学与社会科学版）2008 年第 3 期。因主题和篇幅的关系，本文不拟深入展开讨论。

动中，但它们在观察中都是按照不变的模式做规则性运动。天文学是要揭示它们的运动规则。这些知识虽然有助于人们注视不变的对象，但它们也不属于真知识。他谈到，虽然关于它们的认识有助于我们获得真知识，但是，它们本身并不是关于真正的善的知识。① 而且，这些知识的对象存在于感觉对象之中，作为感觉对象的摹本；因此，它们在某种意义上仍然依赖于感觉对象。比如，数学需要在感觉对象的量的基础上假设数的独立存在；天体运动是观察对象等等。尽管如此，柏拉图认为，这些知识为我们进一步去获取真知识做了准备，因而是有益的。②

第二类则是在辩证法中呈现的知识。柏拉图说："当一个人企图靠辩证法通过推理而不管感官的知觉，以求达到每一事物的本质，并且一直坚持到靠思想理解到善者的本质时，他就达到了可理知事物的顶峰了。"③ 在《国家篇》中，我们注意到，柏拉图对这类知识的内容并没有作系统性陈述。就这种知识的对象而言，柏拉图深信有一个独立于我们认识之外的世界，即理型世界。只要完全把握了这个世界，我们就可以拥有永恒不变的真知识。根据柏拉图在《国家篇》中的陈述，我们可以从四个方面来谈论这种真知识。

第一，理型世界是一个充满善的世界。知识问题所追

---

① 《国家篇》531C。

② 《国家篇》531D—532A。

③ 《国家篇》532A—B。

求的是何为真正的善。只有认识并把握了真正的善，才拥有真知识。或者，如果我们所建立起来的知识缺乏真正的善，这种知识是无益的，也不是我们要去追求的。柏拉图提到的“善者的本质”（αὐτὸ ὃ ἔστιν ἀγαθὸν，或译为“那善者”）可以理解为“善理型”（真正的善）。理型世界是由各种理型在一定结构中组成的。而且，这些理型都具有善性。就其存在而言，善理型只是其中一个理型。但是，善理型是真正的善（善是一），因而理型世界不可能存在任何与它不一致的善。善理型和其他理型的关系是在辩证法中不依靠感觉经验而仅仅通过推论（διὰ τοῦ λόγου，或推理，指逻辑推论）而建立起来的。这种推论是必然的，因而通过推论而建立起来的关系是不变的、必然的。因此，我们在理型世界中把握的善归根到底都统一于善理型。[①]就

① 我们能否反过来说，正是由于这个善理型，其他理型才具有善性？或者说，其他理型分有了善理型从具有善性？——这便是所谓的“分有”问题。严格来说，关于善理型和其他理型之间，以及理型和理型之间的关系，《国家篇》没有深入分析讨论。由于《巴门尼德篇》的第一部分分析了事物分有理型说法；《巴门尼德篇》第二部分以及《智者篇》则对理型间的关系使用“分有”一词进行分析；这些文字给读者造成了一种错觉，认为《国家篇》所理解的理型和个别事物之间的关系，以及善理型和其他理型之间的关系都可以从“分有”的角度去理解。实际上，分有（μετέχειν）在《国家篇》中仅仅作为日常语言而使用，并未用来分析上述关系。一种流行的看法认为，《斐多篇》最先提出“分有”概念，而在《国家篇》中转用“模仿”概念。参阅郑飞：《试析柏拉图哲学中的想象力》，载《社会科学辑刊》2010 年第 2 期。《斐多篇》有 9 处使用 μετέχειν 一词，但只有一处（101C）涉及事物和理型之间的关系。至于《国家篇》（第十卷）的“模仿”也只是用来指称画家对个别事物的绘画。柏拉图仅仅是在《巴门尼德篇》的第一部分才对事物和理型的关系进行过深入分析。

此而言，它是最重要的理型，是理型世界的顶峰。如果我们对理型世界的认识尚未达到善理型，那么，我们就不能说已经认识并把握了理型世界。

第二，理型世界是由“事物的本质”组成的。“事物的本质”（αὐτὸ ὃ ἔστιν ἕκαστον，或译为“那事物”）指的是理型。柏拉图对“正义”“德性”“美”等词的含义进行分析，力图给出这些语词的意义界定。这些都是涉及价值判断的概念。不过，他也涉及那些知识性的概念，如在《国家篇》第十卷提到的“本质的床”(或“真正的床”)、“本质的桌子”等。[①]可见，柏拉图的谈论方式仍然是认识论的。如何理解“真正的床”？他说：“在凡是我们能用同一名称称呼多数事物的场合，我认为我们总是假定它们只有一个形式或理念的。”[②]也就是说，我们在感觉中呈现的是个别事物；这些个别事物被划分为不同的类，如床、桌子、凳子、树木等。从语言学角度看，这种谈论方式实际上是把理型归为类词。类词所指的对象首先是感觉经验中呈现的个体，但也包含了一些不在感觉经验中（如从未见过的）

---

① 《国家篇》597A—D。这里提到三种“床”：创造者所造的（真正的床）、木匠所造的（感觉对象中的个别的床）、画家画的（对个别的床的模仿）。关于这“真正的床”，柏拉图仍然从认识论的角度进行分析，并没有进行宇宙论构造。不过在《蒂迈欧篇》，柏拉图提供了一种宇宙论构造。

② 《国家篇》596A。

的个体。[①] 因此，就类词所指对象超出感觉经验范围而言，类词不依赖于感觉对象。柏拉图注意到类词的这一特性，进而推论理型是一种独立于感觉对象的存在[②]。不同类词在一定结构中彼此联结而构成一个类词（或概念）体系。柏拉图称此为理型世界。就这一点而言，柏拉图的理型论在很大程度上是一种概念论。柏拉图在《巴门尼德篇》的第二部分和《智者篇》中便是在这种概念论思路中分析理型（概念）的。[③]

第三，理型世界的内在结构是逻辑。柏拉图反复强调“推论”（λόγος）对我们理解理型世界的重要性。从亚里士多德后来对逻辑学的研究来看，推论应该包含三个方面：概念界定、命题结构和命题演算。这三方面都是逻辑学研究对象。[④] 我们指出，真理意识产生于矛盾命题的出现。人们进行判断时常常遇到相互矛盾的命题，因而不得不判断它们的真假。真理意识要求给出唯一的真假判断。柏拉图

---

① 我这里不拟展开类词的分析。事实上，每一个类词都指称一些不在感觉经验中的个体。详细分析请参阅谢文郁：《语言、情感与生存——宗教哲学的方法论问题》，《宗教与哲学》（第三辑），社会科学文献出版社，2014 年。

② 就哲学史而言，柏拉图的这种想法在中世纪引导了一种实在论思维，认为类词对象乃是独立于思想而作为思想对象的抽象存在。关于实在论的思路，参阅陈波：《邓斯·司各脱的形而上学实在论》，载《年度学术》，中国人民大学出版社，2005 年。

③ 参阅本书附录 1。

④ 亚里士多德关于推论的分析和讨论形成了通常所说的形式逻辑。可参考他的《工具论》诸篇。

认为，真假判断是在推论中给出的。推论的起点是概念界定。因此，他企图给出一种全面的概念界定方法。但是，他并没有对推论的其他两种要素进行具体研究。比如在《智者篇》，他只是十分简单地处理了经验命题的真假问题。[①]因此，柏拉图的理型论主要就是概念论。

第四，理型世界是感性世界的原因。柏拉图在《国家篇》中十分谨慎地认为，感性世界中的个别事物源于理型世界。比如他认为，感性世界中的个别桌子或床乃是工匠注视着桌子理型或床理型而制造出来的。[②]对于人造物来说，桌子理型或床理型乃是作为感觉对象的桌子或床的原因。或者，个别桌子是桌子理型的摹本（通过工匠）。但是，对于那些自然物的产生应该如何解释呢？按照上述思路，这些自然物应该是造物者根据相应理型制造出来的。然而，柏拉

---

① 柏拉图企图说明，一命题为真，当且仅当这个命题符合对象。他举的例子是，“泰亚泰德坐着”是真的，当且仅当泰阿泰德［在感觉经验中］是坐着的。但是，如何处理那些非经验命题的真假？命题演算如何合乎逻辑（推论）？等等，柏拉图并未展开讨论。对此，詹文杰评论道，柏拉图关于命题的讨论是粗糙的，却是亚里士多德逻辑学的种子。参阅詹文杰：《真假之辨》，江苏人民出版社，2011 年，第 22 页。我基本同意这个评论。

② 《国家篇》596B。值得注意的是，柏拉图认为，画家、诗人等都是模仿者，而他们的作品也就是摹本。但是，工匠是照着理型进行制作的。工匠是否在模仿？——柏拉图没有使用模仿这个词来指称工匠的工作，虽然似乎有这方面的意思。在 599B，柏拉图甚至认为，“如果他对自己模仿的事物有真知的话，他是一定宁可献身于真的东西而不愿献身于模仿的。他会热心于制造许多出色的真的制品，留下来作为自己身后的纪念”。这里讲的“真”，似乎更多指工匠的作品。

图只是谈论造物者是理型世界的创造者。[①] 除此之外，我们在《国家篇》并没有读到感性世界的创造叙述。这表明，柏拉图这里更多地讨论认识论问题，而对于理型世界产生感性世界这种宇宙论问题并未涉及。

从认识论的角度看，柏拉图呈现的理型世界最吸引人的地方乃是关于类词或概念的理解。理型世界就是一个概念体系。由于概念之间具有某种必然的关系，而且，概念相对于个别事物而言具有某种稳定性；这些特性符合巴门尼德所界定的真理标志。于是，柏拉图先是赋予这个概念体系以善性，并进一步认为其中包含了真正的善。然而，真假判断和善恶判断一定是吻合的吗？当柏拉图深入分析讨论理型世界时，很快就发现，这个世界并非如他一开始所想到的。在《巴门尼德篇》第一部分，柏拉图注意到那些在价值判断中属于丑恶的事物，从类词意义上看，也是有对应的理型的，即存在着恶理型。就定义而言，恶理型缺乏善性。如果这样，理型世界兼有善理型和恶理型，因而它就无法提供真正的善。即使完全认识把握了理型世界，我们仍然需要通过恶理型来理解并分辨善理型。这种与恶理型对立但又无法离开它的善理型不是真正的善。同时，柏拉图也很快发现，理型世界和感性事物之间的关系也无

---

① 《国家篇》597C—D。显然，如果工匠是模仿者，那么，造物者也是根据理型制造万物，从而造物者也是模仿者了。

法建立起来。[1] 因此，柏拉图的第一个努力，企图通过理型世界这种说法来解决真正的善的问题，可以说基本上是失败的。

三、第二套解决方案：天恩观

前面引用恩培里克·塞克斯都关于柏拉图学说特点时，把“天恩”概念归为三大标志之一。柏拉图之后，学园的后继者先是在柏拉图的真理情结中发扬怀疑主义精神（对所有现成概念进行批判性分析）。这种倾向通常称为中期柏拉图主义的做法。[2] 怀疑主义当然无法满足真理情结。与此同时，人们在柏拉图晚期著作中发现，柏拉图还有一套解决方案，这便是天恩观。这套解决方案对于许多柏拉图著作的读者（包括斯多亚学派和学园派）来说具有强大的吸引力。[3] 而且，在基督教的刺激下，3 世纪出现了一股

---

① 柏拉图对理型的善性以及理型和感性事物之间的关系的分析，请参阅柏拉图：《巴曼尼得斯篇》，陈康译注，商务印书馆，1985 年，第 28—104 页。在《斐莱布篇》，柏拉图用“分有”一词来分析“善”和一些重要的价值性概念之间的关系，而对“善”与其他非价值性理型的关系忽略不谈。这实际上是放弃了把善理型置于理型世界之顶的想法。

② 参阅 J. Dillon, *The Middle Platonists*, Ithaca, NY: Cornell University Press, 1977。Dillon 对柏拉图之后学园内的怀疑主义思潮进行了相当彻底的考察。

③ 参阅 G. Reydams-Schils：*Demiurge and Providence: Stoic and Platonist Readings of Plato's Timaeus*, Brepols，1999。此书考察了斯多亚学派和学园派对柏拉图《蒂迈欧篇》的解读，特别讨论了他们在柏拉图天恩观中如何处理自由问题。

所谓的新柏拉图主义思潮。新柏拉图主义的代表性人物普罗提诺对“天恩”概念也十分感兴趣，认为，“天恩”概念的关键点不是预见未来，而是指万物都在理智的控制之下。[①]公元5世纪的普洛克罗（Proclus, 412—485）是最后一任柏拉图学园园长，他对柏拉图的“天恩”概念给予了充分的重视，并写作了至少两部关于“天恩”的著作：《论天恩》和《关于天恩的十个问题》。[②]就这些文献而言，我们可以清楚地看到，“天恩”概念是晚期柏拉图思想的关键概念。我这里想通过分析《蒂迈欧篇》中相关文字，追踪他的天恩观思路，考察柏拉图如何用它来满足其真理情结。

我们在分析理型概念时指出，柏拉图的基本思路是认识论的。他认为，只要我们的认识指向唯一的、永恒不变的、完善的真理，通过数学、几何学、天文学的思维训练，就能凭着逻辑推论而认识理型世界，获得真理。我们还指出，真理情结是这种从下而上的认识进程的根本动力。然而，柏拉图不久也发现，理型世界中有许多缺乏善性的理型；而且，它无法成为感性事物的原因。这等于说，理型概念

---

① 参阅普罗提诺著，石敏敏译：《九章集》，中国社会科学出版社，2009年，第三卷第2—3章。

② 参阅普罗克洛：《论天恩》（Proclus, *On Providence*, Eng. tr. Carlos Steel, Ithaca, NY: Cornell University Press, 2007）；和《关于天恩的十个问题》（Proclus, *Ten Problems Concerning Providence*, Eng. tr. Jan Opsomer / Carlos Steel, Bristol Classical Press, reprint, 2014）。

无法满足人们的真理情结。我们还能找到其他途径来满足真理情结吗?

对于一个强调理性追求的思想者来说，任何观念都必须在论证中呈现。柏拉图关于“真正的善”的论证十分有力。但是，这个“真正的善”是什么？在柏拉图的论证中，它肯定不是在《国家篇》中所理解的善理型以及那个作为概念体系的理型世界。在《国家篇》中，柏拉图有神造理型的说法。[①] 这种说法虽然并未展开，却隐含了真正的善在神的思想中这种想法。神这个词，无论是在希腊神话中，还是在苏格拉底—柏拉图的论证中，所指称的都是一种具有主体性的、在思想和能力上都高于人类的存在。因此，如果真理在神的思想中，柏拉图认为，人要获得真理就必须满足如下条件：1. 人对神保持一种接受者的恭敬态度；2. 神愿意赐教于人；3. 人拥有领受神的思想的能力。柏拉图在《蒂迈欧篇》中称此为“天恩”（πρόνοια）[②]。我们可以通过分析《蒂迈欧篇》的一些内容来展示这个概念的意义。我们先读这段文字：

① 《国家篇》597C。

② 我在《柏拉图的真理情结中的理型和天命》（《北京大学学报》，2016 年第 2 期）中使用“天命”这一译名。这里改译为“天恩”。主要考虑是，“天命”一词有较重的儒家意味；作为终极性的秩序，天命是固定不变、自然而然的。柏拉图在谈论“天恩”时，具有与人交往的意味，强调给予人的东西。因此，我觉得，译为“天恩”更为恰切些。

> 人要是稍有一点头脑的话，在开始做每一件事时，不管大小，都先求助于神。我们现在要讨论宇宙本性问题，考察它的起源，或者要是没有起源的话，它是如何存在的。如果我们不是那么糊涂的话，我们就要求助于诸神和女神，并祈求我们的话为他们所接受，和他们一致。（27C）

柏拉图在开始阐述他的宇宙论时，首先把神的思想作为真理所在地，并认为人应该从神那里获取真理。人如何从神那里获取真理？就思想交流而言，一个人之所以能够获取另一个人的思想，他面对后者时必须愿意接受；而后者面对他时必须愿意给予。作为真理的拥有者，只要神愿意，他可以把真理给予任何讨他欢心的人。对于人来说，他面对神，并且要从神那里获取真理，他就必须在态度上讨神喜欢。上述引文中出现的“求助于”（καλέω, ἐπικαλέω），以及“祈求”（εὔχομαι）这些用词，表达的是一种求助心态。因此，在真理情结中的人是真理追求者；他想从神那里得到真理因而必须保持着求助心态，使自己处于一种接受状态。在这种状态中，神说什么，他就接受什么。这是一种放弃判断权的状态。

我们进一步分析。柏拉图的理性认识论要求真理认识者必须拥有判断权，而不是简单地在情绪状态中接受煽动者的鼓动。但是，人在理性判断状态是不可能接受神的真理的。显然，如果人面对神的真理给予进行判断的话，他只能根据自己的现有观念进行判断，并拒绝一切与自己的观念相冲突的东西。人缺乏真理，而神拥有真理；在这种情况下，人只能拒绝真理。实际上，一个人（比如学生）接受另一个人（比如教师）的思想时，他必须处于一种接受状态。可以看到，εὔχομαι一词所表达的接受真理的倾向，它和拥有判断权的理性认识论思路是完全不相容的。对此，柏拉图似乎没有特别感觉。而且，我们在这里读到的是柏拉图关于宇宙论的建构，读不到他关于认识论的相关分析。尽管如此，我们发现，柏拉图表达了这样一种倾向：人面对真理时应该保持着一种期望的态度，甚至是进入一种接受状态。这种想法确实让他缓解了在理性认识论中追求真理过程时所承受的压力。

柏拉图进一步谈到，神其实是愿意把真理给予人的。他说：

> 造物者是完善的。完善者对一切都是公正的。他不偏袒某些事物，而是希望一切事物都尽可能像他一样。我们作为有智慧的人应该接受，这便是生成和宇宙的真正出发点。神希望万物尽可能完善而无缺陷。因此，神在看可见事物时，发现这些事物不稳定，到处乱窜，于是就把秩序引入这无序运动中，认为秩序无论在哪个方面都比无序好。他是完善的；除了做善

事外，他不会做其他的事。因此，他思虑后得出结论，认为在可见事物中有理性者在整体上优于无理性者；而理性除了存在于灵魂之中不能在别处存在。为此，在造物时，他在灵魂里安置理性，在身体里安置灵魂。他的工作在根本上是完美无缺的。因此，根据这相似解释，我们认为这个宇宙是生成的生命体，拥有灵魂和理性。这真的是来自神的恩赐。（29E—30B）

这里的初始命题是：神必须是完善的。这一命题最早由苏格拉底提出并加以论证。[①] 柏拉图从这个命题出发进行推论。原理 1：万物皆有善性。完善者不会对他所造之物有任何偏袒；相反，他希望万物都像他那样具有善性。柏拉图认为，原理 1 是宇宙生成的出发点。这里的理由是：完善的造物者不可能造出一个和自己对抗的宇宙。当然，如果造物者不完善，他的所造之物就可能是不善的，从而造出一个有缺陷的宇宙作为自己的对立面。而且，完善的造物者在分配善性时没有偏袒。值得注意的是，柏拉图这里谈论的是完善的神对万物分配善性。这是从上而下的过程。万物作为受造物而享有善性。当然，作为受造物的一分子，人也必然从造物者那里分享了善性。

① 参阅《申辩篇》。其论证思路是：人把自己的利益和自己的城邦交托给神；如果神不是完善的，当神出于那不善的部分而做事时，人在交托中就是在损害自己。

原理 2：善乃秩序。生存是一种运动。在生存中，无序意味着所做之事杂乱无章而相互冲突。这种冲突只能损害生存。无序有损生存因而是恶。秩序则要求前后一致，所做之事相辅相成；在秩序中生存就能够带来益处。有序促进生存因而是善。因此，完善者在本性上要求秩序。人们也许注意到，柏拉图关于秩序的讨论很快就转入概念和数学—几何学的讨论，并未区分恶的秩序和善的秩序。对于柏拉图来说，只要秩序来自于完善的神，所谓的恶的秩序就不可能存在。相反，所有的恶都是秩序的破坏。[①] 然而，我们可以在现实生活中观察到许多秩序似乎不是好的秩序。在柏拉图看来，这些秩序不是来自于神的，因而不是真正的秩序。那么，什么秩序才是来自于神？

原理 3：理性引导秩序。在柏拉图看来，神本质上是理性的。他通过理性把秩序引入宇宙和社会。理性对象是非感觉对象，如数学—几何学中的数和图形，范畴论中的种属、概念等。它们具有稳定性，并且在论证或逻辑中联结为一体，因而可以作为框架，对杂乱的感觉对象进行秩序化整理和认识。只要人们坚持理性追求，就能够获得对宇宙和社会的秩序化认识，进而根据这种知识参与宇宙的

---

① 柏拉图在《法律篇》第十卷讨论了天恩中的宇宙秩序和法律秩序。相关讨论可参阅 Seth Benardete, *Plato's "Laws": The Discovery of Being*, Chicago: University of Chicago Press, 2000, Chapter 10。对于柏拉图来说，那些恶的法律不是秩序，而是无序。

秩序化活动和进行社会秩序化管理。

神在造宇宙时，他在理性上选用了一种最好的几何结构来构造宇宙。这种几何结构的原始起点是两种直角三角形（一种是等边三角形的一半；一种是等腰直角三角形的一半）。它们可以构成四个立体（正棱体、正方体、正八面体、正二十面体）。神采用这四个立体为四种理型，作为万物的模型。构成这四个理型的三角形大小一致，因而是完美的。它们映照在物质性的载体之上形成了四种物体性存在（火、土、水、气）。在种类上，万物不过就是这四种存在的不同组合。比如，这两种三角形大小不一，按大小相同的同种三角形构成的事物是完美的。然而，受载体的影响，大小不同的三角形混杂地结合在一起；由此而形成的事物就丧失了秩序。这些由大小不一的三角形混合地构成的立体，虽然具有结构，却是无序的。神为了让它们回归完善性，就开始“劝说”这些事物再回到秩序中，即让大小相同的三角形各自结合，不再相互混合。

柏拉图还认为，神在造灵魂的时候特别地把概念和有序数列加入原始材料中，并从这原始材料中造灵魂。因此，灵魂就其起源而言是包含理性的（数学秩序和概念秩序）。神先造了宇宙灵魂，让它充满宇宙，使得这个宇宙在本性上就是有理性的，并且趋向秩序。然后，神把剩下的材料造诸神，让他们居住在星星上，并要求诸神按照同样的办法造更多的灵魂，并把这些灵魂安置在地球上。这便是人的灵魂。就起源而言，人的灵魂内含理性。正是因为拥有内在于灵魂的理性，人可以和诸神以及造物者建立联系。柏拉图称这内含于人的灵魂的理性为神的“天恩”，或神的恩赐。

不难看到，柏拉图的“天恩”指的就是人的灵魂中的理性。由于这理性来自于神，和神的理性是相通的，因此，人可以根据自己的理性和神建立关系，接受神的思想或真理。就这一点而言，柏拉图是希望通过天恩观论证这一观点：人的理性最终一定能够获得真理，从而能够满足真理情结。

我想这样提出问题：人的理性是在推论中进行的。推论是有根有据的。人的理性在推论中依据什么呢？显然，人只能依据自己的现有思想观念；而人的现有思想观念是缺乏真理。于是，摆在我们面前的事实是：人的理性和神的理性是不同的。当人根据自己理性进行判断时，我们就可能拒绝神的思想。即使神愿意把真理给我们，我们也无法接受。就《蒂迈欧篇》的文字来看，柏拉图关心的是在宇宙论上找到通往真理的途径，而不是在认识论上提供认识真理的途径。当他宣称真理在神那里，而我们需要从神那里获取真理时，他希望提供一条人可能获取神的真理的途径。这只是一条可能的真理认识途径，柏拉图这里只是希望在理性认识论立场上提供人和真理建立关系的宇宙论纽带，并称之为理性纽带。但是作为读者，我们还是要追问：这条纽带在认识论上是如何可能？

柏拉图在《蒂迈欧篇》反复提到，他在这本书中谈论的事都是“相似解释”，包括灵魂生成和宇宙生成的说法。然而，在灵魂生成—理性引导秩序—善乃秩序这种说法中，灵魂—理性成了人和神之间的纽带。也就是说，只要在灵魂—理性追求中，我们就能够离神的真理越来越近。他说：“我们要求助于神，当我们陷入歧途不知如何时请他做我们的救主，把我们带回近似的领域。”（48D）这种追求需要神的帮助。在柏拉图看来，完善的神作为造物者是愿意帮助人的理性追求的。不然的话，他就丧失了完善者身份。或者说，神帮助人的理性追求是一种逻辑推论。这只是一种准认识论的回答。

小结一下。《蒂迈欧篇》关于理型和天恩的说法，对于柏拉图来说，一方面，“求助于神”的这种态度大大地缓解了他的理性认识论在处理真理问题上所承受的巨大压力。人在理性判断中无法解决真理问题。这一点在后来的怀疑主义那里得到了充分的展开。[①] 但是，对于怀有深厚真理情结的思想家来说，不解决真理问题，就无法生存。如果有神的帮助，那么，尽管人在真理追求中不时地会陷入迷途，但神可以把人带入正途。当然，追求者需要有一种祈求的接受心态。另一方面，柏拉图在《国家篇》中对信念认识论的批评使得他谨慎地面对接受心态。对于任何一

① 参阅 Sextus Empiricus: *Outline of Pyrrhonism*，第二卷。恩披里克用了整卷书收集各种关于真理和真理标准的怀疑主义论证。

个人, 如果他不是在理性中追求真理, 而仅仅是一个接受者, 那么, 他就无法保证他所接受的东西具有真理性。问题在于, 神是如何帮助人在理性中的真理追求的? 而人又是如何接受神的帮助的?

四、“善是一”: 理论构架还是思想动力?

柏拉图在人皆求善命题的论证中引申了真正的善或真理问题, 进而培养了一种真理情结。真理问题是一个认识论问题。真正的善混合着认识论和生存论(或价值论)两个方面的问题。但是, 柏拉图企图从认识论的角度解决这个混合问题。就概念而言, 真理必须是一。真理意识的产生正是因为人们遇到了相互矛盾命题时发现不得不处理其真值问题。真假之间, 只有一个答案, 但是, 价值问题涉及人从不同利益角度的价值判断, 角度不同而判断则异, 人们在生活中可以接受价值判断在一定程度上的差异性。然而, 当真理和善结合在一起时, 善的唯一性就不可避免地被提出。善直接涉及人的判断选择, 与人的生存戚戚相关, 不可或缺。真理意识涉及真假判断, 虽然是认识论问题, 但是, 一旦和善结合在一起, 真理问题也成了生存问题。因此, 真理情结是一种认识论和生存论混合在一起而出现的情结。这样一来, 真理问题作为一个认识论问题就直接从生存中获取动力, 欲罢不能。

对于柏拉图思想的听众来说，大家往往期望他能够给出一种完整的理论形态。特别是，当人们尚未分享柏拉图的真理情结时，这种期望就是主导性的。然而，对于深怀真理情结的柏拉图来说，理论表述固然重要，但更重要的是，理论能够满足他的真理情结。“真正的善”的问题乃是认识论和生存论的混合问题，并在柏拉图的思想导向一种真理情结。无论是理型概念还是天恩观，归根到底是要满足他的这种真理情结的。从这个角度看，“真正的善”以及它的命题表述“善是一”所表达的乃是柏拉图的真理情结，而不是一种理论形态。真理情结从来没有离开过柏拉图。追踪柏拉图的这个真理情结是我们理解柏拉图思想的关键所在。至于那些为了满足柏拉图真理情结而提出来的各种理论形态，它们是可以变换的。

图宾根学派在柏拉图研究中提出一个令人感兴趣的研究思路，即从柏拉图的未成文学说出发构重新解读柏拉图的成文著作。就我的阅读感觉而言，我认为，图宾根学派对柏拉图的真理情结以及这个真理情结在柏拉图思想中的动力性作用有深刻体会。严格来说，在柏拉图的成文著作中，柏拉图并未有意识地分析讨论他的真理情结。从这个意义上看，真理情结是未成文的。但是，柏拉图的思想活动乃是由真理情结推动的；所有成文文字都是真理情结的表述。从这个角度看，真理情结处处可见。因此，追踪柏拉图的真理情结是我们读懂柏拉图的关键所在。从这个角度谈论未成文学说，可以大大帮助我们理解柏拉图思想。然而，图宾根学派认为柏拉图在成文著作中有意地把一些想法隐而不露，甚至认为这些隐而不露的想法更为根本，应该以此为基础来理解柏拉图的成文著作。[①] 我认为，这种关于柏拉图未成文学说的处理不可取。

为了支持我的这一阅读感觉，我想在这里分析一条在图宾根学派看来属于柏拉图未成文学说的重要文献：

> 亚里士多德曾经一再说到，那些来听柏拉图的“论善”讲座的人，绝大多数都是这样的情形：在此之前，每个人都以为会听到通常关于人的福祉（比如财富、健康、体能或其他值得惊叹的幸福）的指导，但是，他们听到的却是关于数学，关于数、几何、天文学的讨论，最终竟然是这样一个命题：“善是一”。我觉得，对他们来说这是一些完全意想不到的、很奇怪的东西，所以他们中的有些人对这些内容不屑一顾，有些人则公开地拒绝它们。[②]

---

① 参阅先刚关于图宾根学派柏拉图研究思路的总结，见先刚：《柏拉图的本原学说》，第 69 页。

② 原文出处在阿里斯托色诺斯的《元素的和谐》（Aristoxenos, Ἁρμονικῶν στοιχείων），Ⅱ 39—40；根据先刚的《柏拉图的本原学说》，图宾根学派的领军人物盖瑟尔在他的《柏拉图未成文学说》收录柏拉图未成文学说原始文字时将这短话收入，并编号为 TP7。中译文采用先刚的译文。参阅先刚的《柏拉图的本原学说》，第 96—97 页。

本文在追踪柏拉图思想时一直围绕着柏拉图关于善的中心关注。特别地，在“真正的善”问题提出之后，这个关注培养了柏拉图的真理情结。在《国家篇》中，柏拉图要求他的读者“盯着真理”。真理必须是唯一的；唯一的必须是永恒不变的。因此，真正的善也必须是唯一的永恒不变的。而且，柏拉图对自己所掌握的数学和天文学知识进行了认识论分析，发现数学、几何学、天文学的研究对象是永恒不变的。这个发现引导他重视这些方面的知识，并认为关于真正的善的认识必须从这些学问开始。在《蒂迈欧篇》中，柏拉图更是从数学—几何学角度理解理型。[①] 也就是说，在柏拉图的思想中，这些关于数学、几何学、天文学的知识是我们认识并把握真正的善的必要条件。关于这一点，我们在以上讨论中已经明确地解释了这一点。当然，那些听众并不一定拥有真理情结，也感觉不到柏拉图讨论数学、几何学、天文学的意图，更加感觉不到这些知识和关于真正的善的知识之间的关系。显然，他们跟不上柏拉图的“论善”演讲中的思路并不奇怪。然而，柏拉图的这个思想在成文著作中已经是老生常谈的。阿里斯托色诺斯对亚里士多德的这段话感兴趣，并在论述中表示诧异，我想，这也多少反映了他对柏拉图著作缺乏足够的阅读。

---

① 参阅本书附录 2，其中有关于理型几何化的讨论。

前面指出，“善是一”这个命题不过是真理情结的命题表达。但是，在上引文字中，真理一词缺失。于是，这个命题更像是一种理论表述。柏拉图在成文著作中没有明确提出“善是一”这个命题。究竟这个命题是柏拉图在演讲中自己直接提出的，还是听众根据柏拉图的演讲而总结出来的，这里不拟深入考究。但是，如果根据这个命题进而认为柏拉图拥有一种未成文学说，我认为这是一种缺乏根据的臆想。如果我们想从成文著作中演绎“善是一”这个命题，我认为，“理型”和“天恩”的理论表述即可视为这个命题的演绎。不过，这种演绎对于我们理解柏拉图并无多大的帮助。在柏拉图思想中，“善是一”这个命题已经隐含了：真理是唯一的，真正的善当然也是唯一的，因此，善是唯一的。然而，我要强调的是，“善是一”不是一种理论命题，而是对真理情结的命题表达。考虑到真理情结在柏拉图思想中的动力性作用，这个命题是和柏拉图思想融为一体的。无论如何，柏拉图并未从这个命题出发构造一种理论形态。

我们来读一段《蒂迈欧篇》中的文字：

> 让我说到这个份上：我们这里不谈论什么万物本原，或它们的本原，或关于它的别的说法。理由是，目前的谈论方式让我们很难继续阐述观点。因此，千万不要奢望我可以说清楚，以为我在解决这样大而

难的问题时可以做到正确无误。我开始时就说过，这是相似解释。[①]

柏拉图在《国家篇》中确实多多少少对“本原”（ἀρχή，第一原则）概念感兴趣。他的理型概念就隐含了某种本原的意义。然而，他在《巴门尼德篇》中对本原论的分析和批判是十分有力的。[②] 我们在“天恩”概念中已经读不到本原论的谈论方式。当他使用造物者、几何结构、载体这种语言时，我们可以说这是一种“制造论”，或者是一种非严格意义上的创造论。用本原论这种语言来指称柏拉图的宇宙论显然是不合适的。很显然，在这段话中，柏拉图在“天恩”概念的语境中直接否定了本原论谈论方式。

我想，我们还是回到柏拉图的成文著作中来追踪柏拉图的思想。针对近代哲学的柏拉图研究，图宾根学派要求我们换个思路。这个要求是合理的。但是，我们需要把脉柏拉图的真理情结，而不是构造一种僵死的理论形态。这样，柏拉图思想就会对我们彰显其生存力量。

柏拉图思想中的三大原则（真正的善、理型、天恩）在他的成文著作中已经有了充分表达。由于“真正的善”所传递的不是理论命题而是真理情结，因而人们在阅读柏拉图时总会有不满足之感。这个真理情结隐含在他的所有

---

① 《蒂迈欧篇》48C。

② 参阅本书附录 1。

成文著作中，却又未能在文字表述中给出明确的理论推论。因此，它是成文的，同时也是未成文的。但是，这个真理情结体现在他关于理型概念和天恩观的讨论中。柏拉图思想的魅力不在于他的理论构架，而在于他的真理情结。

附录 5:《蒂迈欧篇》形成了一个文本共同体吗?*

《蒂迈欧篇》在希腊化时期的哲学地位毋庸置疑。① 不过,它的读者身份这一点却被忽略了。本文想对此加以探究,弄清柏拉图《蒂迈欧篇》的读者是否建立了一个以此为基

* 译自 Maren R. Niehof, “Did the *Timaeus* Create a Textual Community?”, *Greek, Roman, and Byzantine Studies* 47 (2007) 161—191。感谢作者授权。

① 特别参阅 H. Dörrie, *Von Platon zum Platonismus. Ein Bruch in der Überlieferung und seine Überwindung* (Opladen 1976)。Dörrie 十分强调,《蒂迈欧篇》在怀疑主义之后的柏拉图传统复兴中具有中心地位。他把这个时间定在公元 1 世纪,并以西塞罗的《蒂迈欧篇》翻译作为革命性转变的标志。他说:“突然地,《蒂迈欧篇》成了人人谈论的本子,如同人人知道荷马那样。从这个世纪中叶开始,有教养的人都知道《蒂迈欧篇》。”(32)他进而解释道,就思想史而言,这是一个显著事件:斯多亚的宇宙论无法满足读者的需要,因为它只是建立在内在逻各斯之上,而《蒂迈欧篇》的世界灵魂和神圣天恩的超然信息开始吸引人(33)。还有一些新的研究,如 G. J. Reydams-Schils (ed.), *Plato's Timaeus as a Cultural Icon* (Notre Dame 2003); R. W. Sharples and A. Sheppard (eds.), *Ancient Approaches to Plato's Timaeus* (London 2003); H. Tarrant and D. Baltzly (eds.), *Reading Plato in Antiquity* (London 2006)。

础的文本共同体。换句话说，《蒂迈欧篇》的读者是否有身份界定？如果有，这个身份和其他群体有何关系？这样的问题是要探讨文本和共同体的联系，包括这个文本的社会影响和它在社会中的使用等。

我要论证的是，在《蒂迈欧篇》的接受史中有一个十分重要的环节。有好几个世纪，这本书并没有什么标志性影响。然而，从第二世纪开始，它成了一些哲学家的身份标志。他们把它当作异教徒文化的象征来对抗基督教。普罗塔克（Plutarch）和亚历山大里亚的斐洛（Philo of Alexandria）是这个转折点的重要推手。《蒂迈欧篇》对克尔苏斯（Celsus）的影响最大。波菲利（Porphyry）则把它当作异教徒希腊人的重要标志，以此对照于基督教。这都是在亚历山大里亚的克莱蒙（Clement of Alexandria）宣告柏拉图是一种新宗教之后的事了。接着，《蒂迈欧篇》成了一个中心性的文本，激发了引人注目的注释活动。较之柏拉图的其他著作，它开始主导了一个文本共同体，追求保护希腊传统的原始性，以反对基督徒的解释体系。①

在处理这些问题时，我采纳了斯多克（Stock，一位中

① 这个论证是针对 F. Millar, “The Jews of the Graeco-Roman Diaspora,” in J. M. Lieu et al. (eds.), *The Jews among Pagans and Christians in the Roman Empire* (London/New York 1992) 97–123, at 105。他强调当代学界的这个缺失发生在最初的几个基督教世纪中 (repr. *Rome, the Greek World, & the East* Ⅲ [Chapel Hill 2006] 432–456)。

世纪欧洲的文字学专家）使用的一个词。[1]在分析“文本”和“社会形态”的相互关联时，斯多克用“文本共同体”来指称这样一种团体，他们不喜欢跟随主流，而是通过某个权威文本来为他们的独特立场进行辩护。这个文本通常在社会的大范围内被阅读，却在解释上无法一致。这个不入流团体为某个能够直接进入文本的人所领导，并在他们的阅读中形成了统一性。这个文本于是成了这个团体的内在机制的规定者，规定了本团体的内在行为，以及共同体意识（相对于外部世界而言）（见 Stock 90）。

我在使用这个词时有更广泛的意思，在技术上则更加专指。首先，我们找不到一种准修道院式的围绕《蒂迈欧篇》的共同体。也许，在普罗提诺的著作中存在着这种共同体，但要给出严格的限定是不可能的。相反，我们看到的是一种思想上的松散的共同体；它的成员阅读同一文本，在解释上相互依赖，共同地面对基督徒在完全不同层次上的阅读。其次，我说的文本共同体指的是那样一个时期，《蒂迈欧篇》的异教徒读者占大多数。他们关于这个文本的新感受乃是面对其他宣称，而不是大多数意见。他们并非不满意于主流，而是要对抗基督教的新立场。在一定程度上，我的文本共同体说法是要回应安德森（Benedikt Anderson）的所谓想

① B. Stock, *The Implications of Literacy: Written Language and Models of Interpretation in the Eleventh and Twelfth Centuries* (Princeton 1983), esp. 88–151.

象式共同体；这也是相当大程度上依赖文本的。[1]当然，斯多克的观念与本研究还是更为相关的，因为他强调一种文本的重要性，以及围绕这文本的争论和对话。

进一步，文本共同体不能混同于某种规范性团体。[2]这两种团体的身份认同都来自于某个文本。不过，一个文本如果达到了规范的高度，它就会获得最高权柄，并使其他文本边缘化。作为对比，文本共同体则是基于对某一已知文本的特殊理解。文本共同体因而是派生的、次一级的。它依赖于已经认可的文本，使它具有新的社会和意识形态功能。一个固定在规范中的社会，它把某个文本归于终极真理而不能诘问。与此相反，文本共同体则是在已接受的文本的框架内和各种不同解释中运作。它的创新给出了新焦点。对于《蒂迈欧篇》之影响的研究，我觉得，文本共同体概念，较之规范性团体概念，是更为适合的。《蒂迈欧篇》并没有达到规范这个高度，但在某个意义上，对于那些异教徒精英来说，它对共同体意识的形成是有显著贡献的。

---

① B. Anderson, *Imagined Communities: Reflections on the Origin and Spread of Nationalism* (London 1991)；关于对他的著作的批判性讨论，参阅我的综述和评论：M. R. Niehoff, *Philo on Jewish Identity and Culture* (Tübingen 2001) 1–2。

② 特别参阅两个关于基督教加圣的研究，其中涉及身份认同问题：J. M. Lieu, *Christian Identity in the Jewish and Graeco-Roman World* (Oxford 2004) 27–61; B. D. Ehrman, *Lost Christianities. The Battles for Scripture and the Faiths We Never Knew* (Oxford 2003) 229–246。

第一阶段：《蒂迈欧篇》在公元纪元前没有设立边界

我们得从这个消极点开始。在公元纪元之前的几个世纪内，《蒂迈欧篇》并没有成为一个特别的团体或哲学学派。它也没有成为一个特殊文本，作为区分柏拉图主义者和亚里士多德主义者的标志。相反，令人惊奇的是，柏拉图主义者和逍遥派在涉及这个文本时，几乎是压倒性采取一致的理解。更令人惊奇的是，亚里士多德在他的著作中对《蒂迈欧篇》有严重的批评，认为其中关于宇宙生成说法是极大的错误。[①]不过，他对该书的流行却是有贡献的：出版了它的一个摘要。[②]更为重要的是，在亚里士多德和柏拉图的学生中就这一点并没有出现显著分歧，只是后者仓促地建议对《蒂迈欧篇》采取寓言式的阅读。[③]他们争辩说，柏拉图并没有阐述宇宙的真正创造，而是和亚里士多德一样，

---

① See esp. *Cael.* 280a–283a25; cf. M. Baltes, *Die philosophische Lehre des Platonismus* (Stuttgart 1998) 377–384 with bibliography.

② 第欧根尼·拉尔修（Diogenes Laertius, 5.25）提到过亚里士多德的一本著作《蒂迈欧篇摘要》（Τὰ ἐκ τοῦ Τιμαίου）。

③ 我把字义的意思归为原始的意思。参阅 G. Vlastos, “Creation in the *Timaeus*: Is It a Fiction?” in R. E. Allen (ed.), *Studies in Plato’s Metaphysics* (London 1965) 401–419; R. Hackforth, “Plato’s Cosmogony (*Timaeus* 27 D ff.),” CQ 9 (1959) 17–22; 作为比较，主流看法是：F. M. Cornford, *Plato’s Cosmology* (London 1937) 24– 27; A. E. Taylor, *A Commentary On Plato’s Timaeus* (Oxford 1928) 59–63; and recently A. Finkelberg, “Plato’s Method In *Timaeus*,” AJP 117 (1996) 391– 409。

认为宇宙永远都依赖于外在资源。

亚里士多德自己对于一些柏拉图的学生所使用的寓言方法还是挺熟悉的。在《论天体》（280a）有一段话：“宇宙从未被造，而［如此表现］是有教育性目的（διδασκαλίας χάριν）的，就是使事物可以更好地被认识；如同人观察变化过程中的图表那样。”亚里士多德没有提及这些柏拉图主义者的名字，而是直接说他们的解释不真（279b34）。

这些没有留下名字的柏拉图《蒂迈欧篇》的解释者，根据一些残篇还是可追踪的。例如，克诺克拉特（Xenocrates）是柏拉图的学生，做学园园长超过 20 年，便采取了寓言方法来解释柏拉图的创世。[①] 普罗塔克和普罗克洛在这个问题上提到克拉恩特（Crantor），克诺克拉特的学生，被普罗克洛称为“柏拉图的首位解释者”。[②] 有一位训诂学者认为斯珀西波斯（Speusippus），柏拉图之后的首任园长，乃是《蒂迈欧篇》的寓言解释者。[③] 这些考察足以肯定亚里士多德的说法，即紧接着柏拉图之后的学园

---

① 克诺克拉特的观点可以在一些佚名注释者那里得到证实，也可参阅 Plut. *An.Procr.* 1013A, collected by R. Heinze, *Xenokrates. Darstellung der Lehre und Sammlung der Fragmente* (Hildesheim 1965) 180 fr.54. 也参阅 J. Dillon, “The *Timaeus* in the Old Academy,” in Reydams-Schils, *Plato's Timaeus* 80–94。

② Plut. *An.Procr.* 1012D–F, 1013A–C; Procl. *In Ti.* I 277 (ed. Diehl). 关于他的注释活动，下面还会谈到。

③ L. Taran, *Speusippus of Athens* (Leiden 1981) 156–157 fr.61a–b (Arist. *Cael.* 279b 也被引用了），加上第 383–386 页中的评论，为注释者的证据之真实性加以辩护。

派领袖是采取寓言方法来解释《蒂迈欧篇》的。根据普罗塔克，这种方法后来一直有人用（An. Procr. 1012D）。这就是说，柏拉图主义和逍遥学派实质上是融洽的。亚里士多德反对这种融洽，但他的直接继承者德奥弗拉斯特（Theophrastus）采取的观点更加宽容些。2 世纪的陶鲁斯（Taurus）记载了他说过的一句话："根据柏拉图，宇宙是被造的……他认为宇宙是在展示目的（σαφηνείας χάριν）中生成的。"[①] 亚里士多德同时代的柏拉图主义者都认为，他们的老师的写作目的是 διδασκαλίας χάριν［教育目的］，那么，σαφηνείας χάριν［展示目的］就是前者的回响了。陶鲁斯因此认为，德奥弗拉斯特没有像他的老师那样否定柏拉图学生的解释，反而是接纳了他们。于是，在逍遥派那里，柏拉图的想法被接纳了。而且，在思想上，柏拉图的学生也是受欢迎的。学园派和逍遥派在读同样的文本，对一些关键段落持有共同的解释方式，并且愿意认真对待彼此的解读。

还有一件值得注意的事，学园派和逍遥派在谈论《蒂

① In John Philoponus Aet. 6.8 (ed. Rabe 145; Diels, *Dox.Graec.* 485 fr.11); see also M. Baltes, *Die Weltentstehung des Platonischen Timaios nach den antiken Interpreten* (Leiden 1976–78) I 22. On Taurus' life and works see J. Dillon, *The Middle Platonists* (London 1977) 237–240; H. Baltussen, "Early Reactions to Plato's *Timaeus*: Polemic and Exegesis in Theophrastus and Epicurus," in Sharples and Sheppard, *Ancient Approaches* 49–71, at 61–65。

迈欧篇》的关键文字时并不进行逐句解释。[①] 即使是克拉恩特，普罗克洛称他为 ὁ πρῶτος τοῦ Πλάτωνος ἐξηγητής［第一位柏拉图注释者］，也没要想系统地解释文本。[②] 在尚存文献中找不到他想对《蒂迈欧篇》进行全面阐释的线索，人们转引他的解释也只是涉及一些有争议的段落。[③] 他对关

① 第一位作者的文字是溯源式的描述，并用了一个专业术语 ὑπόμνημα，他便是 2 世纪中的陶鲁斯（Philoponus *Aet.* 13.15 [520 Rabe]）。波菲利提到普罗提诺使用了一些作者的注释材料（*V.Plot.* 14）。不过，它们都是 2 世纪之后的材料，有些还谈不上是注释性的。普罗塔克在涉及《蒂迈欧篇》时也有意不用"注释"一词，而是用"解释"（τοῖς ἐξηγουμένοις, *An.Procr.* 1012D）一词，和"研究柏拉图"（οἱ πλεῖστοι τῶν χρωμένων Πλάτωνι, 1013E）这个说法。普罗塔克谈到他"论灵魂产生"（*On the Generation of the Soul*）时说："我收集了一些相关说法，并在不同时间写成的文字中解释在我看来是柏拉图关于灵魂的看法。"（1012B）。相似地，在一些佚失著作中，他还谈论作为逻各斯的宇宙创造（1013E）。也请参阅 M. Baltes, *Der Platonismus im 2. und 3. Jahrhundert* (Stuttgart 1993) 165–166, 他把加伦（Galen, *De plac. Hipp. et Plat.* V 508.7 ff. K.）看作柏拉图主义者中第一位见证了固定的注释活动的人物。Baltes 认为，早期注释肯定存在，只是没有保存下来，原因在波菲利作品的全面性成就 (170–171)。J. Dillon, "Pedantry and Pedestrianism? Some Reflections on the Middle Platonic Commentary Tradition," in Tarrant and Baltzy, *Reading Plato* 19–31, 则认为 Eudorus（公元前 1 世纪）才是柏拉图著作的第一位注释者。R. Lamberton, "The Neoplatonists and their Books," in G. G. Stroumsa and M. Finkelberg (eds.), *Homer, the Bible and Beyond* (Leiden 2003) 195–211, 强调，柏拉图主义是逐渐地重视某些文本的，从未给出规范性要求，只是注释而已。Contra P. Hadot, *Etudes de philosophie ancienne* (Paris 1998) 3–11, 则展示了古代哲学的一些注释因素，但没有强调从对某些段落的解释到连续性注释的过渡。

② Procl. *In Ti.* I 76. H. Dörrie, *Die geschichtlichen Wurzeln des Platonismus* (Stuttgart 1987) 328, and Dillon, in Reydams-Schils, *Plato's Timaeus* 87–89.

③ Dörrie 引用好翻译了一些段落，见 Die geschichtlichen Wurzeln，102–108。

于大西洋神话是历史的还是传说故事的争议持坚定立场。[①]克拉恩特很清楚批评者关于柏拉图从埃及那里剽窃了这个故事的指责，坚持认为大西洋神话是一个历史事实。[②]在《蒂迈欧篇》的28B，柏拉图发问道，宇宙是否为永恒者而没有一个生成或被造的开端；对此，克拉恩特也表达自己的看法。克拉恩特作为一个有影响的寓言式解释者吸引了其他的解释者。[③]在他看来，柏拉图把宇宙描述为 γενητός 的意思是："宇宙被造是就其有其他原因而言的，因而不是自己造自己，也不是自我满足的。"[④]

最后一点，克拉恩特对宇宙灵魂的本质（35B）问题进行了讨论。克诺克拉特把灵魂解释为"推动自己的数"，而克拉恩特则把灵魂主要归为认识官能。然而，他们都同意，在柏拉图那里，灵魂"并非在时间中存在的，因而没有生成"。[⑤]

这些证据表明，亚里士多德谈论的一些《蒂迈欧篇》文字在他之后还有很多人在讨论。而且，柏拉图主义的领头人也参与其中，且常常在其他人的立场的语境中进行

---

① 在围绕《蒂迈欧篇》20D 的讨论中，克拉恩特谈道：ἄκουε δή, ὦ Σώκρατες, λόγου μάλα μὲν ἀτόπου παντάπασί γε μὴν ἀληθοῦς［这个故事很离奇，但却是真实的］。

② Procl. *In Ti.* I 76.

③ οἱ δὲ περὶ Κράντορα τοῦ Πλάτωνος ἐξηγηταί (Procl. *In Ti.* I 277).

④ Procl. *In Ti.* I 277. See also Dörrie's important comments on this passage, *Die geschichtlichen Wurzeln* 331–332.

⑤ Plut. *An.Procr.* 1012D, 1013A.

解读。[1]正是在这种追求中，普罗塔克的一位朋友希望他“写些关于《蒂迈欧篇》的东西，予以更仔细的说明”（ἐπιμελεστέρας ἐξηγήσεως, *An. Tranq.* 464E）。普罗克洛则在 5 世纪时收集这些材料，认为这些前人的阐释工作是一种“注经”。[2]逍遥学派也是这样参与到柏拉图著作的讨论中的。令人感兴趣的是，《蒂迈欧篇》似乎并没有引发争论，人们的阐释努力和柏拉图的直接弟子们的做法是一致的。德奥弗罗斯特依据《蒂迈欧篇》来反对斯多亚学派关于循环创造和宇宙毁灭的说法，引用的便是大西洋神话。[3]他把这个神话的字面意义归为历史事实，同意克拉恩特在这一点上的看法。克里阿克（Clearchus of Soli）写了一篇柏拉图颂词，还有“一篇文章显示了他对柏拉图《国家篇》的熟悉”（frr.2–3 Wehrli）。普罗塔克把他归为克拉恩特的追随者和《蒂迈欧篇》的数学的解释者（*An. Procr.* 1022C）。斯特拉托（Strato of Lampsacus）作为德奥弗罗斯特的继承者（逍遥学派的领头人）这一点，在这个语境中有特别意义。他引用柏拉图的《斐多篇》，而

---

① Also Eudorus, mentioned by Plutarch at *An.Procr.* 1013B.

② 前面提到，普罗克洛认为克拉恩特是第一位注释者（*In Ti.* I 76）。他的术语使用需要在他的著作中进一步考察。比如，他在使用“注释”（exegete）一词时不包括波菲利的工作（只认同时代的哲学家），也不包括扬布里科（称他为圣者）。我们需要注意到普罗克洛那个时代对这个词的使用，不要弄成时代倒错。

③ In Philo *Aet.* 141, paraphrasing *Ti.* 25D; the Stoic argument Theophrastus rejects is quoted at 117–123.

不是亚里士多德的著作，来讨论灵魂问题。他在讨论《蒂迈欧篇》（37D）时持同情倾向。[①] 根据普罗克洛，斯特拉托在他的《论存在》一书中把“存在”归为永恒的原因。他似乎是在阅读《蒂迈欧篇》时给出这些论断的。不管如何，普罗克洛把他的观点和《蒂迈欧篇》的 37D 联系在一起了。普罗克洛不同意这种解释，但把它当作柏拉图的一个学生的解释。[②] 最后一点，“逍遥派亚德拉斯特”（Adrastus the Peripatetic）被认为是《蒂迈欧篇》的天文学、几何学和音乐学的解释者（ἐν τοῖς Εἰς τὸν Τίμαιον）。[③]

《蒂迈欧篇》的不同部分吸引了不同的注意力。不过，这本书没有把柏拉图主义者和逍遥派者区分开来。他们双方都认为这个世界不是严格意义上被创造的。柏拉图的学生认为柏拉图是在寓言意义上谈论创造，而亚里士多德的学生则清楚地认为世界不是被创造的，因而是不可毁坏的。比如，关于灵魂本性的基本争论，大家看重的是柏拉图早期著作的灵魂观。[④] 在亚历山大里亚的斐洛那里收集的一条残篇，也许可以证明这种围绕着《蒂迈欧篇》的融合图景。它是用来支持亚里士多德关于宇宙不可毁灭因而是非创造

① Frr.122–127 Wehrli, with commentary pp.75–76 and 105–106.

② Proc. *In Ti.* III 15–16.

③ Porph. *In Ptol. Harm.* 5 (p.96 Düring), quoted by Baltes, *Platonismus* 50 with comments at 214.

④ 关于柏拉图在《蒂迈欧篇》中更为可能的观点，参阅 T. Johansen, “Body, Soul, and Tripartition in Plato’s *Timaeus*,” *Oxford Studies in Ancient Philosophy* 19 (2000) 87–111.

的说法的[1]:

> 《蒂迈欧篇》的文字可以作证，宇宙不会生病，因而不会毁灭："根据这样的设计和这四种元素，宇宙就按比例作为一个整体而产生出来了。这些元素结合在一起，各自分明但不会分解。除了神，没有力量能使它们分解。首先，这便是生命体，是一个'一'，完满而整全，一切都包含于其中，不会留下什么去生成其他类似的生命体。它永生无恙。（32C—33A）"柏拉图的这段话证明了宇宙是不可毁灭的，因而它也不是依据自然过程而创造的。生成的会毁灭；而非生成的就不会毁灭。

残篇作者明显是在使用亚里士多德的语言，认为宇宙是非创造的，因而是不可毁灭的。然而，他的引据文字却不是来自学派创始人的著作，而是柏拉图的。他从《蒂迈欧篇》引用的文字是要说明柏拉图所想的宇宙是永恒存在的，因为它不会生病和变老。然而，与此同时，这位解释者很清楚柏拉图并不认为宇宙不是被造，只是说这是 παρὰ

---

① *Aet.* 25–57. 关于这句话来自逍遥学派的残篇的详细论证，参阅 M. R. Niehoff, "Philo's Contribution to Contemporary Alexandrian Metaphysics," in D. Brakke et al. (eds.), *Beyond Reception: Mutual Influence between Antique Religion, Judaism, and Early Christianity* (Frankfurt 2006) 35–55, at 44–45。

τῆς φυσικῆς ἀκολουθίας［本性所致］。于是，他认为，柏拉图清楚地谈论宇宙的不可毁灭性，这就隐含了非被造了。这个残篇对于肯定我们关于他们高度一致的说法特别有说服力。《蒂迈欧篇》不仅在柏拉图的跟随者那里被认真阅读，也在逍遥学派那里受到尊重。双方都引用它，并基本上在同一脉络里进行解释。特别地，柏拉图主义者和逍遥学派都认为柏拉图的创造论不能作字义解说，而只是服务于教导的目的。

在公元前的几个世纪里，没有出现所谓的《蒂迈欧篇》文本共同体，没有出现一个专门解释这个文本的特别团体，没有出现一个拥有不同阅读的完全他者，或一个错误的他者。

第二阶段：斐洛和普罗塔克奉《蒂迈欧篇》为权威文本

在亚历山大里亚的斐洛那里进入了新阶段。他对柏拉图主义的贡献应该还没有被注意到。原因在于，他主要关心的是推动形成一个围绕着所谓“圣书”[①] 的希伯来圣经的

---

① αἱ ἱεραὶ βίβλοι (e.g. *Conf.* 3); αἱ ἱεραὶ γραφαί (e.g. *Opif.* 77); 关于这些词的希腊化埃及背景的讨论，及其在柏拉图著作中的神学新意，参阅 H. Burkhardt, *Die Inspiration heiliger Schriften bei Philo von Alexandrien* (Giessen 1988) 79–91; 也请参阅最近的讨论: F. Siegert and J. Herzer, in R. Deines and K.W. Niebuhr (eds.), *Philo und das Neue Testament* (Tübingen 2004) 205–240; D.T. Runia, “Was Philo a Middle-Platonist?” *StudPhilon* 5 (1993) 112–140, at 126–129.

犹太人读者群。说他被忽视乃在于，他实际上是第一位在博伊－斯通斯[①]界定为柏拉图主义特征的意义上引用《蒂迈欧篇》的。斐洛把柏拉图的这个文本当作权威和真理来对待，不这样阅读就是错误。[②]这样，他就给后来的阅读奠定一个基础，包括异教徒读者和基督徒读者，从而最终在2世纪时推动形成了围绕《蒂迈欧篇》的新读者群体。对于斐洛来说，摩西五经的优先性是给定的。摩西在“圣书”中所表达的创造论要早于赫西俄德和柏拉图（*Aet*. 19, μακροῖς δὲ χρόνοις πρότερον）；并且许多希腊作者从希伯来圣经那里复制了一些观念。[③]这个时间上的在先性意味着价值上的优先。他谈到，托拉对未被污染真理的反思拥有独特地位。[④]然而，《蒂迈欧篇》，或者说柏拉图的著作，则来自未知的权威。柏拉图被称为一个“偶然事件”而作为一个非犹太作家被提及。斐洛通常会建议“在古代和原始的思想中

---

① G. R. Boys-Stones, *Post-Hellenistic Philosophy: A Study of its Development from the Stoics to Origen* (Oxford 2001), esp. 102–103.

② Boys-Stones 把普罗塔克和克尔苏斯归为柏拉图主义的第一代（*Post-Hellenistic Philosophy* 99–150）；同时把斐洛理解为先驱，采纳了斯多亚关于古代智慧的观点，但没有将它运用于柏拉图著作 (90–95)。

③ 详细讨论参阅 Niehoff, *Philo* 138–142; Boys-Stones, *PostHellenistic* Philosophy 92.

④ Niehoff, *Philo* 187–209; *eadem*, “Philo’ s View of Paganism,” in G. N. Stanton and G. G. Stroumsa (eds.), *Tolerance and Intolerance in Early Judaism and Christianity* (Cambridge 1998) 135–158.

吸取养分，寻求高贵行为的古代传统”，[1] 并突出柏拉图的文本。在涉及《蒂迈欧篇》和《泰阿泰德篇》时，他介绍它们时用这种说法：ὅπερ καὶ τῶν ἀρχαίων εἶπε τις［古人就是这样说的］。[2] 而在其他地方涉及柏拉图的文字时直接就说：ὡς εἶπε Πλάτων［柏拉图如此说］或 ὡς ἔφη τις［他是这样写的］。[3] 斐洛也常引用荷马，说他是“一位古人”，但仅仅称他为最有声誉的诗人（*Abr.* 10）。斐洛引用荷马时都是一些众所周知的说法，而引用柏拉图时视之为可与希伯来圣经媲美的古代真理。

最令人印象深刻的是，斐洛引用《斐德若篇》的一句话时称之为 κατὰ τὸν ἱερώτατον Πλάτωνα［至圣者柏拉图］（*Prob.* 13）。这是在一篇并不涉及圣经注释而是面对一般读者（包括希腊读者）的文章中说的。[4] 作为对比，在涉及摩西律法时，即面对亚历山大里亚的犹太人社群，斐洛在引用《斐德若篇》的同一句话时用了较平和的文字 ὡς

---

① *Sacrif.* 78, καὶ τὸ παλαιαῖς καὶ ὠγυγίοις ἐντρέφεσθαι δόξαις καὶ ἀρχαίαν ἀκοὴν ἔργων καλῶν μεταδιώκειν. Cf. *Sacrif.* 101, *Her.* 283, *Mos.* 1.3.

② *Opif.* 21, cf. *Her.* 181.

③ *Opif.* 119, 133; *Spec.Leg.* 2.249.

④ 不幸的是，斐洛的著作仍然在它们的内在编年意义上谈论，不太涉及它们的可能听众。这一点恰好是决定它们之间有本质不同的关键点。关于 *status questionis on Quod Omnis Probus Liber* 和 *De Aeternitate Mundi,* 参阅 J. Morris, “The Jewish Philosopher Philo,” in G. Vermes et al., *History of the Jewish People in the Age of Jesus Christ* III (Edinburgh 1987) 856, 858–859; 涉及 *De Aeternitate Mundi* 和其他一般哲学论文的听众，参阅 Niehoff, in Brakke et al., *Beyond Reception* 53–55。

ἔφη τις（*Spec.Leg.* 2.249）。斐洛总是赋予柏拉图文字以特别重要性，并在面对非犹太读者谈论柏拉图时尊如摩西。斐洛共有 17 次称摩西为“至圣者”（κατὰ τὸν ἱερώτατον Μωυσέα）[①]。“至圣者”这种用法总是和某句圣经经文联系在一起的。这个尊称强调的是他所著的托拉指真理性和权威性。这个词有时也用来回应那些挑剔的或给圣经挑错的学者。[②] 斐洛不同意这种做法，因而强调它的作者是圣洁的，不能批评他们的作品。把圣洁性给予柏拉图也是出于这种思路。这样，斐洛就建立了柏拉图的那些被引文字的权威性。在斐洛看来，面对一般听众而把“至圣者”给予柏拉图，意思是这位哲学家对于外邦人，其重要性如同摩西对于犹太人。也就是说，柏拉图的地位被尊如摩西，其著作所传达的观念也如同犹太人的圣经。

在另一篇面对一般读者的文章中，斐洛确立了《蒂迈欧篇》的权威地位。他首次依靠柏拉图来讨论希腊哲学，认为寓言式的《蒂迈欧篇》解释破坏了柏拉图的思想，必须放弃，而亚里士多德则被称赞为忠实于柏拉图的本来想法。他是这样评价那些背离柏拉图的人的：

> 有人误读文本[③]，认为柏拉图谈论的宇宙是被造

---

① *Gig.* 67, *Agr.* 85, *Plant.* 86, *Migr.* 131, *Mut.* 30 and 189.

② *Immut.* 140, *Agr.* 85, *Cher.* 45.

③ σοφιζόμενοι; 在斐洛的现存著作中仅出现过五次，其否定意义十分强烈，包含着欺骗或背叛的意思（特别参阅 *All.* 3.64, *Det.* 164, *Mut.* 240）。

> 的，并非就其有一个创造的开端这层意思，而是说，如果它是被造的，它就不能像“一”那样结合起来；或者，[如柏拉图所言]，因为其中的部分看上去是在变化过程中的。（*Aet.* 14）

和西塞罗一样，斐洛是从字义的角度阅读《蒂迈欧篇》的。不过，西塞罗只是简单地谈到，“在《蒂迈欧篇》中，柏拉图的神创造了世界”，从而与亚里士多德加以区分，后者认为有“总是存在”的事物。① 值得注意的是，西塞罗在哲学上并不了解这些不同观点。在字义上的理解中，他没有讨论形而上学的传统。柏拉图和亚里士多德，在他看来，虽然观点不同，但方法上却是同等合法的。

斐洛的路子显然不同。他是最先承认柏拉图权威的作者，相信他的理论是真的，而与之不同者就一定是错误的。在前面所引的那段话中，他拒绝了两种关于《蒂迈欧篇》的寓言式说法。他强调，这种读法不能是真的，因为它们直接和柏拉图关于作为创造者和父亲的文字相对抗（*Aet.* 15）。任何读者如果忽略这个事实就是“误读”《蒂迈欧篇》。这个判断相当粗暴，因为把那些不同观点的思想者归为心术不正。

斐洛的立场很极端，需要进一步的说明。有没有可能，他如此强烈地维护《蒂迈欧篇》的权威性和真理性，目的

① *in Timaeo mundum aedificavit Platonis deus* (*Tusc.* 1.63); *si haec nata sunt, ut Platoni videtur, vel, si semper fuerunt, ut Aristoteli placet* (1.70).

是要支持圣经的创造故事？或者说，他关注柏拉图的创造论乃来自于他对希伯来圣经的原始关注？就他强调圣经和柏拉图之间的相关性而言，这里提出的问题是合理的。[①]他做了很多努力去说服他的犹太同胞，世界创造是在字面意义上而言的，反对那种寓言式的解释。这一点和他处理《蒂迈欧篇》相似（*Opif.* 9–22）。而且，斐洛对柏拉图的权威性之强调要超出为希伯来圣经的辩护关注。在某种意义上，他是在互证：提升柏拉图的权威不仅是要为圣经辩护，还把圣经权威运用于柏拉图著作。在写给那些非犹太人的著作中，他谈到，《蒂迈欧篇》应该享受同等于托拉在犹太人那里的尊重。斐洛特别地赞誉亚里士多德作为柏拉图的忠实学生，便是表达这一立场（*Aet.* 16）：

> 亚里士多德对于柏拉图就是很好的见证。因为尊重哲学，亚里士多德从未误读，因而在师生关系中提供了最可靠的见证；特别地，他对教育（paedeia）极为重视而小心翼翼，渴望超越古人的发现，在创新中为哲学的每一部分都贡献了令人信服的洞见。

---

① *Aet.* 19; cf. D. T. Runia, *Philo of Alexandria and the Timaeus of Plato* (Leiden 1986); *On the Creation of the Cosmos according to Moses* (Leiden 2001) esp. 121– 123; "Plato's *Timaeus,* First Principle(s), and Creation in Philo and Early Christian Thought," in Reydams-Schils, *Plato's Timaeus* 133–151.

这段话有时被认为多少是对亚里士多德的失传对话《论哲学》的回应。伊非在某种程度上乐观地认为，他在这里找到了失传对话的残篇。① 巴尔特较为谨慎，争辩说，斐洛有可能是根据一个逍遥派文献来赞扬亚里士多德的品格和创新，同时也在考究这位思想家失传的谈论哲学的著作。② 在这种重构中，斐洛属于那个时代的一种精神，即强调亚里士多德对《蒂迈欧篇》的字面阅读，赞扬他对柏拉图的本义的执着。

不过，这种解释的问题太大，基本上忽略了斐洛新角度的意义。首先，我们来分析文本。显然，这里所表达的对亚里士多德的赞誉只能在回顾老师的语境中才出现。因此，这段话不可能来自亚里士多德的失传著作。而且，这种赞誉不仅在斐洛的文字中是极为个别的，实际上，我在所有的现存逍遥派文献中没有发现类似的。更为温和的表达 γνησιώτατος μαθητής［得真传的学生］，倒是在亚里士多德的追随者那里常见。③ 因此，我们很难判断斐洛所依据的文献是什么。我们还是不要把这种赞誉归为古代文献的偶然引用，而是来分析它在引文语境中的积极角色。斐洛对亚里士多德如此赞美，严格来说，就是他认为亚里士多

① B. Effe, *Studien zur Kosmologie und Theologie der Aristotelischen Schrift "Über die Philosophie"* (Munich 1970) 22.

② Baltes, *Weltentstehung* I 33–35.

③ Demetrius Phal. fr.195 Wehrli。基本上，第欧根尼·拉尔修在介绍逍遥学派时使用同样的表达（5.1）。

德正确地理解了柏拉图。亚里士多德在斐洛的文字中是作为忠实的学生，给出了正确解释而没有误解它。在涉及后继的柏拉图主义者时，斐洛认为希腊哲学是从柏拉图出发的，并以此来衡量其他观点。[①]

斐洛所达到成就是显然的。作为柏拉图主义者，他是第一位把柏拉图的文字，特别是《蒂迈欧篇》，当作古代真理的一个来源。他把关于圣经的看法应用于柏拉图著作，并把它们——仅仅是它们——赋予同样的神圣权柄。在一些面对广泛希腊读者的文章中，他公开称柏拉图为“至圣者”，并把哲学的发展归为由《蒂迈欧篇》所规定的。

这个图景有点复杂。斐洛的读者群是由亚历山大里亚的犹太人组成的；他们只是阅读并遵守托拉；[②]而他却鼓吹柏拉图的文字作为古代权威。这里，他鼓励犹太人接纳柏拉图及其所写所表达的真理，将之等同于圣经；同时，他邀请外邦人认可柏拉图著作的神圣性。

在那些外邦希腊人那里，有没有人接受斐洛的想法，把柏拉图当作“圣者”呢？斐洛在基督徒那里是受到欢迎的。不过，在基督徒成为显著现象之前，斐洛的著作是否

① 对于普罗塔克、Atticus 和 Numenius 来说，Boys-Stones 把这个观点说清楚了，*Post-Hellenistic Philosophy* 125–139。

② 遵守律法是这个共同体的明显标志（*Migr.* 89—93）。斐洛更多强调的是，犹太人根据他们的“神圣律法和不成文习俗”而认定神是造物者和父亲（Leg. 116）。因此，托拉才是指导者，《蒂迈欧篇》则不是。

有人读却是不确切的。[1]2 世纪时，只有两位作者——卢西安（Lucian）和亚特那欧（Athenaeus）——像他那样称柏拉图为“圣者”。他们只是在十分平常的语境中有此说法，卢西安是要把他在年龄上与其他哲学家区分开来，而亚特那欧则是在讨论数时这样做。[2]

由此看来，斐洛的做法在希腊读者那里并不是很成功。不过，斐洛思想之现象学延续在普罗塔克的著作中还是可以看到的。[3]和斐洛一样，普罗塔克是在字义上阅读《蒂迈欧篇》的，且对寓言式解读不屑一顾。他在争辩中给予柏拉图著作真理性的做法和斐洛一致。以《蒂迈欧篇》为中心，他认为克拉恩特和克诺克拉特“完全误解了柏拉图”（*An.Procr.* 1013B）；而那些采用寓言解释的人被认为是“设计、强求和歪曲所有的事情”（1013E）。他们理解上的失败就在于他们无视“真观念”（τῆς ἀληθοῦς δόξης, 1013F）。普罗塔克认为自己不同于“大部分柏拉图主义者”，而是在重构柏拉图的真实意图（1012B）。《蒂迈欧篇》

---

① 参阅 Runia 和 Hilhorst 关于希罗多德作为唯一的相关者的要论，不过，争议的例子是：D. T. Runia, “How to Search Philo,” *StudPhilon* 2 (1990) 106–139, at 135–136; A. Hilhorst, “Was Philo Read by Pagans?” *StudPhilon* 4 (1992) 75–77。克尔苏斯很可能熟悉斐洛，因为他提到犹太人的寓意解经。(Origen *c.Cels.* 4.38)

② Lucian *Macr.* 21.2, Ath. 670F.

③ 参阅 Boys-Stones, *Post-Hellenistic Philosophy* 106–113，其中讨论了普罗塔克采纳了斯多亚的神话学，此事对柏拉图主义出现具有重要意义。这个证据虽然还是令人印象深刻，也很有帮助，但普罗塔克对柏拉图本人的态度还是有保证的。

在严格意义上被当作真理的古代资源，任何违背它的思想都或者是错误，或者是谎言。

还有，斐洛方法的精神，在普罗塔克讨论柏拉图的核心思想及其早期解释时也有所反映。注释活动开始出现了。普罗塔克虽然还没有系统性地诠释文本，但比起前人是更多地引用文本，有更详细的解释，且会参考前人的理解。他按主题讨论，用一篇“文章”（ἀναγραφή）专门涉及灵魂的起源（1012B），用另一篇已佚失的“文章”（λόγος）谈论宇宙起源（1013E）。进一步，他处理过“柏拉图问题”，其中有 5 篇是处理《蒂迈欧篇》的。因此，可以说，普罗塔克见证了一件事，1 世纪末和 2 世纪初，柏拉图的著作，特别是《蒂迈欧篇》，奠定了作为权威性文本而传递了哲学真理。这是希腊传统的精髓所在。

第三阶段：克尔苏斯（Celsus）和波菲利（Porphyry）把《蒂迈欧篇》当作异教徒认同的标志以别于基督教

2 世纪下半叶出现了一件新事物。基督教成为一个显著现象，并自认为是一个建立在古代传统的精华之上的哲学宗教。[①] 克尔苏斯是我们的主要关注对象。他对《蒂迈欧

① 关于基督徒的自我界定和注释规划，参阅 G. G. Stroumsa, “The Christian Hermeneutical Revolution and its Double Helix,” in L. V. Rutgers et. al. (eds.), *The Use of Sacred Books in the Ancient World* (Leuven 1998) 9–28。

篇》的解释是在他对基督教的反击这个语境中进行的。重要的是这个新宗教的从属问题。克尔苏斯了解基督教的阐释，但他要强调的是《蒂迈欧篇》以及柏拉图的其他著作的原始意义，目的是要保守异教徒社会以某种敬拜形式。他在阅读柏拉图文本时区分了我们希腊人和他们基督徒。

奥利金对于克尔苏斯的态度有一个很深刻的说法：[①] 克尔苏斯引用过几句柏拉图的话，并和圣经中那些能引发有学问之人注意的文字作对比，宣称“在希腊人那里，这些想法有更好的表达，轻而易举且无需强调就知道那是来自神或神的儿子的”。

克尔苏斯在这里表现为对他喜欢引用的柏拉图文本的重视。他把它们和基督徒的“圣经文本”并列在一起，强调它们的优越性。博伊－斯通斯提到，克尔苏斯显然相信柏拉图文字的权威和核心地位。[②] 然而，更为值得注意的是，这里有一个新因素，那就是，克尔苏斯第一次把柏拉图著作和“希腊人”观念联系在一起。他把柏拉图文字视为表达希腊精神的。克尔苏斯建立了一个文本共同体，围绕着某种文本作为特别进路，宣称“我们的”文本传统高于基督教的相应文本。这是一种竞争的气氛，其中的每一个共同体都在整个社会范围内为自己所采用的文本传承和地位进行辩护。

---

① *C.Cels.* 6.1 (ed. Marcovic, translations Chadwick with emendations); cf. 6.8.

② Boys-Stones, *Post-Hellenistic Philosophy* 105–119.

有意思的是，克尔苏斯认为基督徒的解释是“残缺的”，并“误解了”柏拉图。① 类似的说法也存在于斐洛和普罗塔克的文字中，不过，克尔苏斯的说法有点新的社会意义。显然，克尔苏斯否定了基督徒的阅读理解（只是某个团体的理解）。在他看来，他们就是误解了柏拉图的原始意图。这也意味着，柏拉图文本中的真理只保存在异教徒希腊人的共同体中。恰当的解释属于“希腊人”，而基督徒的理解则是错误的阅读，是对文本的捏造。

克尔苏斯立场的社会意义，如果我们比较一位佚名的希腊化犹太人的观点，就清晰了。② 这位犹太人是这样挑战基督徒的（2.4）：

> 为什么你一方面把你们的根归于我们的圣典，却不尊重它们；另一方面，你们却在我们的律法外寻求你们的教义来源？③

进一步，克尔苏斯笔下的这个犹太人拒绝某位基督徒

---

① παραφθείρουσιν (7.61) and παρακούσαντες τοῦ Πλάτωνος (6.7).

② 关于克尔苏斯的犹太教来源，参阅 H. Bietenhard, *Caesarea, Origenes und die Juden* (Stuttgart 1974) 42–47; R. L. Wilken, *The Christians as the Romans Saw Them* (New Haven 1984) 112–117. Cf. *c.Cels.* 1.45，其中，克尔苏斯提到一个和“犹太人的讨论，他被认为是有智慧的，同时还有一些在场判断对错”。

③ ἢ πῶς ἄρχεσθε μὲν ἀπὸ τῶν ἡμετέρων ἱερῶν, προϊόντες δὲ αὐτὰ ἀτι μάζετε, οὐκ ἔχοντες ἄλλην ἀρχὴν εἰπεῖν τοῦ δόγματος ἢ τὸν ἡμέτερον νόμον.

对希伯来圣经的阅读：“数以千人都会拒绝耶稣，因为那些关于他的预言实际上是关于他们自己的。”（1.57）[①] 这些主张清楚划分了两个共同体。在他看来，凡接纳圣典和摩西律法的都属于“我们”，而那些追踪犹太传统起源却误读的人都是跟随耶稣的。这位佚名犹太人和克尔苏斯面对基督徒对他们传统的占用表达了同样的困惑。[②] 他们都抱怨他们的文本被用作别的目的而失去了它们的原来意思，也都希望呈现文本的真正意思，坚持他们自身的共同体的独立而优越的地位。

对于一些犹太人来说，托拉在此之前就已经界定了犹太人的身份。[③] 克尔苏斯则是在建立一个新的文本共同体。希腊人身份原来是建立在荷马史诗及其阐释上的。许多学问人都把独特的泛希腊主义归给荷马，以此维持他们的民族荣誉感。[④] 克尔苏斯给出了一个新任务，把这个共同体界定为“希腊人”，并引据柏拉图文献。

---

① τινὲς δὲ καὶ ἐλέγξουσιν … μυρίοι τὸν Ἰησοῦν φάσκοντες περὶ ἑαυτῶν ταῦτα εἰρῆσθαι ἅπερ περὶ ἐκείνου ἐπροφητεύετο. See also the rhetorical question that begins this passage.

② 克尔苏斯同意犹太人的批评，这一点可以从 5.33 那段话中看出。也可参阅他希伯来圣经的寓意方法的反对（4.49–50）。

③ 比如，托拉在斐洛建构犹太人传统的地位，参阅 Niehoff, *Philo* 187–209》。

④ E.g. schol. *Il.* 1.1, 2 (I 3, 7 Erbse); cf. M. Schmidt, *Die Erklärungen zum Weltbild Homers und zur Kultur der Heroenzeit in den bT-Scholien zur Ilias* (Munich 1976) 56–57, and “The Homer of the ‘Scholia’: What is Explained to the Reader?” in F. Montanari (ed.), *Omero tremila anni dopo* (Rome 2002) 159– 183, at 172–173.

希腊人身份和一直被认可的柏拉图权威之间的新联结还有明显的亚历山大里亚背景。在某个意义上，克尔苏斯读过斐洛的著作，并接受了他关于异教徒的说法。他没有像斐洛那样把柏拉图称为“至圣者”，而只是把某种关于柏拉图文本的解释归为在“希腊人”看来是权威性的，从而把他们的身份认同立于这些文本传统之中。进一步，他还得处理这个现实，即另一位喜欢斐洛的亚历山大里亚人在新宗教中宣扬柏拉图。亚历山大里亚的克莱蒙（Clement of Alexandria）在他寻求上帝时称赞柏拉图为“同路人”（*Protr.* 6.68, συνεργόν）。至于荷马，他被归为走在“滑离真理的歪路”上（2.27, ὀλισθηραί τε καὶ ἐπιβλαβεῖς παρεκβάσεις τῆς ἀληθείας）。荷马无法和基督教教义融合起来，即使他的史诗仍然可以用作基督徒儿童的课本。柏拉图则不同，他具有属灵的亲和性。他的哲学被认为是福音的准备（*preparatio evangelica*），导向基督教的单一神论。考虑到这一点，克尔苏斯的观点就有特别意义了。他对抗基督教的说法，诸如克莱蒙所提倡的，强调柏拉图属于异教徒希腊读者。克尔苏斯把基督徒对柏拉图文本的占用归为误读，目的是要破坏他们的古典继承。

在这个认同的冲突中，《蒂迈欧篇》扮演了一个特殊角色。克尔苏斯多次引用该书，指出它们的真实含义，以对照基督徒的主张。《蒂迈欧篇》的28C讨论的特别多（7：42）：

> 谈完这些事之后，他［克尔苏斯］引据柏拉图作为神学问题的最有力的教师，给出了《蒂迈欧篇》的文字如下："要找到宇宙之父和造物者是极艰难的。即使找到了他，把他说出来让其余的人明白也不可能。"接着，他说了这些话：看看那些追求者和哲学家是如何寻找真理之路的！看看柏拉图是怎样知道人无法走上这条路的！智慧的人发现了它，而我们因此便接收到一些关于那无名的本原的观念——这观念的呈现或者是通过综合其他事物，或者是通过对它们的分析或类比。我宁愿教导说，它是不可描述的；如果你能跟得上，我就很满足了；因为你完全受制于肉体而看不到纯粹的。

克尔苏斯这里谈论的是基督徒无法恰当地理解《蒂迈欧篇》，因为他们就是"受制于肉体而看不到纯粹"。克尔苏斯想到的一位基督徒也许是克莱蒙。克莱蒙在他的《对希腊人的劝告》中引用了相同文字。他用这段文字来说明，在希腊思想家那里，柏拉图是最靠近基督教想法的（*Protr.* 6.68）。在他看来，柏拉图体会到认识神的困难，并宣告"唯一真神就是神"。克莱蒙的意思是，柏拉图已经在期望着基督教的单一神论，指向真神，而不是偶像。在他手里，柏拉图成了基督徒原型，把多神论抛在一边。这位基督徒对《蒂迈欧篇》的使用非常像一些基督徒对希伯来圣经的解释。基督徒采用某些经文作为他们教义的表达，是为了他们的需要而使用这些文字的，是要拒绝其原来的紧密与之相连的敬拜形式。于是，异教徒的和犹太人的文本经调整后而融入基督徒共同体中，而他们只能面临两者必居其一局面：或者成为这个新团体的一员，或者拒绝它们成为不合时宜者。

克尔苏斯呈现了一种希腊人的《蒂迈欧篇》解读，以此来对抗基督徒的做法。他那带着讽刺性的调侃，说基督徒也是被肉体捆绑，从而无法看到纯粹，是要颠倒他们所强调的属灵性和纯粹性。[①] 他也许也暗示着，基督徒看见耶稣的地方，神成了肉身，从而对文本的原始含义闭上了眼睛。[②] 克尔苏斯反对这种理解，强调《蒂迈欧篇》文本对希腊人而言的特别价值。首要的是，他指出哲学修养的精英品格。柏拉图知道，只有追求者和哲学家才有能力理解神，而“人无法走上这条路”。他对基督教的拒绝一直都是保持着这个对比：“我们的”精英主义和新宗教的方式——求助于缺乏教养的大众和依赖于可笑的书。[③]《蒂迈欧篇》28C 于是成了异教徒社会和学问的性格结构的文本证明。

---

① 这便是奥利金理解克尔苏斯的方式：7.45。

② 参阅克尔苏斯对对基督教的耶稣作为神降生于世而成为肉身的学说的批评：4.14–18。

③ Esp. 1.27, 3.44, 3.55, 3.69, 3.75, 4.73, 6.15, 7.61；关于新约，特别参阅 6.1–2。克尔苏斯揭示了希伯来圣经和基督徒认可的文本的弱点（esp. 4.30–47）。

这一点，基督教并不承认。

克尔苏斯在引用28C时涉及了异教徒的中期柏拉图主义。他把柏拉图的“宇宙造物者和父亲”归为一种更为超验的观念，即“那无名的本原的”，意图是要取消基督徒把造物者和父亲等同于耶稣的父。而且，克尔苏斯坚持这个完全抽象的神圣观念和阿尔比努（Albinus）的《知识》（*Epitome*）相对应。这个柏拉图主义者大约在公元150年活跃于士每拿，而他做的事是要把亚里士多德的观念引入柏拉图主义。采纳亚里士多德的不动的动者，阿尔比努对最早的神之超验本性有特别关注。他还列举了几种认识途径来帮助人跨过认识障碍。[①] 克尔苏斯走的是同样思路。他也是把德穆革的简单视觉形象归为类比意义的智慧人所理解的那个无名的本原的存在。他对《蒂迈欧篇》的解释立足于异教徒传统，是要抗衡当时的基督徒解释。

奥利金对克尔苏斯的反应落实了我们的这个印象，那就是，团体认同成了关键所在。奥利金同意，克尔苏斯所引用的柏拉图文字是“高贵的而不是可嘲弄的”。但是，他提醒读者，基督徒的理解具有优越性（7.42）：

> 就神圣逻各斯引入神的逻各斯而言，“他在太初与神同在”，他成了肉身，作为人的祝福，如此，在

---

① Albinus *Epit.* 10, especially 5–6 (ed. P. Louis); see also R. E. Witt, *Albinus and the History of Middle Platonism* (Cambridge 1937) 115–126.

柏拉图那里是“找到了他，把他说出来让其余的人明白也是不可能的”，而这里，这话就可以来到所有人面前了。

奥利金认为，没有神圣的帮助，智慧者不可能看见神的真正本性。他拒绝克尔苏斯的路子，坚持认为，只有依靠耶稣的基督徒才能认识他。《约翰福音》（14：9）便是引证：人可以通过他的形象来观看造物者和父亲（7.43）。这个形象当然就是指耶稣。只有通过他，奥利金谈到，关于神的真知才会转入人的福利。基督徒的知识和仁爱可以对比于异教徒的有限视野和自以为是的精英主义。他以胜利者的姿态宣告，异教徒者“自负地认为知道神，并通过哲学把握了真理”，而现实是，他们“像缺乏教养者那样，持守着那形象和他们的神庙以及那唠唠叨叨的神秘东西”（7.44）。克尔苏斯对《蒂迈欧篇》的解释被归为异教徒主义失败的一个例子。他们的解释不仅是在一种错误精神中给出的，而且导向一种错误的敬拜方式。奥利金坚持把多神教当作一种“唠唠叨叨”，暗示着那些异教徒主义者如克尔苏斯属于一个可怜的应该淘汰的团体。他们不再吸引人了，需要加以摒弃。这种语言反映了奥利金的自信：基督教对古典异教徒世界的终极性胜利。3 世纪，在奥利金看来，教会走向胜利已经是不可逆转了。

就当下讨论语境而言，克尔苏斯关于创造的解释是重要的。在这场古代的争论中，这涉及是否从字义的角度来阅读《蒂迈欧篇》。克尔苏斯是一位寓言解释者，认为宇宙是“非创造的且不可毁坏”。[①] 他在亚里士多德思路中认为，“从质料而来的没有永恒”（4.61）。显然，他采纳了混合主义路径来解释《蒂迈欧篇》。斐洛和普罗塔克都反对这个路径。和欧多鲁（Eudorus）、阿尔比努和陶鲁斯等人那样，他相信宇宙不可毁灭，严格意义上是非创造的，因为创造意味着可以分解。不过，克尔苏斯较之早些时候的柏拉图主义者还是有所超越，给出了一个关于创造的圣经说明，并不太肯定地认为那是“极为愚昧的”，[②] 进而否定斐洛和基督徒结合圣经和《蒂迈欧篇》而给出的解释。这里，异教徒的和基督徒的柏拉图主义之间有很深的鸿沟。

奥利金对克尔苏斯的反应再次证实了我们这个“分道扬镳”的印象。他评价克尔苏斯的观点为：前后不一，且典型的反基督教立场。（4.61）奥利金坚持字义上的创造论，以此为基督教世界观（4.79），认为那种《蒂迈欧篇》的寓言解读属于异教徒观点。至于那种字义解释，虽然也源于异教徒主义，却是专门为基督教做准备的。

在克尔苏斯思路上，异教徒思想家似乎接受了在创造问题上的二分法。在他之后，异教徒思想家不再对

---

① ἀγενήτου ὄντος τοῦ κόσμου καὶ ἀφθάρτου (4.79)

② ἔτι γε μὴν καὶ ἡ κοσμογένεια μάλα εὐηθική (6.49).

《蒂迈欧篇》进行字义解释。[1] 斐洛、普罗塔克和阿提库（Atticus）的传统终止了。一个显著的以《蒂迈欧篇》的寓言解读为基础的希腊人团体建构了起来。这就不奇怪了，萨路斯修（Sallustius）是朱利安的亲密朋友，也是皇帝努力重建旧宗教的推手，他把永恒宇宙的观念拔高为异教徒教义。[2]

3 世纪的波菲利是另一个里程碑

这个人令人特别感兴趣。他参与了一些重要的活动:《蒂迈欧篇》的注释，反基督教作品，荷马批判。波菲利是龙吉努(Longinus, 约213—273年)的学生，对荷马史诗——一本深刻影响早期希腊人认同的史诗——的文本评注有良好训练。[3] 而且，他公开反对基督教，写了十五卷书反对这

---

① 参阅 J. F. Phillips, "A nalysis of interpretations from Taurus to Proclus," *Journal of the History of Philosophy* 35 (1997) 173–197.

② G. Murray, *Five Stages of Greek Religion* (New York 1955) 171; Sallustius *About the Gods and the World* 7 (transl. Murray 197–198). 萨路斯修并没有引用《蒂迈欧篇》，而是采纳亚里士多德语言。唯一指向柏拉图文本的地方是他谈到"宇宙因神的善而存在"。拉比的立场正相反，采纳了基督徒的"无中生有"说法。详细讨论参阅 M. R. Niehoff, "*Creatio ex Nihilo* Theology in Genesis Rabbah in Light of Christian Exegesis," *HThR* 99 (2006) 37–64。

③ Fragments collected by H. Schrader, *Porphyrii Quaestionum Homericarum* (Leipzig 1880).

个新宗教，揭示基督徒注释的走偏本性。[1] 他和奥利金几乎是同时代，特别对这位基督教领军人物有严厉批判，认为他对希腊文化，特别是柏拉图著作的依靠，不过是一种伪装，遮盖他的野蛮人思路：[2]

> 奥利金是一位拥有希腊教育的希腊人，却一头跑进没有脑子的野蛮人那里。直截了当地说，他是在推销自己和他的文字才能。他的生活方式是基督徒式的，不守规则，却从他对世界事物和神的看法中玩弄希腊方式（ἑλληνίζων），把希腊人的传统归为他人故事（τὰ Ἑλλήνων τοῖς ὀθνείοις ὑποβαλλόμενος μύθοις）。他总是混淆柏拉图，使用这些人的著作，如努门纽斯（Numenius）和克罗纽斯（Cronius），阿波罗发尼（Apollophanes）和龙吉努及莫德拉图（Moderatus），尼可马可（Nicomachus）和那些毕达哥拉斯学派的出名人物；也使用斯多亚主义者查尔任莫（Chaeremon）以及可努图（Cornutus）的著作。他还从他们那里学

---

① 批判性的评论可参阅 A. Meredith, "Porphyry and Julian against the Christians," *ANRW* II.23.2 (1980) 1119–1149。Harnack 收集的残篇，其真实性仍在讨论中。参阅最近的出版：J.M. Schott' s acceptance of von Harnack' s controversial fragments, "Por phyry on Christians and Others: 'Barbarian Wisdom', Identity Politics, and Anti-Christian Polemics on the Eve of the Great Persecution," *JECS* 13 (2005) 277–314, at 282–283。就这里的分析而言，我只使用那些明确提及波菲利的残篇。

② Eus. *HE* 6.19.7–8 (transl. Oulton, modified).

习希腊人在处理神秘事件时采用的寓言解释方式，用来处理犹太人的经典。

波菲利拒绝奥利金的文字，因为在他看来这些文字滥用古典希腊传统。柏拉图哲学和斯多亚的寓言法被用来表达基督教学说，这完全不是原作的意思。波菲利十分强调这个区别："基督徒的生活方式"（κατὰ τὸν βίον Χριστιανῶς ζῶν）和"玩弄希腊方式"。也就是说，一种合适的希腊方式应该是正确地理解柏拉图和其他希腊著作的，并且继续按照异教徒的生活方式。在一个共同体中的成员和对古典文字的合适阐释是紧密相连的。

只有异教徒的希腊人才可信任，能够代表希腊文化。波菲利的措辞是要将基督徒的认同倒转过来。奥利金认为，他是要把希伯来圣经提升到属灵的层次，以此用希腊方式，特别是柏拉图哲学，来解释它；而波菲利却把他归为野蛮人行列。

还有一事，波菲利是全面注释《蒂迈欧篇》的首创者。巴尔特（Baltes）称此为"当时无可争议的最整全的注释"。巴尔特称赞它在语言学的精确性，对前人相关讨论有系统的考察，进而提出自己的解释。[①] 波菲利对《蒂迈欧篇》的处理确实有新意。他使用了荷马史诗学界的方法，比前人

① Baltes, *Weltentstehung* I 161–163.

更为连贯，并强调异教徒认同。在某方面，他的工作可以媲美迪底慕（Didymus，此人在公元初的亚历山大里亚写作一部详细的《伊利亚特》注释）。他们都是批判性地审阅前人解释。迪底慕关注亚里士塔克（Aristarchus）和哲诺多图（Zenodotus）之间的争论，而波菲利则特别注意普罗塔克、阿提库和陶鲁斯之间的分歧。

遗憾的是，波菲利的注释只留下了残篇。这很大程度上归于他的激烈反基督教立场，导致他的反对者没有意愿保留他的著作。不过，普罗克洛和费罗泊诺（Philoponos）还是保存了一些关键材料使我们能对他的开创性注释有所了解。不过，这些材料还是需要批判性地使用，因为其中一人是基督徒，另一人则为教会所接受。比如，我们很难知道波菲利是否提到了基督徒对《蒂迈欧篇》的不同理解。在现存的残篇中，他没有提及，但这可能是这些作者的选择性倾向所致。从普罗克洛那里可知，残篇表明，波菲利提及《蒂迈欧篇》的注释活动发生在从荷马转变到柏拉图的语境中。他比较过《蒂迈欧篇》和荷马史诗，强调柏拉图在哲学上的优越性。首先，波菲利显然是在荷马史诗学界的倾向中对《蒂迈欧篇》进行连贯的文本分析。他经常提起一个ἀπορία（难点），然后给出一个λύσις（说明）。[①]而且，他在关于呼吸细节的争论时，解释说，“从柏拉图

① See e.g. Procl. *In Ti.* I 63, 202, 216, 439–440.

出来的柏拉图”（Procl. *In Ti.* I 219 and 94）。在跟随龙吉努和亚历山大里亚传统中，波菲利也涉及文本分析问题，比如，他追问：《蒂迈欧篇》的序言是否为原始对话的整体部分（I 204, cf. II 300–301）。他进而对柏拉图和荷马给出了一个清楚的说明，认为他们是互补的（I 64）：

> 荷马已经足以把荣誉和高贵给予了激情，并在想象中激励行动，不过，……他无法传递那理智上的平静，并启动哲学生活。

波菲利给予他们各自以特别的角色：荷马是诗人，依赖着人的情绪；而柏拉图在传递哲学真理并训练他的读者走向一种哲学生活方式。他还进一步强调：“世人无法模仿完美的生活，因为那是超越了他们的力量。”（I 66）柏拉图的出现在哲学上更有价值，但荷马史诗不能因此而抛弃。这个立场是很有意义的。波菲利在一定程度上用荷马来替换柏拉图，认为后者的文字需要拥有给予荷马史诗的那样的学术重视。一个异教徒哲学家对柏拉图的创造论进行全面注释，采纳了荷马史诗学界的工具，而基督徒则对创世纪进行注释。各自都关心创世神话，强调自身的宗教认同。

对于波菲利来说，《蒂迈欧篇》在它的寓言意义是有神圣权威的。在为异教徒教义的辩护上，他反对内部的字义解读，认为那是“不虔敬”（I 382）：

> 波菲利和扬布里科的跟随者争执（ἐπιρραπίζουσι）了这个观点［指普罗塔克和阿提库关于从混沌中创造宇宙的字义解释］，即在全面无序中置放秩序，把在未完成中置放完成者，在无理智中置放理智。而这是不敬虔的（ἀσεβοῦσαν），不仅对于宇宙是如此，对于德穆革也是如此，这样会把他的仁义意志和生产能力都废除了。

波菲利、扬布里科和他们的学生显然预设了柏拉图《蒂迈欧篇》的绝对真理性。这个文本是用来教导正确的待神态度和对宇宙本性的正确理解的。在他们的解释中，字义解释是不允许的，因为创造的时间顺序本身就意味着混沌和不完善之在先优越性。这样一种“不虔敬”的激烈表达式还意味着，这不仅仅是一个理论阐释问题；而且事实上意味着，普罗塔克和阿提库的观点之所以被激烈攻击，乃在于这个说法被教会所接受了。

尤西比乌特别强调阿提库对《蒂迈欧篇》的解释的正确性，因为它符合圣经（*Praep.Evang.* 15.6.1）。阿提库被称赞为使基督信仰和柏拉图哲学具有亲和性的榜样。相对照的，亚里士多德被谴责为总是唱反调，这就隐含着，那是错误的世界观。

对照这个基督教的论点，波菲利和扬布里科的观点就有了某种新意。他们反对那些被用来支持基督教观点的早期异教徒立场，进而建立以鲜明的异教徒共同体。这个文本共同体是建立在一个围绕《蒂迈欧篇》的异教徒圈子基础上的。波菲利关于异教徒宗教生活的讨论落实了这一点。在他的《蒂迈欧篇》注释残篇中，波菲利有两次大篇幅评论柏拉图文本中的祷告。有一个例子可以表达他的解释思路（I 208）：

> 祷告特别地属于高贵的人，因为这是和神圣者的纽带，是相似者喜欢相交相似者，而高贵中是最相似于诸神的……而且，就好像我们像孩子那样脱离父亲，合适的做法就是为我们回归真正的父亲，即诸神，而祷告。

波菲利把柏拉图的文字归为当时异教徒宗教性的基础。在某种意义上，他平行看待那些早期的亚历山大里亚学者，他们在讨论荷马描述的在仪式中的雅典人。[1]不过，如果进入他们当时的语境，我们注意到，波菲利的阐释获得一种新的社会意义。基督徒对《蒂迈欧篇》作字义解释，从而破坏了文本之原始意义上的异教徒生存设置（Sitz-im-

---

① Schol. *Il.* 6.92–93 (II 147 Erbse).

Leben）。波菲利通过强调异教徒共同体的宗教实践来强调文本的归属，以此对抗这种做法。

这个围绕《蒂迈欧篇》，或更宽泛而言，围绕柏拉图著作而形成的文本共同体，在君士坦丁时代之后还有两位见证者，朱利安和普罗克洛。他们在对抗越来越强大的教会力量时还做了英勇的努力，以保存真正的异教徒传统。362 年，朱利安颁发了一条法律，防止基督徒去使用异教徒文本教导学生。[1] 显然，他认为他们会误导古典传承。朱利安更是给予《蒂迈欧篇》以特殊功能，认为它是关于世界创造的“我们的解释”（c.Gal. 96c）。较之前人，他突出地认为，这个解释平行于基督徒的解释（49A—B）。《蒂迈欧篇》于是成为异教徒一方对于创世纪的应对。

普罗克洛的《〈蒂迈欧篇〉注释》——本文无法对此作全面讨论——可以进一步支持我们的观点。普罗克洛收集了大量关于《蒂迈欧篇》的异教徒注释，且不提及任何基督徒对该文本的解读。这个确实是一个沉默。不过，我想，这是可以解释的。一个平行现象是，在拉比文献中，君士坦丁归信基督教这件事竟未被提及。也许，这种缺失说明人们对外界事情缺乏真正兴趣。然而，考虑到君士坦丁归信的重要意义，正如有些学者指出的那样，拉比们对此的沉默只是一种有意识的姿态，以面对一种挑战性宗教成为

---

① *Cod.Theod.* 13.3.5; cf. G. W. Bowersock, *Julian the Apostate*（London 1978）83–84.

权柄性力量。同样地，对于普罗克洛和其他异教徒读者来说，在基督教奠定自身之后，他们把《蒂迈欧篇》内向化。他们要提供一种异教徒传统，要通过他们对柏拉图著作的解释来提供一种一体化意识。[1]

① 本文曾经在 2005 年 5 月在耶路撒冷的希伯来大学高级研究所的“The Dominion of Letters”工作坊宣读过。感谢组织者 G. G. Stroumsa 和 M. Finkelberg 的邀请和参与，以及他们的建设性评论；感谢 Y. Liebes、F. Millar 和 *GRBS* 匿名评审的有益评论。

参考文献

Allen, R.E., ed, *Studies in Plato's Metaphysics*. The Humanities Press, New york, 1960.

Aristotle, *The complete works of Aristotle*. Revised Oxford translation. Ed. J. Barnes. Princeton University Press, 1984.

Augustine, *Confession*. Trans. R. S. Pine-Coffin. Harmondsworth: Penguin Books Ltd, 1961.

Benardete, Seth, *Plato's "Laws": The Discovery of Being*, Chicago: University of Chicago Press, 2000

Boyre, Alexadre, *Metephysics and Measurement*. London: Chapman & Hall, 1968.

Burnet, John, *Greek Philosophy*. London: Macmillan, 1964.

Bury, R. G., *Plato, Timaeus ; Critias ; Cleitophon ; Menexenus* (English and Greek, The Loeb classical library). Cambridge: Harvard University Press, 1952.

Cherniss, H.F. "Relation of the TIMEUS to Plato's later Dialogues" in Allen, R.E., ed, *Studies in Plato's Metaphysics*.

Claghorn, G.S., *Aristotle's Criticism of Plato's Timaeus*. The Hague, Netherlands, 1954.

Cooper, John, *Plato, Complete Works*. Hackett Publishing Company, 1997.

Cornford, F.M., *Plato's Cosmology*. London, 1937.

Dillon, John, *The Middle Platonists*. New York: Cornell University Press, 1977.

Diogenes Laertius, *Lives and Opinions of Eminent Philosophers*. Trans. R.D. Hick. Loeb Classical Library,1925.

Fine, Gail, *Plato 1. Metaphysics and Epistemology*. Oxford, 2000.

Grote, George, *Plato and the Other Companions of Sokrates*. London: J.Murray, 1867.

Guthrie, W.K.C., *A History of Greek Philosophy*, Vol.V. Cambridge, 1982.

Heath, Thomas, *A History of Mathematics*. New York: Dover Publications, Inc., 1981.

Hoenig, Christina Maria, Plato's Timaeus in the Latin Tradition, University of Cambridge, 2013.

Inglis, Brian, *A History of Medicine*. The World Publishing Company, 1962.

Jowett, B., *The dialogues of Plato*. Oxford: Claredon Press, 1871, 4 vols.

Kant, Immanuel, *Critique of Pure Reason. Trans.* Guyer, P. and Wood, B. Cambridge, 1998.

Keyt, D.,"Aristotle on Plato's Receptacle"American Journal of Philosophy, 1961 (290-300).

Koyre, Alexadre, *Metaphysics and Measurement*. London: Chapman&Hall, 1968.

Lamb, W.R.M., tr.,Plato in *Twelve Volumes*, Vol. 9 translated by Cambridge, MA, Harvard University Press; London, William Heinemann Ltd., 1925.

Lawlor, Robert, *Sacred Geometry*. New York: Crossroad, 1982.

Long, A.A. and Sedley, D. N. , *The Hellenistic Philosophers*, Vol. 1. Cambridge University Press, 1987.

Longrigg, James, "Medicine in the Classical World", in Loudon, Irvine, *Western Medicine.* Oxford, 1997.

Loudon, Irvine, *Western Medicine.* Oxford, 1997.

McIntyre, Peter, *The University Portraits: Joseph Black.* Edinburgh, Edinburgh University Press, 1957.

Mohr, R.D., *The Platonic Cosmology.* Brill, Netherland, 1985.

Morrow, G.R. "Necessity and Persuasion in Plato's Timaeus" in Allen, R.E., ed, *Studies in Plato's Metaphysics*, Routledge, 2014.

O'Flaherty, Wendy Doniger, ed. *The Rig Veda: An Anthology.* Penguin, 1981.

Origen, *Contra Celsum.* Trans. H. Chadwick. Cambridge, 1953.

Owen, G.E.L."The place of the TIMAHUS in plato's Dialogues" in Allen, R.E., ed, *Studies in Plato's Metaphysics.*

Perseus digital Library, https://www.perseus.tufts.edu/hopper/.

Plato, *Platonis Opera,* ed. John Burnet, Oxford University Press, 1903.

Plutarch, *Plutarch's Morals.* Trans. William Goodwin. Little, Brown & Co., Boston, 1870-8.

Proclus: *On Providence,* Tr. Carlos Steel, London: Bloomsbury Arcademic, 2007.

Proclus: *Ten Problems Concerning Providence,* Tr. Carlos Steel and Jan Opsomer, London: Bloomsbury Arcademic, 2012.

Reydams-Schils, G., *Demiurge and Providence: Stoic and Platonist Readings of Plato's Timaeus*, Brepols, 1999.

Rorretti, Roverto, *The Philosophy of Physics.* Cambridge University Press, 1999.

Ross, D., *Plato's Theory of Ideas.* Oxford, 1953.

Sayre, K.M., *Plato's Late Ontology.* Princeton University Press, 1983.

Sigerist, Henry Ernest, *A History of Medicine: Early Greek, Hindu, and Persian Medicine*. Bristol Classical Press, 2002.

Taylor, A. E., *A Commentary on Plato's Timaeus*. Oxford: The Clarendon Press, 1928.

Taylor, A.E., *A Commentary on Plato's Timaeus*. Oxford, 1928.

Taylor, Thomas, *Commentary on the Timeaus of Plato*. Kessinger Publishing Company, 1993.

Whitehead, *Process and Reality* (1929). Corrected Edition, ed. David Ray Griffin and Donald W. Sherburne. N.Y.: The Free Press, 1978.

Wrren, James; Sheffield, Frisbee（ed）, *The Routledge Companion to Ancient Philosophy*, NY: Routledge, 2014.

Xie, Wenyu, *The Concept of Freedom*, University Press of America, 2002.

Barney, Rachel, "Plato on the Desire for the Good", in Sergio Tenenbaum, ed., *Desire, Practical Reason, and the Good*, Oxford University Press, 2010.

柏拉图：《斐多篇》、《美诺篇》、《国家篇》、《巴门尼德篇》、《泰阿泰德篇》、《智者篇》、《斐利布篇》、《蒂迈欧篇》

柏拉图著，谢文郁译：《蒂迈欧篇》，上海人民出版社，2003年

北大西哲史教研室编：《西方哲学原著选读》，商务印书馆，1981年

波普尔：《猜想与反驳》，傅季重等译，上海译文出版社，1986年

陈波：《邓斯·司各脱的形而上学实在论》，《年度学术》，中国人民大学出版社，2005年

陈康：《从柏拉图的载体到亚里士多德的质料》，《陈康论希腊哲学》1996年

陈康译注：《巴曼尼德斯篇》，商务印书馆，1944年版，1983年版

范明生：《柏拉图哲学述评》，上海人民出版社，1985 年
海森堡：《原子物理学的发展和社会》，中国社会科学出版社，1985 年
克莱因：《古今数学思想》第一卷，上海科学技术出版社，1979 年
梅林：《自然科学史》，上海译文出版社，1980 年
宋继杰：《柏拉图〈蒂迈欧篇〉35A1—B3 的翻译及其学理依据》，《哲学译丛》2001 年第 1 期
宋继杰：《柏拉图思想中的“秘所思”“逻各斯”与“神学”》，《清华大学学报》2016 年第 2 期
吴国盛：《希腊人的空间概念》，《哲学研究》1992 年第 11 期
吴国盛：《希腊空间概念的发展》，四川教育出版社，1994 年
先刚：《柏拉图的本原学说》，三联书店，2014 年
谢文郁、谢一玭：《苏格拉底以前哲学家的本源论—本原论思路探讨》，载于《古希腊罗马哲学》第一辑，2015 年
谢文郁：《巴门尼德的Ἔστιν：本源论语境中的“它是”》，载于《云南大学学报》2012 年第 2 期
谢文郁：《信仰与理性：一种认识论的分析》，《山东大学学报》（哲学与社会科学版）2008 年第 3 期
谢文郁：《语言、情感与生存：宗教哲学的方法论问题》，《宗教与哲学》（第三辑），社会科学文献出版社，2014 年
谢文郁：《形而上学于西方思维》，广西人民出版社，2016 年
谢文郁：《自由与生存》，上海人民出版社，2007 年
亚里士多德：《物理学》、《论天体》、《论生灭》、《形而上学》、《论动物的组成》
严群：《泰阿泰德 智术之师》，商务印书馆，1963 年
詹文杰：《真假之辩》，江苏人民出版社，2011 年
詹文杰：《柏拉图知识论研究》，北京大学出版社，2020 年

主题索引

（以拼音为序）